U0817893

世图心理

博客：http://blog.sina.com.cn/bjwpcpsy
微博：http://weibo.com/wpcpsy

心理咨询与治疗核心技术

[美] 列恩·斯佩里（Len Sperry）
乔恩·卡尔森（Jon Carlson）
黛安·基奥斯（Diane Kjos）著

张莉娟 等 译
李鸣 审订

世界图书出版公司
北京·广州·上海·西安

图书在版编目（CIP）数据

心理咨询与治疗核心技术 /（美）列恩·斯佩里，（美）乔恩·卡尔森，（美）黛安·基奥斯著；张莉娟等译. —北京：世界图书出版有限公司北京分公司，2021.11
书名原文：Becoming an Effective Therapist
ISBN 978-7-5192-8806-8

Ⅰ.①心… Ⅱ.①列… ②乔… ③黛… ④张… Ⅲ.①心理咨询 ②精神疗法 Ⅳ.①B849.1 ②R749.055

中国版本图书馆CIP数据核字（2021）第152289号

书　　名　心理咨询与治疗核心技术
　　　　　XINLI ZIXUN YU ZHILIAO HEXIN JISHU

著　　者　[美] 列恩·斯佩里　[美] 乔恩·卡尔森　[美] 黛安·基奥斯
译　　者　张莉娟 等
审　　订　李　鸣
责任编辑　王　洋
装帧设计　彭雅静

出版发行　世界图书出版有限公司北京分公司
地　　址　北京市东城区朝内大街137号
邮　　编　100010
电　　话　010-64038355（发行）　64037380（客服）　64033507（总编室）
网　　址　http://www.wpcbj.com.cn
邮　　箱　wpcbjst@vip.163.com
销　　售　新华书店
印　　刷　三河市国英印务有限公司
开　　本　787mm×1092mm　1/16
印　　张　19.25
字　　数　260千字
版　　次　2021年11月第1版
印　　次　2021年11月第1次印刷
国际书号　ISBN 978-7-5192-8806-8
版权登记　图字01-2005-6662
定　　价　69.00元

译者序

“如何成为有影响力的治疗师？”对于任何一名专业的临床心理咨询与心理治疗工作者来说，这都会是萦绕于心的问题。我也曾经为此而苦苦追寻。在几年的心理咨询实践中，我似乎有一些感悟，但始终太零散、太肤浅，直到阅读并翻译本书之后，这些零散、肤浅的感受才逐渐理出点头绪来。本书对专业的临床心理咨询工作者将会大有裨益。缺乏系统临床心理培训的初学者更是不可不读。本书体系完整、内容翔实、层次分明，总结和介绍了心理咨询及治疗的经验、方法和策略，对治疗过程中的一些技巧和步骤也做了清楚的叙述和实例演示。我想，所有感悟最终可以归结为这样一句话：心理咨询，应该而且必须是科学、经验、实证、直觉和艺术的完美融合。

尽管我不是第一次从事著作翻译工作，但是担任统稿还是第一次，而在完成本书的翻译的过程中，我自己也即将成为母亲，这使我对于本书有了更多一层的体悟：这是一本帮助心理咨询工作者更好地关注生命的书；一本好书也是有生命的，一本别具一格的好书就是一个独特的生命，我们的工作就是让生命保持它的独特性。如果此书能有助于在此领域辛勤耕耘的治疗师和其他从事此类工作的助人者们，那么我们将感觉极为欣慰。

本书的翻译工作由以下人员完成：张莉娟（前言，第一、十一章），吴晓宇（第二章），叶红萍（第三章），钟慧（第四、五、六章），马利红（第七、八章），梁彦蕊（第九、十章），沈森（第十二、十三章）。书中各章的初稿由本人统一审核、统稿，全书的校译工作则由我的导师李鸣教授完成。囿于译者的学识，译文难免有误，望读者谅解，并不吝赐教。

对导师李鸣教授辛苦的校稿工作再一次表示感谢。

张莉娟

2006年4月于无锡

致谢

本书的完稿令我非常感激。我们特别要对维吉尼亚·兰尼根（Virginia Lanigan）、罗伯特·尚帕根（Robert Champagne）、马蒂·田尼（Marty Tenney），以及阿琳（Allyn）和培根（Bacon）团队的其他成员表达我们衷心的感谢，在我们有时失去动力或方向时，是他们使我们重新起航。我们还要感谢一些专业的评论家，比如马奎特大学的蒂姆·梅尔切特（Tim Melchert）、南密西西比大学的莉莲·M. 兰奇（Lillian M. Range）、肖特尔学院的乔·S. 比恩（Joe S. Bean）、内达华大学拉斯维加斯分校的帕特里夏·A. 马尔克斯（Patricia A.Markes）、宾夕法尼亚州立大学的马特·卡尔森（Matt Carlson）、新泽西学院的威廉·V. 法斯宾德（William V. Fassbender）、卫理公会学院的多丽丝·摩尔（Doris Moore）、威廉玛丽学院的劳里·罗库塔尼（Laurie Rokutani），他们给我们提供了非常有价值的反馈。同时，我们要感谢马鲁恩·达菲（Maureen Duffy）、比尔·尼科尔（Bill Nicoll）、斯科特·吉利格（Scott Gillig）、理查德·图伦（Richard Tureen）和我们长期的友谊和同行之情。最后，我们还要感谢我们所有的学生——过去的、现在的、将来的——他们为我们提供了发展和实践技巧的练习机会，正是这些策略和练习构成了本书的内容。

前　言

有效的咨询和治疗不仅需要技巧，还需要经验。本书拥有一套独特的学习体系——为培养成为一名有效的治疗师而发展技巧和策略。本书详细阐述了有经验的、有效的治疗师为个体、夫妻和家庭治疗时使用的技巧和策略。书中涉及的背景信息不多，比如具体技巧背后的理论和一些历史性的上下文信息。本书的主要内容集中在成为有效治疗师所需要学习的咨询和治疗的核心技巧和能力上。这些核心技巧反映了有效心理治疗的四个阶段：投入性参与、评估、干预、维持和终止。近年来的研究表明，心理治疗中的治疗因素是：治疗关系、具体策略和干预方法、来访者资源和期望效应。在学习一系列的技巧发展练习之前，我们会先简要介绍每种核心技巧，接着对其进行概括描述，然后再详细阐述。这些练习可为学习者提供实际应用这些技巧的经验。

这本书独特之处在于：它在心理治疗四种治疗因素和四个阶段的框架内讨论有效咨询与治疗的核心技巧。本书还给学习者提供了有助于掌握核心技巧的练习，并帮助学习者在治疗个体、夫妻、家庭时整合这些技巧和策略。除了现今的“实证”要求环境——比如医疗管理机构和多元文化环境——需要心理治疗师具备的这些技巧，本书还提供了一些概念性的“指南针”，明确在心理治疗四个阶段的每个阶段中最适合的技巧。

本书分成六个部分，共十三章。第一部分是本书的介绍和概述。第一章简要描述了咨询与治疗实践中快速的变化和治疗风格的转变。它强调了目前影响心理治疗实践的三种趋势：从传统心理治疗系统到整合的观点；聚焦于多元文化因素；对实证性逐渐增加的要求。这些被称为整合的—多元文化的—实证的观点。第一章又通过把理论、实践和研究结合起来，形成了有效的心理治疗实践的概念。这一概念的形成使得我们能够对心理治疗基本的治疗因素和治疗过程进行讨论，进而形成后面各章节的框架。

第二部分包括两章，主要内容集中在投入性参与，即心理治疗四个阶段中的第一个阶段。第二章强调了有效的治疗要求来访者完全投入到治疗过程中。这一章描述了治疗中来访者投入水平高低导致的差异以及治疗师误解来访者动机的几种可能性。接着它又强调了促进投入性参与过程的六种策略，包括提高来访者的改变准备度，引发来访者的治疗期望，调整治疗目标以及建立合作性的医患关系等。第三章详细阐述了一些标准的、传统的有关治疗关系的概念和技巧。它强调了基本的和中等水平的参与和投入技巧、积极倾听技巧和共情性反应技巧。

第三部分的内容集中在心理治疗的第二个阶段——评估阶段，共包括三章。目前的治疗实践的要求需要治疗师理解和执行以功能评定为主的评估。这意味着治疗师必须在以下几个领域发展能力：评估来访者的动机和对治疗的准备程度；观察来访者情感、认知和行为的功能；监测来访者的行为、思想和情感状态等。第四章强调了功能评估技巧。目前的治疗实践要求治疗师参照DSM的标准形成合适的诊断评估。这意味着治疗师需要：评估来访者的症状和功能水平；发展足够的访谈技巧来实施精神状态测验以及评估危险和自伤行为；详细说明来访者的人格模式和类型；根据DSM形成诊断。第五章强调了这些诊断评估技巧。由于医疗保险机构通常需要根据DSM的诊断进行结算，而这种诊断在理解来访者和制订治疗计划方面仅可用做参考。第六章的重点在于临床案例分析的价值和使用。它描述了如何利用案例分析来形成治疗计划和做出关于治疗间隔、频率、重点的决定，以及选择治疗的形式和方法。

第四部分的内容集中在心理治疗的第三个阶段——干预阶段，共包括四章。第七章的内容是关于认知行为治疗的。它强调了认知和行为领域内的主要技巧：认知重建技巧；脱敏和暴露技巧；社交技能训练技巧；行为预演技巧。第八章大概回顾了心理动力学的理论和策略并强调了领悟力以及它在咨询和治疗中的作用。这一章描述了临床实践中的解释过程，及认识和处理移情与反移情的重要性。这一章的大部分内容都集中在发展基本的心理动力学取向的技巧上。第九章区分了诊断性访谈和治疗性访谈，描述了干预性访谈及其在短程治疗和医疗管理规范中的价值。然后它详细阐述了干预性访谈策略在几种治疗取向上的起源，包括焦点解决治疗，个体和夫妻治疗。第十章描述了各种在个体、夫妻和家庭治疗中均有效用的系统干预和心理教育。这一章强调的技巧包括重构、悖论技术、角色扮演、表达技巧以及各种心理教育方法。

第五部分的主要内容集中在心理治疗的第四个阶段——维持和终止阶段，以及咨询和治疗实践中一些基本的治疗和道德两难情境，最后以一个案例来结束。有效的治疗师在促进和维持来访者的改变方面应具备技巧。既然复发不可避免，治疗师就必须学习和使用复发预防技巧。并且，治疗师必须知道如何有效地安排终止治疗和安排后续治疗。第十一章强调了这些具体的技巧。

第六部分包括两章，主要内容集中在咨询和治疗的实际操作。新手治疗师很快就发现他们在实践中会陷入许多困境。第十二章的内容集中在治疗中经常出现的法律和道德问题上，并且涉及治疗内外的界线。此外，这一章还阐述了如何有效地使用督导和转介资源。另外，互联网的使用作为咨询和治疗的一种资源也被提及。最后，第十三章把前面各章节所学到的各种技巧整合到一起，用一个完整的案例来回顾整个治疗过程：投入性参与、评估、干预、维持和终止。

目录

CONTENTS

第一部分
概述

第一章
成为富有成效的治疗师

生活在当今世界，便要经历现代社会的飞速变化、全球经济的不确定性、公司及社会机构的重组、公共服务中的私营化以及医疗保健制度的改革，所有这些因素已经并将持续影响心理咨询与治疗的实践活动。

尤其是医疗行政管理部门关注的焦点集中于循证医疗和降低医疗费用，这已经深深地影响了治疗师的思考与行动方式。此外，社会对治疗师的职业敏感性与能力的要求与日俱增，涉及种族、民族、语言、性别、性取向、残疾，以及社会经济水平等诸多方面。社会经济的发展需要治疗师能为不同的人群提供服务。针对所有这些改变，人们产生了这样的问题——100年前提出的心理咨询与治疗方法还能适应今天飞速变化的世界吗?

答案似乎是肯定的。随着心理治疗方法在过去20年间的发展与成熟，有迹象表明，心理治疗的共同主题和整合机理已经产生。本章将详述这些主题和机理。我们相信这象征着心理咨询与治疗风格的改变，并把这种改变描述成：整合的—多元文化的—实证的观点。在详细讲述这些观点之前，我们来看一看本章的主要内容。本章内容包含几项综合性的发展，而正是这些发展给心理咨询与治疗领域注入了生机。

本章内容概要

1. 对心理咨询与治疗的四种传统理论取向进行整合性回顾。这四种理论取向分别是：心理动力学理论、认知—行为理论、人本主义理论及系统学理论。

2. 对心理治疗的四个基本治疗因素进行临床性的描述：来访者资源、治疗关系、治疗性干预以及治疗与期待。

3. 对心理咨询与治疗过程的四个阶段进行一次简短的回顾：投入性参与、模式评估、模式转变以及维持（终止）治疗，这四个阶段也贯穿本书各章节。

4. 对指导心理治疗实践的“整合性的—多元文化的—实证的”观点做简要的介绍。

心理治疗理论的四种传统观点

克拉金（Clarkin）、弗朗西斯（Frances）和佩里（Perry）指出，我们完全能将300种或更多心理治疗方法归类为四种主要的观点，即：心理动力学理论、认知—行为理论、人本主义理论，以及系统学或家庭理论。这些理论也可以用三个重要治疗因素加以描述和比较，即：治疗焦点、治疗关系，以及治疗改变的过程。

我们在本章中简要地描述四种主要理论并通过三个基本因素来进行比较。为了帮助你理解，请把三个因素理解为是用三种理论分别对“什么”“谁”以及“怎样”的回答。相应地，治疗焦点回答“什么”的问题，治疗关系回答“谁”的问题，治疗改变过程则回答“怎样”的问题。你将会明白治疗焦点指的是治疗师所重视的要点，比如防御机制、不良行为、思维模式，等等；治疗关系指的是治疗师—来访者之间关系或联系的性质，比如，专家—外行，优势—劣势，或者相互合作关系；治疗改变过程则指的是心理治疗进程中的转变机制。这样的讨论并非旨在详尽地叙述每一种心理治疗方法的历史和理论，如对此类讨论感兴趣，可查阅心理咨询与治疗理论的标准教科书。本章将对每一种主要方法的综合发展进行选择性的综述。

共同的主题和整合的机制来自三个方面：（1）治疗焦点趋于对思维模式（schemas）的强调；（2）治疗关系趋于讨论相互合作（collaborative）；（3）治疗改变的共同机制是脱敏（desensitization）。脱敏是一个消除对刺激产生情绪反应的过程，比如焦虑、恐慌、存在绝望等（Beitman & Mooney，1991）。

心理动力学观点

心理动力学学派指的是一系列治疗方法，这些方法都强调思想、情绪及行为都是内驱力的显现，比方说无意识。心理动力观点是比较宽泛的分类，它既包括传统的，也包括当代的心理分析学派，例如，阿德勒心理治疗、荣格式心理分析，等等。

治疗焦点。传统的心理分析师将焦点集中于本我、自我和超我的内驱作用。现代的分析师更可能将焦点集中于人际关系，强调自体、爱的客体及其互动。近年来，一些客体关系理论学家已经强调思维模式理论。斯莱普（Slap）和斯莱普-谢尔顿（Slap-Shelton）描述了一个心理分析的思维模式，其模式与弗洛伊德创立的结构模式相左。他们认为，弗洛伊德的结构模式——本我、自我与超我的三维模式——无论从理论上还是临床上都是一个“死胡同”。他们主张思维模式是一个更为有效的心理功能概念，比结构模式更符合心理分析临床实践。

他们所建议的思维模式是一种“二分”模式，包含自我与分离的模式。自我模式由许多图式组成，这些图式被宽松地联结并相互整合，并且能被意识所感知。这些图式均基于过去的经历，但随着新体验的增加而不断被修正，人们由此形成适应性行为。分离的模式围绕童年期创伤性的事件和情境而成，儿童不成熟的心灵尚不能掌握或整合这些图式。这些图式仍是隐匿的和被压抑进入潜意识的。在某种程度上，这些分离的或病理学的图式是十分活跃的，个体目前的人际关系是根据这些图式来进行认知性处理的，而不是由更为适应的自我模式来进行客观处理的。根据这一观点，实际上，目前的事件不可能被现实地理解和处理，更可能是儿童期未解决冲突的再现。

自我心理学的另一种方法是由韦斯（Weiss）提出的（1993）。韦斯在他的后期著作中坚持主张弗洛伊德所奉行的“高级的心理机能假设”，认为心理病理是由病态信念所致。对于韦斯来说，心理治疗是来访者在治疗师的帮助下改变这种信念的过程。这些致病信念涉及自体观、世界观，以及道德观。这些信念——处于不同程度的无意识状态——形成了个体的人格和心理病理现象。而个体的人格反映出个体试图控制和适应环境的尝试。这些信念也警诫个体对于追求某种目标或实现某种愿望、情感、思想的危险后果。

霍洛维茨（Horowitz，1988）在心理分析理论的范畴内提出了对思维模式的另一种观点。他认为每一个人都拥有包括自我和他人的多重思维模式：自我模式包括获得快乐和避免痛苦；思考与他人及世界的联系，被称为角色模式；个体在两者中择其一的选择模式，叫作价值模式；还有，自我与其他模式相连的方式叫作交叉性模式。

自我模式从遗传与环境因素的相互作用中发展而来。角色关系模式则从人际行为模式的背景中发展而来。在心理治疗领域，来访者的模式在治疗师与来访者的角色关系模式中彰显。治疗关系也促使来访者洞悉这些模式。在治疗的整个进程中，来访者接受帮助，并逐渐替换或修正这些模式。

治疗关系。在经典的心理分析家看来，术语“治疗联盟”（therapeutic alliance）和“工作联盟”（working alliance）强烈地暗示了两人中治疗师的专家和治愈者作用（Horowitz，et al.，1984）。近年来，自我心理学及客体关系学派的观点都赞同更为协作与合作的治疗关系。斯特鲁普（Strupp）和宾德（Binder）这样对其进行描述：“治疗关系应该是一个理性、成熟和值得信赖的成年人在与自己相同的人之间培养起来的一种相称的关系。”拉博斯基（Laborsky，1984）则使用另一种叫法——“帮助联盟”（helping alliance）来反映这种尊重人的、合作性的态度。同样，阿德勒式的方法也强调协作的、合作的关系（Dinkmeyer & Sperry，2000）。

在韦斯的方法中（1993），治疗师与来访者有着相同的目的：去除致病信念。当来访者察觉到治疗师共情的态度时，他们必定不会像先前那么焦虑，而变得更安心，并对治疗师更有信心。相应地，治疗师也不像传统的精神分析师那样采取中立的态度，而是与来访者并肩努力击退病态信念、追求更具适应性的目标。当治疗师与来访者的计划或方法更为一致时，治疗师的干预对来访者更有助益。这与传统的精神分析观点——治疗师的任务是通过解释来访者的阻抗来帮助来访者的无意识意识化——是相违背的。与自体心理学的观点一致，韦斯认为具有治疗作用的治疗师的温暖、共情与中立的态度是相对的。

在自体心理学中，治疗师的角色并非中立。相反，治疗师在治疗进程中充当“参与观察者”（participant observer）。在此过程中，共情对加强自我结构来说是不可或缺的。科胡特（Kohut，1984）认为共情是一种替代别人内省的形式，并且有两项功能：理解与解释。理解是对来访者主观世界的直接领悟，解释则被用来帮助来访者认识他们当前的行为乃是因为他们在童年期与重要他人的共情性失败。因此，共情被用来证实和帮助来访者重组他们的主观世界，这样最终使来访者产生一种自我的整体感。

治疗改变。传统的心理分析理论指出：当防御机制保护自我免受本能冲动及焦虑的困扰时，神经症便形成了。在传统的心理分析治疗中，改变步骤分为四个不同的部分：对质、澄清、解释、修通（Greenson，1967）。在对质期，需使问题（比如阻抗）变得清晰和明确。在澄清期，需将关注点转移到更为突出的重点问题上并用实例说明。而在解释期，无意识的意义被意识化。最后，修通指的是探究那些阻碍来访者获得领悟的阻抗的过程（通常是反复的、渐进的）。其理论依据是，正是“无意识”使得人意识不到那些深藏的可怕的幻想、冲动、想法及感觉。心理分析疗法尝试通过逐渐接近恐怖的潜意识来减少焦虑及对焦虑脱敏，阿德勒疗法则是以渐增的方式来揭露和移除神经质的“保护措施”。

在基于模式的方法中，如斯莱普-谢尔顿（1991）所述，治疗是帮助来访者描述、澄清，及修通隐蔽的、病态的模式。这些模式受来访者自我的成熟度及适应性的影响，最终二者达到整合。来访者学会去识别他们自己是如何创造或再创造重现病态信念的情景的。对那些产生病态信念的创伤性事件的重复论证和修通会产生更大程度的自我观察、理解以及情感的成长。心理治疗对于韦斯（1993）来说指的是：一个治疗师帮助来访者通过解释去转变某些信念的过程，但是解释并非改变的唯一机制。事实上，韦斯认为来访者否定致病的信念并追求更为健康的目标的行为可能更多来自与治疗师一起的体验。达到这种治疗关系后，来访者便感到足够安全从而自己产生领悟能力。

认知—行为观点

认知—行为理论包含多种治疗方法，这些方法都强调不适应行为或错误认知的重要性，或是强调不适应行为和认知两者结合产生精神病理现象的重要性。这些涵盖了从传统的行为矫正到当代的认知疗法。

治疗焦点。关于经典的行为主义，并不存在多大的与思维结构有关的讨论空间。然而，贝克（Beck）与他的同事们在认知—行为理论观点的范畴内开创了思维模式理论。贝克（1964）提出关于抑郁的模式概念，更在近年间（Beck & Freeman，1990）提及关于人格障碍的治疗。早期认知理论主要关注认知的扭曲及不良的信念，因为这两种心理结构与抑郁及焦虑障碍相关联。然而认知治疗师们目前都努力寻求第三等级分析，即思维模式的分析。因为有证据表明，对人格障碍的理解与治疗仅依靠第一级、第二级分析是远远不够的。三十年前，贝克首先提出抑郁认知的三合一：对自我、世界及未来的消极观点。近年来，他以一种非常类似于生活信条的概念提出一些其他的模式即从属模式。他描述了各种类型的模式：认知的、情感的、动机的、手段的、控制的，等等。但是，其中最好的是认知模式，它包括自我评估、如何看待世界，以及对他人的评估。一些认知治疗师（Young，1990）对早期的不适应模式与触发的模式进行了描述，这些模式与阿德勒对各种人格障碍的分析惊人地相似。最后，班杜拉（Bandura，1978），一位社会学习理论家，描述了自我系统；还有凯利（Kelly，1955），他被许多人看作阿德勒的追随者，他以仿效生活信条的说法对个人思维结构进行了描述。

治疗关系。或许最为推崇合作治疗关系的倡议者要数认知治疗师阿伦·贝克（Aaron Beck）了。他使用专有名词“合作医患关系”（collaborative empiricism）来指这种治疗关系是“合作的并要求紧密切合治疗目标的……也就是，治疗师与病人要成为协同调查者”（Beck & Weishaar，1989）。贝克还认为治疗师的角色是一个引导者和促进者，不仅要用温暖、准确的共情，还要用真诚去理解病人的主观世界从而促进产生矫正的体验。

还有一些行为和认知治疗师赞同合作的观点（Fishman，1988；Schwartz，1988；Woolford，1988）。迈肯鲍姆（Meichenbaum）在提倡“进

入病人的世界”时，也强调合作关系在临床上的作用和价值。只有做到这些，“病人与治疗师才能通力合作以建立起相互理解和对治疗相似的期待”。

治疗改变。沃尔普（Wolpe，1983）与马克（Mark，1987）提出系统脱敏是一个渐进的过程，当逐渐增加来访者对于引起其焦虑的情境或事物的接触程度，来访者原来的焦虑会逐步被放松替代。因此，多程度的渐进接触导致最终 “脱敏”。这些接触治疗程度包括从想像脱敏到实景脱敏，从想像暴露到现实的暴露、模仿、操作条件反射，以及认知演练。在整个脱敏和消退过程中，来访者切忌把注意力放在消极的自我评估上，而应聚焦于引起恐惧的事物本身或寻求环境中的可利用资源。由此，他们便能学会更大程度地自控或自主（Beitman & Mooney，1991）。同样地，侧重于认知取向的治疗方法，如认知疗法和理性—情绪疗法也是通过对认知的重建或认知水平的对话来达到认知“脱敏”的目的。

人本主义观点

人本主义观点包括多种疗法，如罗杰斯的来访者中心疗法、存在主义分析，及其他各种各样的现象学派。这些方法强调体验与意义，而不是驱力、行为或者认知。

治疗焦点。卡尔·罗杰斯（Carl Rogers，1989）认为，自我概念、自我理想及自我构架是用来理解自我或客我与他人、与生活中的各个方面之间的关系的。科胡特（Kohut）的自体心理学不仅明确表达了自体以及自我与自我客体的发展，援引了格式塔学派的客体概念（May & Yalom，1989），还强调“我—你”关系（Yontef & Simkin，1989）。尽管没有被正式命名为生活信条或思维模式，现象学派的观点还是明确指出了思维方式对治疗产生的作用。

治疗关系。罗杰斯（1951）发展了来访者中心疗法，他强调治疗师通过温暖、准确共情以及真诚等来理解来访者内心世界的重要性，以及这种理解对治疗结果的重要意义。存在主义心理治疗师们认为个体间的平等合作关系对于治疗至关重要（May & Yalom，1988）。科胡特的自体心理学明确地强调合作的重要性，强调治疗师共情式的镜像作用，强调治疗师要进入来访者的内心世界以显示出来访者的内心活动（Kohut，1977；1984）。

治疗改变。亚隆（Yalom，1980）主张的存在主义心理动力学理论与精神分析关于神经症及脱敏的观点有异曲同工之处。存在主义关注包含防御机制中的人性的本质性焦虑，而精神分析理论认为本能的冲动导致焦虑，焦虑诱发防御机制。存在主义者认为，人的终极关心应包括死亡、无意义、孤独以及自由。运用于现象学派及存在主义治疗的治疗策略包括帮助来访者战胜面对各种终极关心时的恐惧意识。通常的方法是帮助来访者逐渐地敢于面对恐惧并使其最终处之泰然。例如，哈文斯（Havens，1974）提出，与治疗师的直接的、人性的、情感的接触可以使来访者减弱对孤独的敏感度。人性的接触可以消除个体的恐惧，促进其融入群体。他还指出，持续地面对所害怕事物可使以往形成的恐惧现象日趋衰减。这意味着通过更完全地体验他人的情绪，个体的态度可得到“重构”或“重塑”；通过进入他人内心，治疗师们能进入他人的现象学世界，让来访者体察到人的终极关心。贝特曼（Beitman）和穆尼（Mooney）提出，其他的现象学派，如格式塔疗法，都是通过同样的脱敏机制来实现治疗改变的。

系统观点

治疗焦点。精神分析取向的家庭治疗师，尤其是运用客体关系方法的精神分析家庭治疗师，以及与个体行为认知治疗师一样运用模式概念的认知行为家庭治疗师，他们也将模式分析应用于夫妻及家庭问题。这一点在贝克的关于婚姻治疗的书中（1988）和瓦赫特尔（Wachtel）关于结合个人与家庭治疗的书中（1986）表现得淋漓尽致。

治疗关系。对各种家庭治疗方法进行比较的结果表明，萨提亚（Satir）的沟通式、策略式、结构式和MRI相互作用式（Watzlawick，Weakland，& Fisch，1974）都注重治疗师与个体来访者、夫妻或者家庭间的合作，尤其注重协作和重新调整家庭成员的角色和关系（Sherman & Dinkmeyer）。此外，鲍温（Bowen）的系统性家庭治疗（1978）也推崇合作关系。在此关系中，治疗师的角色在很大程度上是教练。福利（Foley，1989）认为，从客体关系系统家庭学派、构造学派以及策略学派可以得出这样的结论：治疗师的角色是教师和积极健康行为的楷模，而不是专家。

治疗改变。“重构”是系统及家庭疗法中的经典治疗机制。对来访者现实的“重构”改变了来访者对问题的感知的或情感的背景，从而以一种更易处理的、更易被接受的方式对其意义进行重新诠释。客观事实不曾改变，而来访者对事实的理解已经转变。重构法通常被用在策略疗法和构造家庭疗法的早期，这样可以使来访者朝向治疗目标迈出第一步，而暴露以及脱敏法宜以渐进的方式循序采用（Watzlawick，1974）。

整合的—多元文化的—实证的观点

心理治疗实践在进入21世纪后日新月异。这在很大程度上归因于20世纪80年代以来行为医学形式的转变，其中也包括心理治疗。这种模式的转变涉及行为健康的各个方面，包括临床治疗师的角色、治疗的文化背景、治疗师与来访者之间的关系，还有临床医学模式等。这种转变使得传统医学的阳春白雪变得平易近人。模式的转变包括三个方面：（1）以实证为焦点；（2）对文化因素的更多关注；（3）朝向整合性发展的趋势。

这种模式的转变最先发生的和最明确的方面可以被称为“效果革命”（Sperry，1997）。临床治疗师发现它是三个方面当中最为明确的，因为它直接与经济效益相关联。这里的“革命”指的是更多地强调甚至要求临床治疗师选择性地只提供那种“成本—效果”式的治疗干预，并要求产生积极的治疗效果。也就是说，如果治疗师想从他们所提供的心理治疗服务中获取报酬，或仍然保有提供咨询和治疗服务的资格，他们必须遵从这种要求。尽管“效果革命”的出现早于“医疗管理机构”的大量涌现，但“行为健康管理机构”已充分证实“效果”的重要性并加快了与“效果”有关的技术的发展。此外，“行为健康管理机构”还增强了对“效果”的重点研究。从根本上说，“行为健康管理机构”对治疗的“成本—效果”和“医疗必要性”（medical neccessity）采用了实证的方法，而治疗的目标是清除医疗必要性。医疗必要性是行为健康机构认可的依据。对于心理治疗，医疗必要性指的是确定心理治疗是“合理（且）必要地满足一个人的健康需要，并与临床诊断标准相一致”（NCQA，1998）。

疗效测量和效果系统是基本的实证方法，而医疗必要性已经成为当代关于治疗效果的讨论中心。成本—效果与治疗效果评定已经成为行为健康服务的常规。“治疗效益”（treatment efficiency）是指在特定的临床背景下由特定的医疗人员提供治疗后所产生的临床效用。它回答了这样的问题：治疗是否对这一特定的来访者起作用了？治疗效益不应与治疗效率（treatment efficacy）或治疗效果（treatment effectiveness）相混淆。治疗效率指的是研究者采用研究手段用以研究在最佳研究条件下——比如交叉的、双盲的研究方案——所提供的治疗性能有多好。它回答的问题是某项新的治疗干预方法是否能比通常所使用的干预方法或安慰剂治疗得到更佳的结果？治疗效果指的是研究者在某一临床背景下进行观察，研究某项治疗方法对具体来访者治疗的性能有多好。它回答这样的问题：一般来说，某项治疗干预方法在临床实践中是否取得了实效（Howard，Moras，Brill，Martinovich，& Lutz，1996）？对于临床治疗师来说，治疗效益或治疗效率的概念都是没有临床实用价值的，只有治疗效果才具有临床效用。

这种成本—效果和治疗效率的准则与大多数的行为健康专业人员所受的训练有着根本的不同。许多人表现出对这种笼罩在心理治疗行业中的影响的担心。一些人将医疗行政部门对实证的强调看成对他们实践方法的侵犯，是不道义的，而有的人举双手赞成，还有人随波逐流。不管人们对医疗行政管理持何种观点，就治疗的质量与结果而言，那些接受培训的心理治疗师都将毫无疑问地在需要实证成本—效果分析的环境中学习。本书及本书的学习系统所强调的问题之一即向读者介绍这种与实证相一致的技能类型。

这种模式转变的第二点在于强调文化的多元性。美国人口的快速转变正重新塑造着它的文化状况，以白种人占大多数的状况可能到2050年时会发生改变。今天，一些术语像“少民族裔”（ethnic minority）正逐渐被 “多元文化主义”（multiculturalism）和“文化多元化”（diversity）取代。多元文化主义超越了种族的界限，它包括语言、习俗、信念和价值观、规范、宗教、性别角色期望等。为什么这些文化因素对于咨询与心理治疗而言很重要呢?

因为这些因素对个体的基本人格和身份结构有巨大影响。“文化因素与病人特定的历史经历相辅相成，并受他（或她）的民族、性别、年龄、价值观和信念、出生地、家庭迁徙、语言、社会与种族的偏好，以及由此造成的不同程度的歧视和对其选举权的剥夺的影响……这些不确定性因素相互影响并最终形成个体的个性”（GAP，2002）。

从其最宽泛的观念来看，多元文化主义对于一切理论取向的咨询都是通用的（Pedersen，1991），并且它对心理治疗过程的各个方面都有着巨大的影响，例如语言对评估的影响。在治疗初期及整个治疗过程中，治疗师通过来访者的报告对其症状的严重性进行评估。通常，这都是通过口头报告从简单的1（轻病症）到5（重病症）分等级来完成的。一项最近的研究发现，第一代西班牙裔来访者就病情的症状向西班牙裔和英国裔治疗师分别报告，因为使用语言的不同使治疗师得出不同的病症等级。这些西班牙裔来访者被西班牙裔治疗师问诊时病症最轻，当使用英语问诊时病症会显得更重，而在同时使用两种语言时发现病症最为严重。有趣的是，英国裔治疗师对病症的估计不如西班牙裔治疗师估计的严重，而他们给出的机能性综合测评分（GAF）却比后者的高。研究者表示，使用双语的来访者常常会在使用第二语言时具有较大的认知困难，而在以其母语表达时，其主诉会呈现更多情感上的困境。于是，因为双语治疗师的匮乏，研究者们劝告治疗师们需要接受训练“以能向渐增的少数民族文化背景的客户提供令人满意的服务”（Malgady & Costantino，1998）。

临床治疗师在谈到多元文化咨询与治疗的标准和能力时指出，对心理治疗师的训练必须要培养其对文化态度、信念、知识以及技巧等方面的敏感性和能力。鉴于文化敏感性指的是对文化层面的认识，本书——尤其是第四章和第五章——强调了对这一层面的评估。

最后，这一模式转变的第三方面在于对临床实践进行整合的趋势。整合有两种方法：（1）将几种方法的理论和技巧整合成临床实践；（2）将相关的临床研究发现整合成临床实践。表1.1将这种整合观点与四种传统的观点进行了比较。

本书推荐上述两种方法的整合，而不是以狭隘的、某个派别的方法去训练治疗师。本章的第一部分就四种传统的观点——心理动力学理论、认知—行为理论、人本主义理论、系统理论——提出了整合。以下两部分将介绍第二种整合方法。

表1.1　五种心理治疗观点的比较

观点	治疗焦点	治疗关系	治疗改变过程
心理动力学观点	心理病理是对焦虑、错误的客体表象或功能不良的认知和模式的防御反应的结果。因此，上述之一应当是治疗的焦点。	经典的心理分析法：治疗联盟。治疗师是中立的，但拥有专家身份，来访者应当服从治疗师。 自体心理学：参与观察者。 阿德勒疗法：合作者。	澄清 面质 解释 镜像作用 脱敏 修通
认知—行为观点	心理病理是不适应行为模式（行为的）和（或）功能失调的认知或模式（认知的）的结果。因此，两者或其中之一应当是治疗的焦点。	传统行为疗法：治疗者作为专家，来访者作为学习者。 当代认知疗法：合作的实验方法。	认知重建 脱敏 暴露 认知与行为 演练 技巧训练 模仿与强化
现象主义观点	心理病理产生的原因是现实与理想自我（模式）的矛盾，和（或）自我与他人的界限不清，从而导致来访者不能聚焦在此时此地。因此，上述其中一个或多个应当是治疗的焦点。	治疗师与来访者是相互合作的关系。	共情式倾听 脱敏 现象消退 沉浸技术 空椅技术 浮想 演练
系统观点	心理病理是由家庭界限、模式、权利、亲密度的不良模式或技巧缺失而引起的。因此，上述其中一个或多个应当是治疗的焦点。	根据不同治疗学派而不同，从“专家—外行”模式到合作关系。	联合 技能训练（如：养育技能） 界限重构 脱敏 悖论 重新构架 演练

续表

观点	治疗焦点	治疗关系	治疗改变过程
整合的—多元文化的—实证的观点	心理病理是在特定文化背景下人际内、人际间的和（或）系统的动力引起的。因此，治疗应关注成本—效益、态度和文化相关因素。	根据来访者的需要和文化背景从“专家—外行”模式到合作关系。	整合上述多种治疗方法，使之适合文化、成本—效益要求。

心理治疗中的治疗因素与发展动力学

迈克尔·兰伯特（Michael Lambert）对若干心理治疗结果进行回顾研究后提出，在所有形式的心理治疗中，不考虑治疗师的理论取向，则主要存在四种共有的治疗元素——治疗形式、个体、群体和家庭、剂量。剂量是指：会谈频率、治疗持续时间及会谈次数（Lambert，1992）。有人或许会认为这四种元素意味着心理治疗实践中常见的、统一的语言（Miller，Duncan & Hubble，1997）。心理治疗中的四项基本治疗因素是：（1）来访者资源；（2）治疗关系；（3）干预策略和手段；（4）信念、希望和期待（Lambert，1992）（见表1.2）。

表1.2　心理治疗中的四项基本治疗因素

治疗因素	描述
来访者资源	来访者资源指的是来访者除参与治疗之外有助于康复的（包括内在的和外在的）所有资源。内在资源包括来访者为转变所做的准备、应对方式和个人（社会）技巧、动机、自我力量、智力、成就、心理领悟力、勇气以及过去为改变所做努力的成功经验。外在资源指的是影响来访者的特定环境资源，包括来访者的社会支持系统、经济来源，甚至一些被兰伯特称作自动衰减作用的偶然事件。

续表

治疗因素	描述
治疗关系	包括被罗杰斯等人称作有效治疗的核心条件，即共情、尊重、真诚和无条件关注。它也包括一些其他因素，比如和谐、温暖、具体化和接纳。这些互动代表了一种治疗关系，即当来访者感到被理解、安全以及充满希望的时候，他们便敢于讲述他们生活中那些痛苦的情感和隐私的详情以及敢于以更为健康的、适应的方式去思考、感受和行动。这些因素超越了治疗师的理论取向，被兰伯特称作共性因素。
干预策略和手段	包括区别于理论取向治疗方法的独特技术，并涵盖从心理动力学、认知—行为、人本主义到系统以及整合的治疗范围：临床解释、自由联想、面质、认知重建、药物治疗、空椅技术、生物反馈、系统脱敏、重构、家庭重塑、奇迹问题或其他难题解决技巧。
信念、希望、期待	来访者对他们的治疗师或治疗提供者的信赖，以及他们对治疗改变生活的信任和希望。与此信任相关的是特定的期待：怎样、何时，以及为什么改变会发生。这被兰伯特称作安慰效应，是与消极情绪相对立的。

来访者资源

正如我们在本书中所指出的那样，来访者并不是“独自”前来的。他们带着症状、担心、冲突和困境而来，他们带着具有他们特征的成长经历和文化根源而来。当然，他们也带着某些资源而来——既有个人的又有环境的。这些资源在相当程度上影响着治疗的最终结果。在医学和心理学的研究文献中，来访者对治疗结果的作用与一种现象相关，这种现象叫作“自动衰减期”。类似于癌样肿瘤的自动消退期或多发性硬化症状的逐渐减弱，接受心理治疗的来访者也会经历一段抑郁或焦虑症状的衰减期。一些来访者在他们初次预约之后第一次治疗之前便会出现症状减轻现象，而另一些来访者或许在接受治疗好几个月甚至几年后也不出现明显的改变。是什么引起的这种差异呢？这取决于来访者是否具备某些种类的资源。

来访者的资源如此重要吗？这种来访者资源大约可以使任何一项治疗产生40%的进展（Lambert，1992）。来访者资源所指既有内在的又有外在的，它指的是来访者除参与治疗外有助于康复的所有资源。内在资源包括来访者为转变所做的准备、应付方式和个人（社会）技巧、动机、自我力量、智力、成就、心理领悟力、勇气以及过去为改变所做努力的成功经历。外在资源指影响来访者的特定环境资源，包括来访者的社会支持系统、经济来源，甚至还有一些偶然事件。

治疗关系

治疗关系是一种背景，在此背景中，治疗进程得以体验和演示。尽管在各种心理治疗方法中描述这种关系的方式存在显著差异，但是，绝大多数治疗师都认识到这种关系的重要性。在这些不同治疗方法之间，我们已经找到了治疗关系与心理治疗结果的相互联系。据估计，心理治疗结果大约30%的变动性取决于治疗关系因素，而40%的变动性取决于来访者信息或自动衰减因素（Lambert，1992）。斯特鲁普（1995）根据他对心理治疗研究的分析得出结论：治疗关系是“各种形式的心理治疗中的必要条件”。此外，欧林斯基（Orlinsky）、格劳（Grawe）和帕克斯（Parks）三人的研究（1994）指出来访者在治疗关系中参与的质量是治疗结果最基本的决定因素。总之，那些治疗动机强的、参与的、以及合作的来访者会从治疗中受益最多。

共情、尊重和真诚对一个强大的治疗联盟的构成而言至关重要，因此被罗杰斯称为有效咨询与心理治疗的核心条件。似乎有这样一个情形，当来访者感到被理解、安全以及充满希望的时候，他们便敢于讲述他们生活中那些痛苦的情感和隐私的详情以及敢于以更为适应的、健康的方式去思考、感受和行动。但是，这些核心条件必须被来访者真实地感受到，并且，依据来访者的内在动力与文化发源的不同，这些核心条件的表达也应与之相称。邓肯（Duncan）、索洛维（Solovey）以及拉斯克（Rusk）坚持认为，只有当治疗师建立起来的治疗关系与来访者对共情、尊重和真诚的理解相称时，那些最具帮助的联盟才有可能建立。

干预策略与手段

心理治疗方法的一个明确的特征是它有一套独特的体系，运用它来解释改变过程并使来访者适应社会生活，从而使其对各种干预策略与手段容易接受和领会。这样的策略与手段包括临床解释、自由联想、面质、认知重建、药物治疗、空椅技术、生物反馈、系统脱敏、重构、家庭重塑、奇迹问题或其他的难题解决技巧。各种治疗会谈的内容及过程不尽相同，这取决于治疗师的理论观点和取向。

尽管一些手法魅力十足，甚至扑朔迷离，但其实使用哪些特定的干预策略与手段对于整个治疗结果的影响是相当小的。在对心理治疗结果研究的重要回顾中，兰伯特（1992）估计，一个临床治疗师的治疗观点以及干预策略和手段对心理治疗结果变动性的作用仅占15%。米勒（Miller）、邓肯和哈勃（Hubble）认为，总的来说，治疗师的干预给来访者留下的印象要比治疗师本身给他们的印象小得多。他们支持兰伯特的研究：“治疗师应该少花些时间去找正确的干预方法或正确的治疗种类，而把更多的时间花在他们理应擅长的事情上——理解、倾听、建立关系以及鼓励来访者寻找能帮助他们自己的方法。”

信念、希望与期待

兰伯特（1992）将对心理治疗产生影响的其余15%的因素称作"安慰效应"。安慰效应指的是来访者对他们的治疗师或其他治疗提供者的信任，以及他们对治疗改变生活的信任和希望。本森（Benson）和马修斯（Mathews）以及克拉克（Clark）近来把安慰效应当作一种信念因素，他们指出，个体对治疗或临床医师的信任能产生治疗或治愈效果。与此信任相关的是特定的期待，关于怎样、何时以及为什么改变会发生的想法。研究表明，仅仅对治疗充满期待就能有所帮助，最终可以彻底转变意志消沉的现象并调动希望，并促进提高（Frank & Frank，1991）。也许，这种希望的产生受治疗师在治疗最初对来访者态度的强烈影响。当来访者由于治疗过于激烈或缓慢，或者因治疗资源及自身限制而对治疗效果产生怀疑时——即使这种怀疑很隐晦——安慰效应常常消失殆尽，而且来访者的消极观念也不太容易被扭转过来。唯有临床治疗师逐渐地灌输希望和信念，治疗才有可能起作用，积极的治疗结果才能产生。

换句话说，对改变抱有一份积极的期待似乎是成功治疗的前提（Snyder，Irving，& Anderson，1991）。

心理治疗的四个阶段

心理治疗的过程可以理解成开始、中间过程和结束。许多人阐述心理治疗过程的努力使我们已经获得了各种治疗的程式，比如关系、评估、领悟力及重新定位（Dinkmeyer & Sperry，2000）。鉴于本书对治疗过程主张以多元文化的方式来理解，我们寻求一种文化敏感的模式。这种阶段模式由贝特曼（Beitman，1987）的研究改造而来，它由个体心理治疗的四个阶段组成，这样便反映出东、西方治疗系统和方法的共同点（见表1.3）。这里所述的四个阶段也曾被斯佩里（Spery，1999）提到过，在此，我们也把它当作本书其他各章的模板并依此组织内容。接下来的十章描述了与四个阶段相关的必要治疗技巧，旨在塑造一个有效的治疗师。

表1.3　心理治疗的四个阶段

阶段	目标	治疗方法
投入性参与	建立一种合作的治疗关系，并促进来访者为改变做好充分的准备。	·明显的共情式倾听 ·引发安慰效应 ·扭转来访者意志消沉的现状 ·为治疗提供有效的建议和提高来访者对治疗的适应性
评估	指出来访者的不适应模式，包括行为的、效果的，以及认知的（模式）成分，如果这些模式得到改变，将会引起更多的适应性功能。	·使用诊断性提问策略 ·使用干预性提问策略 ·通过心理量表或其他形式的问卷来进行评估 ·使用角色扮演或演示来引出和（或）澄清模式
干预	修正或转变来访者的不适应模式，使其接受更具适应性的模式。	·使用终止模式策略 ·使用认知重建、解释、和（或）重构方法 ·引出和支持来访者的改变因素
维持（终止）	维持新近获得的适应模式、预防复发，以及减少（消除）来访者对治疗关系的依赖性。	·使用复发预防策略 ·设置或协商一个治疗终止日期 ·当有需要时，制订“终止治疗”访谈 ·维持用药，逐渐地增加服药间隔时间

阶段一：投入性参与

投入性参与是治疗的第一个阶段也是最重要的一个阶段。有效的治疗需要来访者充分地参与到治疗过程中来，如来访者承诺并主动配合治疗。换句话说，投入性参与对于任何治疗改变的发生而言都是必需的。治疗师通常认为，出席了会谈并谈到了他们所关心的事情的来访者就算参与到治疗中来了。有时，只需要检查是否存在不遵守治疗的事例——比如家庭作业是否完成——治疗师便可以判断来访者的参与度。一般的规则是，如果参与的最理想程度尚未取得，那么正式的治疗便不应该开始。最理想的投入性参与应达到的效果是：

1. 来访者对协商治疗目标的积极参与，以及在转变过程中，对其自身及治疗师角色的切实的期待。

2. 来访者对遵守治疗基本规则的意愿。

3. 协商制订治疗合约。

4. 来访者为改变做好充分的准备，如活跃程度。

来访者为改变做好充分的准备则预示着合作、配合与积极的改变，而准备不足则预示着抵制、不配合，并且改变将不会发生。

投入性参与阶段的目标在于建立一种合作的治疗关系，并促进来访者为改变做好最充分的准备。有许多治疗策略可以促成最佳投入效果，它们包括：明显的共情式倾听；引发安慰效应；扭转来访者意志消沉的现状；为治疗提供有效的建议和提高来访者对治疗的适应性。我们将在第三章对此进行详细阐述。

阶段二：评估

我们所说的“评估”（assessment）专指对来访者不适应模式的评估。这里的模式指的是一个人无论是在紧张的还是放松的环境下进行思考、感受事物、采取行动、处理问题以及保护自我的可预见的一贯的方式或方法。它反映出个体的基准功能。这种模式具有生理的、心理的和社会的特征，比如缺乏锻炼的和有冠心病倾向的生活方式，依赖的人格模式或人格障碍，或者反复出现的婚姻问题。这种模式也包括个体用以制衡机能失调的功能力量，还包括可预见的行为和思考方式。指明某种模式的行为成分的方法之一是运用DSM-Ⅳ轴Ⅱ中人格特质或人格障碍的条款。模式是用于描述思考内容与形式的一种具体的方法。治疗评估阶段的目标在于指出来访者的不适应模式，包括行为的、效果的，以及认知的（模式）成分，如果这些模式得到改变，将会引起更多的适应性功能。通常运用于模式评估的有效方法有诊断性提问策略，干预性提问策略，以及通过心理量表或其他问卷来进行评估。此外，治疗师也可以使用角色扮演或演示来引出和（或）澄清来访者的模式。

阶段三：干预

干预阶段的目标直截了当：修正或转变来访者的不适应模式，形成更具适应性的模式。干预方法可能包括所有的治疗干预策略和手段，例如模式终止策略、认知重建、解释和（或）重构。一个重要的干预方法——它是如此明显，却常常被忽略——可以引出和支持来访者内在的与外部的资源。

在临床治疗中，不适应模式通常反映为痛苦的症状和功能的减损。因此，减少症状和（或）增加生活机能是典型的治疗目标。由于处于痛苦症状之中而接受心理治疗的个人和夫妇，他们通过减轻症状来缓解痛苦，而先前他们努力缓解痛苦却徒劳无功。因此，减轻或消除症状是治疗的首要目标。通常，这种目标通过药物和（或）对行为的干预获得。研究表明，随着症状的增加，来访者生活的功能会随之降低；并且，如果其症状不减轻，那么为增加机能所做的努力也将受到阻挠（Sperry，Brill，Howard，& Grissom，1996）。

阶段四：维持与终止

维持（或终止）治疗阶段的目标是维持新近获得的适应模式，预防复发，以及减少（或消除）来访者对治疗关系的依赖性。从技术层面讲，复发指的是重新回到最初的严重期，而反复是一个新的严重期的开始。在本书中，两者是同义词。为预防复发，治疗师必须评估来访者的风险因素和复发的可能性，并将复发预防策略纳入治疗过程。

实现这些目标的治疗方法有：使用复发预防策略；设置或协商一个治疗终止日期；举行中断治疗访谈；并且，在维持期应当继续用药和逐渐地增加服药间隔时间。

总结：观点、技巧与过程的融会贯通

我们通过前述讨论并总结出如下结论。

1. 可以三种不同的见解为出发点来看待心理治疗实践：（1）从治疗师的角度（五种观点——四种传统观点加上整合观点）；（2）从治疗结果的角度（四种常见的治疗因素）；（3）从心理治疗过程的角度（四个阶段）。在上述几种见解范畴内，存在现实的或新兴的整合主题，并且在上述几种见解间也存在新兴的整合主题。整合以两种方式产生：从一些方法的理论和技术中整合出临床的实践，以及从临床研究的发现中整合出临床的实践。

2. 在对四种传统的心理治疗观点的见解中，存在着几种明显的趋势。例如，在关于四种观点的治疗焦点方面，存在共同的主题，即模式理论。

3. 在治疗关系方面，产生了新的统一——合作关系。早先人们强调把治疗师当作专家或指导者，如今这一点发生了改变。

4. 在治疗改变过程方面，脱敏似乎是解释各种干预策略与手段的一种常见机制。

5. 此外，尽管我们在四种传统观点中都能看到整合倾向，那些被认为归属于某种传统观点的临床治疗师在其临床实践中也趋于折中，但是有趣的是，各理论学派的治疗干预方法相互间仍是非常不同。也就是说，越是有经验的治疗师越有可能尝试使用其他学派的干预策略和手段，以及来自他们自身观点以外的其他观点的技能。

6. 有关心理治疗的治疗因素的研究结果表明，整合的主题与四种观点以及阶段或过程都有关系。最明显的是，治疗关系对治疗理论和治疗因素都有影响。治疗关系越是合作，来访者就越投入，治疗效果就越好。并且，根据兰伯特的研究，关系被认为是引起治疗改变或治疗结果的第二位重要的因素。当然，投入性参与是一种描述有效关系的特殊方法。

7. 当来访者在咨询中的投入水平足够时，我们可以认定治疗师在治疗过程中可获取并使用充分的来访者资源。也就是说，这将对治疗结果产生极大的影响。

8. 从多元文化的观点出发，我们可以认定，充分投入的来访者是最可能会以文化的敏感性和能力去体验治疗关系的。

9. 模式识别涉及多种模式，它有认知和行为两方面的成分。将模式按认知归类的一个有效方法是使用图式。

10. 从治疗因素的角度出发，关系指的是治疗师建立起一种环境的方式，这种环境能够促使来访者“冒险”并采取行动；而信念—希望—期待则指由来访者发出的自我治疗的决心。从某种程度上讲，治疗师也能够利用来访者内在的以及外在的来访者资源，使之为发生改变做好准备。

11. 最后，治疗师的角色是去促进、安排和指导改变的过程，这种改变不仅来源于各种各样的干预策略和手段，也来源于来访者自己以及环境给予的自我治愈的热情，还来源于治疗关系本身所产生的治疗活力。

参考文献

Bandura, A. (1978). The self-system in reciprocal determinism. American Psychologist, 33: 343-358.

Beck, A. (1964). Thinking and depression: II: Theory and therapy. Archives of General Psychiatry, 10:561-571.

Beck, A. (1988). Love is never enough. New York: Harper and Row.

Beck, A. & Freeman, A. (1990). Cognitive therapy of personality disorders. New York: Guilford.

Beck, A. & Weishaar, T. (1989). Cognitive therapy. In R. Corsini & D. Wedding (Eds.) Current psychotherapies (pp. 285-322). Itasca, IL: RE. Peacock.

Beitman, B. (1987). The structure of individual psychotherapy. New York: Guilford.

Beitman, B., & Mooney, J. (1991). Exposure and desensitization as common change processes in pharmacotherapy and psychotherapy. In B. Beitman & G. Klerman (Eds.). Integrating pharmacotherapy and psychotherapy (pp. 435-446). Washington, DC: American Psychiatric Association.

Benson, H. (1996). Timeless healing: The power and biology of belief. New York: Scribners.

Bowen, M. (1978). Family therapy in clinical practice. New York: Jason Aronson.

Clarkin, J., Frances, A. & Perry, S. (1985). The psychosocial treatments. In R. Michaels, A. Cooper, S.Guze, et al. (Eds.) Psychiatry. Philadelphia: J.B. Lippincott.

Dinkmeyer, D. & Sperry, L (2000). Counseling and psychotherapy: An integrated, individual psychology approach (3rd ed.). Upper Saddle River, NJ: Prentice-Hall.

Duncan, B., Solovey, A. & Rusk G. (1992). Changing the rules: A client-directed approach to therapy.New York: Guilford.

Fishman, D. (1988). Paradigmatic decisions in behavior therapy: A provisional roadmap. In D. Fishman,C. Franks, & E. Rotgers (Eds.) Paradigms in behavior therapy: Present and promise (pp. 277-291).New York: Springer.

Foley, V. (1989). Family therapy. In R. Corsini & D. Wedding. (Eds.). Current psychotherapies. Itasca, IL:F.E. Peacock, pp. 455-502.

Frank, J. & Frank, J. (1993). Persuasion and healing: A comparative study of psychotherapy (3rd ed.).Baltimore: Johns Hopkins Press.

Greenson, R. (1967). The Technique and Practice of Psychoanalysis, Volume 1. New York: International Universities Press.

Group for the Advancement of Psychiatry (GAP) (2002). Cultural assessment in clinical psychiatry.Washington, DC: American Psychiatric Press.

Harrington, A. (Ed.) (1997). The placebo effect: An interdisciplinary investigation. Cambridge: Harvard University Press.

Havens, L. (1974). Existential use of the self. American Journal of Psychiatry, 131: 1-10.

Horowitz, M. (1988). Introduction to psychodynamics: A new synthesis. New York: Basic Books.

Horowitz, M., Marmat, C., Krupnick, J. et al. (1984). Personality styles and brief psychotherapy. NewYork: Basic Books.

Howard, K., Moras, K., Brill, P., Martinovich, Z., & Lutz, W. (1996). Evaluation of psychotherapy:Efficacy, effectiveness, and patient progress. American Psychology, 51, 1059-1064.

Kelly, G. (1955). The psychology of personal constructs. New York: Norton.

Kohut, H. (1977). The restoration of the self. New York: International Universities Press.

Kohut, H. (1984). How does analysis cure? Chicago: University of Chicago Press.

Lambert, M. (1992). Implication of psychotherapy outcome research for eclectic psychotherapy. In J.Norcross (Ed.). Handbook of eclectic psychotherapy (pp. 436-462). New York: Brunner/Mazel.

Luborsky, L. (1984). Principles of psychoanalytic psychotherapy: A manual for supportive-expressive treatment. New York: Basic Books.

Malgady, R. & Costantino, G. (1998). Symptom severity in bilingual Hispanics as a function of clinician ethnicity and language of interview. Psychological Assessment, 10, 120-127.

Marks, I. (1987). Fears, phobias and rituals. New York: Oxford University Press.

Mathews, D. & dark, C. (1998). The faith factor. New York: Viking.

May, R. & Yalom, I. (1989). Existential psychotherapy. In R. Corsini & D. Wedding (Eds.) Current psychotherapies (4th ed., pp. 363-404). Itasca, IL: F.E. Peacock.

Miller, S., Duncan, B., & Hubble, M. (1997). Escape from babel: Toward a unifying language for psychotherapy practice. New York: Norton.

National Committee for Quality Assurance (NCQA) (1998). MBHO surveyor guidelines for the accreditation of managed behavioral healthcare organizations. Washington, DC: Author.

Orlinsky, D., Grawe, K. & Parks, B. (1994). Process and outcome in psychotherapy. In Bergin, A. &Garfield, S. (Eds.). Handbook of psychotherapy and behavior change (4th ed., pp. 270-376). NewYork: Wiley.

Pederson, P. (1991). Multiculturalism as a generic approach to counseling. Journal of Counseling and Human Development, 70, 6-12.

Raskin, N. & Rogers, C. (1989). Person-centered therapy. In R. Corsini & D. Wedding (Eds.) Current psychotherapies (4th ed., pp. 155-196). Itasca, IL: F.E. Peacock.

Rogers, C. (1951). Client-centered therapy. Boston: Houghton Mifflin.

Schwartz, G. (1988). Cognitive behavioral therapy and health psychology. In D. Fishman, C. Franks, and E. Rotgers (Eds.) Paradigms in behavior therapy: Present and promise (pp. 197-231). New York:Springer.

Sherman, R. & Dinkmeyer, D. (1987). Systems of family therapy: An Adlerian integration. New York:Brunner/Mazel.

Slap, J. & Slap-Shelton, L. (1981). The schema in clinical psychoanalysis. Hillsdale, NJ: The Analytic Press.

Snyder, C., Irving, L., & Anderson, J. (1991). Hope and health. In Snyder, C. & Forsyth, D. (Eds.).Handbook of social and clinical psychology. New York: Pergamon.

Sperry, L. (1997). Treatment outcomes: An overview. Psychiatric Annals 27: 95-99.

Sperry, L., Brill, P., Howard, K. & Grissom, G. (1996). Treatment outcomes in psychotherapy and psychiatric interventions. New York: Brunner/Mazel.

Strupp, H. (1995). The psychotherapist's skills revisited. Clinical Psychology, 2: 70-74.

Strupp, H. & Binder, J. (1984). Psychotherapy in a new key: A guide to time-limited dynamic psychotherapy. New York: Basic Books.

Turk, I. & Meichenbaum, D. (1983). Pain and behavioral medicine: A cognitive-behavioral approach.New York: Guilford.

Wachtel, P. & Wachtel, E. (1986). Family dynamics in individual psychotherapy. New York: Guilford.

Watzlawick, P., Weakland, J., & Fisch, R. (1974). Change: Principles of problem formation and problem resolution. New York: Norton.

Weiss, J (1993). How psychotherapy works: Process and technique. New York: Guilford.

Wolpe, J. (1983). The practice of behavior therapy (3rd ed.). New York: Pergamon.

Woolford, R. (1988). The self in cognitive behavior therapy. In D. Fishman, C. Franks and E. Rotgers (Eds.) Paradigms in behavior therapy: Present and promise (pp. 132-162). New York: Springer.

Yalom, I. (1980). Existential psychotherapy. New York: Basic Books.

Yontef, G. & Simkin, J. (1989). Gestalt therapy. In R. Corsini & D. Wedding (Eds.) Current psychotherapies (4th ed., pp. 323-362). Itasca, IL: F.E. Peacock.

Young, J. (1990). Cognitive therapy for personality disorders: A schema-focused approach. Sarasota, FL:Professional Resource Exchange.

第二部分
投入性参与

第二章
治疗过程的开始

如果让你选择最有可能从治疗中受益的人，你会挑选哪种类型的来访者？年轻的还是年长的？善于表达的还是拙于表露的？聪明的，或受过良好教育的？症状最轻、创伤最小的？还是与你的价值观相似的？三十年的研究都未能证明上述特征会对治疗具有论断性的意义。近来，研究者发现：来访者的动机，或者更明确地说，来访者准备改变的程度，比年龄、问题的严重程度、社会经济地位、自尊或社会支持网络能更好地预测治疗结果（Prochaska，DiClementi，& Norcross，1992）。你将在稍后了解到，准备改变的程度是治疗的投入性参与阶段的关键因素。

我们在第一章已经简单介绍过投入性参与阶段。需要特别指出的是：投入性参与阶段是治疗的第一步，也是最重要的一步。投入性参与包含来访者想要改变的动机，但其概念要广泛得多。在治疗的早期，治疗师以及治疗关系的特征和质量都能很大程度地提高来访者的投入性参与水平。再次强调：只有来访者在治疗中充分地投入，治疗才可能有良好的效果。总之，投入性参与对于治疗性改变而言是至关重要的。如果来访者只是碍于某种原因而敷衍出席，或在治疗中泛泛而谈，而治疗师想当然地认为来访者是投入的，那么我们就可以预料这必定导致治疗出现脱落、止步不前或消极的治疗反应，也就是说来访者将一无所获。此外，我们已经在第一章中提过：如果在来访者充分投入、参与治疗之前，就开始进行评估、干预、维持（终止）等治疗步骤，那么治疗师就可能酿成治疗策略上的大错。在第二、第三章中，我们将逐步阐明这些内容，并且会介绍一些能促进投入性参与的有效治疗技巧。

本章内容概要

1. 积极投入治疗的来访者的特征。

2. 促进来访者投入性参与的七种治疗性干预技巧。

3. 准备改变的五个阶段和促进改变准备度的方法，以及改变准备度这一概念的起源。

4. 来访者解释模式的含义与价值，治疗期望（特别是文化期望）对于促进投入性参与和制订治疗计划的特殊意义。

5. 治疗双方讨论治疗重点与治疗目标的价值以及所采用的方法。

6. 在治疗早期，扭转意志消沉和触发安慰效应的重要性。

来访者投入性参与的特征

两位来访者差不多同一时间前来就诊，都是女性，单身，大学学历，二十五六岁。你惊奇地发现，两人虽不相识，却有很多相似之处。两人都符合DSM-Ⅳ诊断中的适应性焦虑障碍，而且她们都因长期亲密关系破裂而出现症状。另外，两人都是全职工作，一个在报社工作，另一个在广告公司就职。然而，两人在经过四次治疗之后，结果大相径庭。第一位来访者现在已基本无恙，即使没有与前男友保持稳定的关系，也能够坦然地面对生活。第二位来访者的症状依旧，她失去了工作，感到越来越孤独，甚至在四次治疗中迟到了三次，另外，她对你所做的大多数努力持抵触态度。两位来访者为何会有如此差异？很有可能的解释就是她们的投入性参与程度不同。第一位来访者改变准备度（creadiness for change）的水平很高，并积极投入到治疗过程中。表2.1列出了来访者投入性参与水平程度带来的差异。

表2.1　不同投入性参与程度的来访者的特征

参与程度高的来访者特征	参与程度低的来访者特征	来访者参与程度低的可能原因
感到被治疗师充分地理解和接受	感到没有被治疗师充分理解和接受	治疗师对来访者没有充分地共情
参加会谈，积极参与，承担治疗风险，做出改变	可能会参加会谈，但是很少或者几乎没有进步，看起来不想做出改变	来访者的改变准备度还不甚理想
愿意与治疗师分享对他们问题形成原因的看法	不与治疗师分享对他们自身问题成因的看法	来访者的解释模式与治疗师的事例解析之间存在差异
愿意与治疗师分享对治疗结果和双方在治疗中角色的看法	不愿意与治疗师分享对治疗结果和来访者责任的看法	来访者和治疗师对治疗结果或扮演角色的期望之间存在差异
愿意与治疗师分享对治疗重点和治疗目标的看法	不愿意与治疗师分享对治疗重点和治疗目标的看法	来访者和治疗师对治疗重点和治疗目标的认识之间存在差异
对问题的解决充满希望	觉得解决问题的希望渺茫或者感到绝望	来访者仍然意志消沉
坚信治疗是有帮助的、有效的	不确定治疗会是有帮助的或有效的	安慰效应不充分

两类来访者的主要差异除了改变准备度外，还涉及共情、治疗目标和重点、治疗结果、希望感以及对治疗的信心。我们将在第三章专门讲解共情，在本章，我们将一一阐述其他因素。由于改变准备度是一个非常重要的投入性参与因素，因此我们将对此详加描述。

治疗动机：一些背景资料

几十年来，治疗师一直把治疗动机当作有价值的概念。虽然大多数治疗师都视动机为有效治疗的关键因素，但是很少有人能够有效地定义这一概念，并使这一意义广泛的概念变得更具操作性。1964年，斯科菲尔德出版《心理治疗：出售友谊》（*Psychotherapy：The Purchase of Friendship*）一书。在该书中，作者介绍了有关心理治疗中能预测积极治疗结果的来访者变量的研究，并且向心理健康组织介绍了缩写词“YAVIS”。YAVIS是年轻的、有吸引力的、善言的、聪明的和成功的英文单词首字母的缩写。通过这个缩写词，斯科菲尔德概括了他本人以及其他研究者是如何解释来访者动机与治疗结果的关系的：年轻的——特指年龄低于40岁的来访者；有吸引力的——是说他们的价值观与治疗师的基本相同；善于言辞的——指他们具有言语表达能力，特别是识别和讨论他们的感觉和想象的能力；聪明的——指他们通常受过良好教育；成功的——他们在相当一段时期内能拥有一份稳定的工作，以维持治疗关系，符合上面这些要求的来访者最有可能在治疗过程中保持强烈动机并取得成功。随着近年来人们逐渐了解YAVIS，人们对此产生了两种不同的说法：第一，YAVIS的个体看起来并不需要治疗，因为他们自己就能调整好自己；第二，偏爱YAVIS来访者的治疗师可能会轻视多元文化背景的来访者。

描写来访者与治疗师之间互动的书籍为数不少，同样，关于影响治疗结果的来访者变量的研究文献也已汗牛充栋。读者可以参考加菲尔德（Garfield）和伯金（Bergin）的经典文献中关于这些主题的相关章节，以了解更多此类知识以及它们对于心理治疗实践的意义。对我们来说，尤其应关注有关改变准备度方面的研究。先前的治疗动机研究只是把动机简单地划分为有或无，即来访者要么是有动机地进行治疗，要么就拒绝治疗，并认为这是一种稳定的人格特征或特质。但是，现在的研究结果大为不同，改变准备度已经被定义为一个变化的动力性过程——动机既产生于治疗的互动过程，也是来访者人格和经历的体现（Miller，Duncan，& Norcross，1992）。

20世纪80年代，詹姆斯·普罗查斯卡（James Prochaska）和卡洛·迪克伦蒂（Carlo DiClementi）开始研究改变准备度。

该研究及其临床应用可以称得上是对理解来访者和治疗动机的最重要的突破。更重要的是，它揭示了个体在治疗过程中是怎样改变的。如前所述，改变准备度能比年龄、问题的严重程度、社会经济地位、自尊、社会支持网络等更好地预测治疗结果（Prochaska，DiClementi，& Norcross，1992）。

共情性理解和反应

共情是增进投入性参与的一个强有力的因素。50年前，卡尔·罗杰斯就支持把共情当作治疗过程中促进来访者治疗变化的核心条件。共情可被理解为：要求治疗师以来访者的主观视角去看待和体验现实，同时又保持一名客观观察者的观点。总之，共情是以治疗师的态度和行为为参照的。因此，在治疗师培训项目中，应尤其重视治疗师的共情性反应的技能训练。不幸的是，最近的研究表明，治疗师的共情（以及其他一些核心条件）并不能充分地促进改变。由于诸如对共情、热忱、尊重和坦诚等核心条件的认识部分地由文化决定，所以治疗师相同的共情性反应可能对不同来访者的作用效果迥异。然而，目前的研究证实：治疗师有意识地针对不同来访者的背景来调整共情和其他核心条件，更有利于增强来访者的投入性参与程度（Miller，Duncan，& Hubble，1997）。在第三章中，我们会谈及共情性理解和反应的扩展概念，并把它作为一种基本临床技能来详细阐述和解释。

来访者的改变准备度

改变准备度由一系列可识别的阶段组成，在整个改变过程中，来访者是逐步转变的。这些阶段包括：考虑前、考虑、预备、行动和维持。这一阶段模式之所以独具魅力，是因为它对理解和预测来访者的变化特别有用，对诸如戒烟、减肥、酒精和物质依赖戒断等一系列超越心理治疗范畴的来访者也有相同作用。该模式适用于一切理论取向，它是文化中立的，可以提供有关动机和改变动力学的许多量化指标。

在整个治疗计划中，初步评估来访者的改变准备度不仅非常有价值，而且很有效。由于大多数来访者在达到他们的治疗目标之前，都会在这些阶段之间徘徊往复，因此在初次会谈中评估各种问题的当前情况，有助于监视这些阶段的转化。理论上说，来访者在预备和行动阶段前来治疗，治疗结果就比较乐观。当来访者在考虑前或考虑阶段来就诊时，治疗师的主要任务就是调整治疗以促使来访者朝向行动阶段发展。普罗查斯卡和他的同事概述了这五个阶段（表2.2）。

表2.2　改变准备度的阶段

阶　段	对该阶段的描述
考虑前	否认问题的存在，也不承认有治疗的需要。
考　虑	承认有问题存在，但是现在还不需要治疗。
预　备	表达想要治疗的意图，包括愿意承担责任，愿意在治疗中主动配合。
行　动	用语言和行动，致力于在治疗中改变。
维　持	继续致力于改变，无论在治疗时段内或治疗时段外。

Source：Adapted from Prochaska & DiClementi，1984.

改变准备度的阶段

考虑前　在本阶段，来访者仅仅想到自己有可能需要改变，也许还没有认识到需要解决什么问题或需要采取什么行动。一般在几次会谈之后仍然停滞于该阶段的来访者，多半是非自愿来治疗的。也就是说，治疗可能是司法机构委托的，或者是某个家庭成员（特别是配偶）要求的，比如威胁说“假若你不去治疗，那我们就分手”。或者，他们来治疗仅仅是为了发泄怨愤，或因自己的问题迁怒他人，诸如上级领导、老师、教练等。总之，他们认为自己没什么问题，不需要改变。事实上，某些来访者踏进诊所只是要确认一下：自己并没有什么严重心理障碍或精神疾病之类的问题。此时治疗师的角色是评估来访者对自身问题有多大认识。在本阶段，治疗师如判别出来访者有问题需要治疗（诸如酒精滥用或其他有害行为）的结论是与这样的来访者的认识相左的，因为他们认为自己并不需要改变。

考虑　在本阶段，来访者意识到他们确实存在一点问题，也就是说，来访者开始接近治疗师的看法了。但是，来访者还不确定改变的必要性。他们或许认为有必要改变，但对改变望而却步。由于处于本阶段的来访者并不清楚需要什么样的改变，因而治疗师的角色是帮助他们做出选择，同时估计他们的选择会带来什么样的结果。

预备　在该阶段，来访者明白改变势在必行，并开始着手实施。此时，大多数来访者都希望找到最有效的改变途径。治疗师可以用这样的问题来帮他们评估自己的计划：你能想象到自己会有哪些变化？你过去已经做了哪些成功的尝试？假如治疗开始，你猜想你会做什么？有什么会使你停滞不前？谁会注意到这些改变？这会以何种方式影响到你？现在就改变会带来哪些好处？

行动　在这一阶段，来访者已经着手行动。权衡之下，改变的利大于弊。来访者对一些行动步骤非常清楚，也很积极地投入到解决问题的尝试中。治疗师可以通过提供支持、调整策略、评估结果和鼓励等方法帮助来访者。当来访者处在本阶段时，说明绝大多数治疗发挥了作用。

维持 一旦来访者有所改变，他们就必须不断地操练和抵制倒退。这时应弄清怎样维持有效的改变和修整不尽如人意的措施。但总的目标是维持进程。有时，在经历一段时间后，来访者会为保持状态而有所退步，他们可能以前已取得了一定改变，但是现在因担心前功尽弃而驻足不前。

动机与改变准备度在临床上的应用：对心理治疗的建议

普罗查斯卡和他的同事在研究中发现：如果来访者在首次会谈中就从一个阶段过渡到下一个阶段（如从考虑阶段转到预备阶段），那么在六个月之内，他们取得进步和解决问题的概率大概是那些在首次会谈中没有转变的人的两倍。更有趣的是，当个体在首次会谈中就过渡了两个阶段（如从考虑阶段直接过渡到行动阶段）时，那么他们能够成功改变的机会是没有这样经历的人的四倍（Prochaska，Velicer，Fava，et al.，1997）。

此外，个体如果在首次会谈中没有采取行动，我们就可以较有把握地预测：在整个治疗过程中，该个体仅可能有限地改变或没有变化，甚至出现负性治疗结果（Sperry，Howard，& Grissom，1996）。有研究发现：总体说来，到第三次会谈尚未出现任何改变的个体，不管其所接受的治疗是何种类型，他在以后的整个治疗过程中都不会有进展（Brown，Dreis，& Nace，1999）。还有研究表明：即使药物治疗仍然是主要的治疗手段，改变准备度依旧是预测来访者能否改变的强有力的风向标。在一项关于药物治疗焦虑症的研究中，我们注意到，改变准备度比服药依从性更能有效预测症状是否会减轻。总之，改变准备度已被认为比抗焦虑药物的药代动力学机理更有预测能力。

有证据表明：治疗师可以根据来访者的改变准备度来调整治疗过程，以此提高治疗成功的概率。这一点有非常重要的临床成本—效益功效。例如，脱落（来访者在预定结束治疗时间前放弃治疗）是许多治疗师经常遇到的窘境，它说明来访者投入治疗的水平较低。普罗查斯卡的研究（1999）表明：治疗师掌握来访者的改变准备度，制订好治疗计划并照此执行，与不清楚来访者的改变准备度或没有治疗计划相比，更能使来访者坚持治疗以及在治疗中有所进步。研究表明，适合各个准备度阶段的相应干预措施具有最佳的成本—效益比值（Prochaska et al.，1997）。

治疗师如何调整适合改变准备度各阶段的治疗干预措施，才能促使来访者朝向行动阶段变化？除了之前讲到的一些建议，表2.3列出了改变准备度各阶段的建议性治疗干预措施。

表2.3　适用于改变准备度各阶段的建议性治疗干预措施

阶　段	干预措施
考虑前	1.探索来访者的解释模式 2.建议来访者从他人的视角来思考问题 3.提供相关知识的教育
考　虑	1.鼓励来访者考虑尝试改变 2.假设性观察（例如，情况好转或变糟是由什么导致的？） 3.陪伴来访者从举棋不定到行动起来
预　备	1.提供几种切实可行的治疗方案 2.让来访者自己在以上方案中做出选择
行　动	1.列出来访者取得成功的尝试 2.强化这些尝试并鼓励新的尝试
维　持	1.支持来访者的成功尝试 2.预测复发和倒退 3.帮助来访者制订对付突变的应急计划

Source：Adapted from Miller，Duncan，& Hubble，1997.

来访者的解释模式

不同的文化对于疾病和“正常”“不正常”的概念有不同的解释（Kleinman，1988）。例如，发生在西班牙裔女性身上的某种飘忽感、紧张、换气过度和抽搐样动作的综合症状，可能会被一位美国精神病专家诊断为某种精神障碍，并让其住院接受药物治疗。但是在西班牙，这种症状可能根本算不上什么精神错乱，而只是一种名为失调（ataque）的短暂状态（Harwood，1971；Patcher，1993）。在西班牙土著文化中，此类以及其他一些心理现象或许更适合用疾病的“阴阳”理论来理解（Harwood，1971）。甚至在白种、中产阶级的美国人中，个人对他们所经历的症状和问题的看法也有不同。例如，某些抑郁症来访者确信头脑中化学成分不平衡可引起情绪低落，而有些人会认为这种症状系早年受到性虐待或者是儿时与母亲的分离导致的。这些对医学或精神疾病成因的病原学解释，被称为解释模式（explanatory model）（Kleinman，1988）。

解释模式是指来访者对于疾病和症状原因的个人理解与解释。换句话说，这些模式是来访者对于症状和问题的个人体验和印象，类似于专业临床案例分析中治疗师用以得出诊断的推理依据。不同的是，治疗师的案例解析是基于专业心理治疗背景的，而来访者是根据他们自己的知觉、知识背景和文化传统来解释的。了解这种模式为了解来访者的生活意义、价值观、文化传统打开了一扇重要的窗户。它也能很好地预测来访者对治疗过程的依从程度，包括来访者在会谈间隙期能否坚持完成家庭作业，是否积极配合药物治疗。根据来访者的解释模式与治疗师案例解析之间存在多大程度的差异，就能预测出从不遵医嘱或停滞不前到脱落等不同程度的治疗问题。

富有成效的治疗师会在形成诊断和制订治疗计划时考虑到来访者的解释模式。通常来说，来访者的解释模式充满着谬误和错误归因，因此，有必要讨论、教育、修正来访者的模式，以使双方对解释达成共识。例如，患有双相情感障碍的来访者认为：该病是由失眠引起的，只需睡个好觉就能治愈。对此，治疗师应以循证依据（病因学、症状学、治疗机理、疾病过程）来修正他们的解释。同理，对于将广泛性焦虑简单地归结于早期生活中某件创伤性事件的来访者，治疗师必须向他讲述该病的复杂模式，包括生理学基础、当前特殊的心理社会刺激事件、当然还有早期相关创伤性事件。来访者对于疾病或治疗的非理性信念必须被澄清和纠正。

最好在生理—心理—社会背景下帮助来访者理解他们的疾病，特别是那些试图寻求神奇方式解决自己问题的来访者。特别值得推荐的是根据来访者的独特体验来讨论、修正来访者的解释，这种修正后的解释应该简洁明了，融合生理、心理社会机制，同时也应加入来访者解释中的合理成分。例如，对于坚持说低血糖是惊恐障碍的根源的来访者，可以为她制订这样的治疗计划：如果四个星期的药物试验不成功，就立即检查她的血糖浓度，并重新评估。我们将在第四章描述和阐释评估解释模式的技能。

治疗期望：个人的和文化的

个人因素：一般来说，来访者希望从治疗师那里得到帮助，希望治疗能够在一定程度上解决他们的问题。甚至在第一次会谈还没有开始之前，来访者就已经对治疗和治疗师有所期望。同理，治疗师也是如此。来访者对治疗的期望来自媒体（例如电影、电视或新闻刊物中的故事），来自曾经接受过治疗的朋友、同事，或来自心理治疗专家、精神病学专家、心理治疗师或其他行为健康提供者的既往经历。在某种程度上说，来访者与治疗师的期望度的相似性越高，治疗成功的概率就越大。

来访者似乎对治疗结果、疗程长短以及治疗中变化的发生有着特殊期望。通常来说，对治疗变化有着强烈而又符合现实期望的患者，比只持有中度到高度水平期望的患者，会有更多改变。以下临床观察证实了这一说法：比起那些只有轻度或没有治疗期望的患者，持有中度到高度水平治疗期望的患者的反应更好（Sotsky，Gaiss，Shea，et al.，1991）。在一篇研究患者对治疗期望的文章中，加菲尔德和伯金（1994）指出：大多数患者希望疗程相对短一些，会谈最好不超过10次，而且他们更希望在早期会谈就体验到状态改善。来访者对治疗中各自角色和责任的认识和期望也是非常重要的（Sperry，1995）。角色和责任（例如来访者与治疗师谁主动、谁被动；来访者与治疗师各自负什么责任，以及负多大责任）是在早期，特别是第一次会谈就应该讨论和商定的重要条款。例如，来访者认为不需个人改变，仅通过药物就能治疗好人际关系问题，那么来访者出现犹豫不决是否邀请重要他人到会谈中，或不完成治疗师布置的家庭作业这些情况，也就不足为奇了。除非来访者关于角色和责任的期望已经界定，并能在需要时加以修改，否则治疗师所期望的改变可能很难发生。

文化因素：文化因素和规范也可以影响治疗期望。例如，对于西班牙人来说，家庭成员陪同来访者一起参加会谈是很正常的。对文化敏感、富有成效的治疗师也应该知道，家庭成员隐含的治疗期望也将影响治疗进程。同样，来访者和家属还可能存在选用何种治疗类型的内心期望。某些文化团体中的来访者可能更倾向于行动指向的方法而非谈话治疗，而在其他文化中，有些来访者可能会认为疾病的治愈需要某些触摸或躯体接触的方法。我至今仍能生动地回忆起一名住院的、年老的、中东血统妇女的心理咨询经历，她被医务人员诊断为易激惹和抑郁。我在看病历时，主治内科医生走进了病房。主治医生在同她简短地交流几句之后，就迅速要来了早已由住院医生开好的局部用药。然后，医生在她的心脏部位小心地涂抹硝化甘油软膏。不一会，该妇女就放松了下来，轻轻地微笑。后来，在房间外，我向这位聪明的医生询问刚才发生的事情。他说道："传统中东病人相信只有通过身体触摸才能治愈疾病。对于他们来说，真正有效的药物就应该是局部有效的，比如涂抹在皮肤上。"

内索·伯格（Insoo Berg）指出，在对儿童和青少年做治疗建议时，考虑治疗期望的文化敏感性有着重要作用。她指出，治疗师通常给出的治疗建议是以西方成年人、儿童和青少年为基础的，这些针对家庭内暴力和行为问题的治疗建议，往往使亚洲文化家庭感到困惑。伯格解释说，在亚洲文化中，关于约束孩子的父母期望与主流美国文化的父母期望恰恰相反。例如，在韩国，家庭的统一和亲密是一个核心价值观，对于做错事的青少年，父母会通过让他远离家庭的方式来教育他，而不是强迫他待在家里或远离朋友（Berg，Sperry，& Carlson，1999）。这里的关键点是：富有成效的治疗师在处理治疗期望时，应对文化价值观、规范等保持敏感性。

另外，富有成效的治疗师会诱导出来访者对治疗的期望，如有关治疗目的、结果、方法、治疗师与来访者的角色和责任的期望，指出并讨论来访者不现实的、过高或过低的期望。治疗师也应详细探询来访者对治疗的期望（症状减轻、功能改善、人格改变等），对治疗形式的期望（比如个体治疗、药物治疗、夫妻治疗、团体或家庭治疗），对治疗方法的期望（心理动力学解释、行为干预等）。我们将在第四章描述和阐释如何评估来访者与治疗师的期望。

治疗重点和目标

为来访者指明治疗方向是有作用的，有时也是必需的。因为来访者开始治疗时对治疗的理解和态度将会影响心理治疗的进程和结果，所以治疗师应该及时描述治疗过程、治疗结果以及治疗师所承担的角色和责任。假如治疗师早已诱导出来访者对治疗的期望，并能与来访者一起评估期望的可行性，那么治疗师就可以开始讨论一个双方都同意的、切实可行的治疗计划，这一过程叫作角色牵引（role induction）（Frank，1984）。研究表明，这种使来访者熟悉心理治疗的努力，可以减少脱落，同时增强治疗效果。

扭转意志消沉

意志消沉是指感觉疏远、缺少自尊、缺乏希望和无助感等主观感觉。意志消沉往往与个体寻求心理咨询和心理治疗的原因形影相随。一般来说，这些患者感到前途渺茫，一蹶不振。杰罗姆·弗兰克（Jerome Frank），经典著作《说服与康复》（*Persuasion and Healing*，1993，1958初次出版）的作者，认为心理治疗可以扭转意志消沉，并且重新给予患者以新的生活希望，因此，心理治疗至少在这一点上来说也是具有作用的。如果治疗富有成效，那么在症状和功能损伤减轻之前，患者就能体验到不断增加的希望。新手治疗师往往发现这种观察有悖常理，觉得患者只有在他们的抑郁或焦虑症状减轻之后，才会体验到希望感和乐观。为什么弗兰克的看法会截然不同呢？虽然没有人真正了解人们再次振作起来的机制，但是已有这样的假设：治疗师以某种方式将自己的希望感传递给了来访者。这是心理治疗关系最具治疗作用的因素之一（Frank，1984）。

来访者的意志消沉到什么程度是由他们的基本生活观——乐观还是悲观，以及未来意味着什么——决定的。塞利格曼（Seligman）已经描述过习得性无助和习得性乐观的过程。他的研究指出：个体可以改变他们的基本生活观，从悲观转为乐观。他也提供了一些可以应用在心理治疗中的建议。

一般说来，一位共情的、自信的治疗师（他积极倾听，给来访者以支持）能够使大多数患者重新振作。对于那些怨天尤人、整天抱怨现状的意志特别消沉的来访者，治疗师需要付出额外的努力。例如，治疗师可能需要热情相迎，与来访者保持相同的语速和谈话方式以及非语言交流形式，来增强亲密感和认同感；治疗师从会谈开始时，只要有可能就需要以积极的态度从来访者的抱怨和恐惧中寻找合理的成分；同时，建议来访者在会谈间歇做一些容易完成的任务（比如完成家庭作业），这样就可能促进来访者的核心症状减轻，取得治疗性进展。最后，如果治疗师觉得切实可行，还可以利用来访者社会支持网络中家庭或他人的力量。

触发安慰效应

从某种程度上说，安慰效应（placebo effct）与重新振作有些相似。它是指治疗师以一些含蓄的方式（如保证、建议、期望或赞许）对患者的某些问题进行解释，使来访者的症状有所改善。重新振作基本上与希望有关，而安慰效应基本上反映来访者对治疗师和（或）治疗过程与药物的信心。

安慰效应对不同症状的影响不同。例如，比起患有强迫症或精神分裂症的患者，安慰效应对抑郁症、惊恐发作和广泛性焦虑症患者的效果更明显。安慰效应不仅能促进来访者与治疗师的关系，也能够增强治疗的灵活性。

触发或提高安慰效应的方法有很多，其中包括：治疗师关注患者的表现，积极倾听与澄清患者所说的事情，或给予及时反馈；治疗师对患者表示出兴趣与专注；治疗师显示出的自信心和专业修养；治疗师对治疗计划和治疗结果充满信心。在治疗初期，安慰效应可以由经常面对面会谈增强。尽管以后来访者逐渐进步，会谈逐渐减少，安慰效应仍可持续存在。

总结

本章的重点是投入性参与过程。什么是投入性参与？它在整个治疗过程中的重要性如何？如何促进投入性参与？我们一开始就对比了在治疗过程中，投入性参与程度高的来访者与投入性参与程度低的来访者的七种不同特征。其余的内容着重讲述如何促进来访者治疗过程中投入性参与的技能。表2.4列出了这七种技能。

表2.4　促进治疗过程中来访者的投入性参与的技能

1. 提供共情性倾听和反应
2. 充分利用来访者的改变准备度水平
3. 探索来访者的解释模式
4. 在治疗过程中，诱导出来访者对治疗结果和参与程度的期望
5. 探讨一个双方同意的治疗重点、目标和结果
6. 扭转来访者的消沉意志
7. 触发安慰效应

参考文献

Beitman, B., Beck, M., Deuser, W., Carler, C., Davidson, J. & Maddock, R.（1994）.Patient stages of change predicts outcomes in a panic disorder medication trial.Anxiety, 1, 64-69.

Berg, I., Sperry, L. & Carlson, J. （1999）. Intimacy and culture: A solution-focused perspective: An interview. In J. Carlson & L. Sperry （Eds.）. The intimate couple（pp.41-54）.New York: Brunner/Mazel.

Brown, J., Dreis, S., & Nace, D.（1999）. What makes a difference in psychotherapy outcome and why does managed care want to know? In M. Hubble, D. Duncan, &S. Miller （Eds.）. The heart and soul of change. Washington, DC:APA Books.

Frank, J.（1984）. Therapeutic components of all psychotherapies. In J. Myers（Ed.）. Cures by psychotherapy: What affects change? New York: Praeger.

Frank, J. & Frank, J.（1993）. Presuasion and healing: A comparative study of psychotherapy （3rd ed.）. Baltimore: Johns Hopkins Press.

Garfield, S. & Bergin, A.（1994）. Handbook of psychotherapy and behavior change（3rd ed.）. New York: Wiley.

Harwood, A. （1971）. The hot-cold theory of disease: Implications for the treatment of Puerto Rican patients. Journal of the American Medical Association, 216, 1153-1158.

Harwood, A. （1971）. Rx-Spiritist as needed: A study of a Puerto-Rican mental health resource. New York: Wiley.

Kleinman, A. （1998）. The illness narratives. New York: Basic Books.

Miller, S., Duncan, B., & Hubble, M. （1997）. Escape from Babel: Toward a unifying language for psychotherapy practice. New York: Norton.

Patcher, L. （1993）. Latino folk illness. Medical Anthropology, 15, 2, 137-148.

Prochaska, J. （1999）. How do people change and how can we change to help many more people? In M. Hubble, D. Duncan &S. Miller（Eds.）. The heart and soul of change. Washington, DC: APA Books.

Prochaska, J., & DiClementi, C. （1982）. Transtheoretical therapy: Toward a more integrative model of change. Psychotherapy, 19, 276-288.

Prochaska, J., & DiClementi, C. & Norcross, J. （1992）. In search of how people change. American Psychologist, 47, 1102-1114.

Prochaska, J., Velicer, W., Fava, D., Ruggerio, L., Laforge, R. & Rossi, E. （1997）. Counselor and stimulus-control enhancement of a stage-matched expert system for smokers in a managed care setting. Unpublished manuscript.

Schofield, W. （1964）. Psychotherapy: The purchase of friendship. Englewood Cliffs, NJ: Prentice-Hall.

Seligman, M. （1998）. Learned optimism （reissued edition）. New York: Pocket Books.

Sotsky, S., Galss, D., Shea, M. et al. （1991）. Patient Predictors of Response to Psychotherapy an Pharmacotherapy: Findings in the NIMH Treatment of Depression Collaborative Research Program. American Journal of Psychiatry, 148: 997-1008.

Sperry, L. （1995）. Psychopharmacology and psychotherapy: Strategies for maximzing treatment outcomes. New York: Brunner/Mazel.

Sperry, I., Brill, P., Howard, K. & Grissom, G. （1996）. Treatment outcomes in psychotherapy and psychiatric interventions. New York: Brunner/Mazel.

第三章
治疗关系的建立

本章内容概要

1. 为什么投入性参与对咨询效果而言至关重要？

2. 关注与投入技术包括心理关注、躯体关注以及言语关注。如何有效地应用这些技术？

3. 积极倾听技术包括适量的回应、内容反馈、情感反馈。何时以及如何利用这些技术来促进投入性参与？

4. 共情反应技术。如何将共情反应技术运用于投入性参与过程？

5. 鼓励技术及其对治疗的积极作用。

投入性参与技术：概述

心理咨询与治疗的第一步便是与来访者建立治疗关系。形成这一关系的过程涉及投入性参与（engagement），即“在治疗师与来访者之间逐渐营造一种信任、尊重的氛围，这种氛围使来访者一方面越来越自如地表露自己的问题，另一方面越来越确信治疗师的善解人意”（Shea，1998）。当然你一定已在日常工作中经常使用这类技术，因为这是你形成和巩固良好治疗关系的基础。但当你试着去鉴别这种技术时，你就会自然而然地观察自己的一举一动，并且有目的地进行练习。你将逐渐学会在治疗情景中有意和巧妙地运用这些技术。书中的建议将让你有机会尝试练习这些技术。来自现场咨询或咨询录像的案例将提供观察这些技术的机会。

投入性参与技术：运用与价值

心理治疗以治疗师与来访者之间的关系为基础。治疗的一个重要任务便是与来访者建立治疗关系或治疗联盟。“治疗关系的质量直接影响到治疗的进程，其重要性远远超过了那些被普遍认可的治疗理论和被研究证实的治疗技巧。”（Duncan，Hubble，& Miller，1977）。发展融洽和谐的治疗关系的目的在于促使来访者获得理想的治疗性改变。咨询的有效性与治疗师和来访者之间相互接受、尊重、信任的程度有关。通过投入性参与，治疗师与来访者之间开始形成相互关心、尊重、信任的氛围，以促使来访者获得足够的安全感，从而自然地倾诉内心深处的痛苦，对自己的功过得失畅所欲言。这种投入性参与促成了来访者改变的动机，并愿意为获得积极效果而做出必要的努力。有些时候，这种联盟水到渠成；而在其他时候，这种联盟可能需要来访者和治疗师投入大量的时间和精力。虽然建立治疗关系可依赖于一些明确的技术与干预手段，但是由于不同个体、夫妻、家庭有其自身的独特性，因此，如何使用投入性参与完全取决于来访者的特定需要和不同反应。

根据马奥尼（Mahoney，1991）的观点，理想的治疗关系是“……创造出一种特定而亲密的人际情景——在这样一种情景中，来访者能进退自如，安全地探索自己、外界（尤其是人际关系）以及可能的各种联系”。治疗师的人格是治疗关系的基础，也是治疗效果的重要影响因素。卡尔·罗杰斯非常同意这种观点，即治疗师对来访者的态度是治疗成功的第一要素。罗杰斯认为，为了有效地帮助来访者，治疗师必须对来访者保持真诚、共情、无条件积极关注的态度。这些态度可以通过言语或非言语的方式传递。存在主义学家马丁·布伯（Martin Buber）也认为有效的治疗关系是“我—你”关系（I-Thou relationship），在这种“我—你”关系中，治疗师不管在看法上，还是在言行举止上都充分地尊重来访者。

为了建立良好的治疗关系，治疗师应采用一系列增进投入性参与的具体技术。这些技术将贯穿咨询全过程，包括关注、投入、积极倾听、共情反应和鼓励。由于这些都是基本的技术，因而通常被称为咨询的初始技术（beginning skills）。它们不仅能有效地促进治疗关系，还影响着治疗师的整体治疗风格。布根塔尔（Bugental）称治疗联盟为“……一种联合的强大力量，为长程、艰难并时常充满痛苦的生活改变提供支持与动力”。通过本章，你将了解到投入性参与技术是如何影响来访者的期望与行为的。

关注与投入技术

在最初接诊来访者的时候，治疗师便开始使用内在的、躯体的和言语上的关注与投入技术。这些技术是有效的投入性参与的基础，也在整个治疗过程中起积极作用。关注与投入技术不仅能有效促进治疗情景中的投入性参与，而且对我们在社会和商业情景中的人际互动也颇有裨益。此外，关注与投入技术属于基本的人际交往技术。因此，在日常生活中，我们可能早已对此技术驾轻就熟。阅读本章时，回想一下你在日常生活中是如何与人交往的？当他人关注或忽视你时，你会有怎样的反应？哪些线索表明他人对你心不在焉？是什么东西妨碍了你对他人的兴趣？

内在关注

治疗师要想熟练地运用关注，首先必须使来访者感觉被倾听和被尊重。我们对来访者的内在关注可能为提供他们安全感和关注自身内心世界的空间。实际上，关注是治疗师的一种内在心理状态。因而，在来访者进入咨询室之前，其实投入性参与已准备就绪。治疗师如果自身心境不良，感到担忧或焦虑，那他就难以充分地关注来访者。此时，治疗师需要将自己的个人问题置于一旁，静心凝神地开始工作。

玛吉（Marge）最近患鼻窦炎，并且今天睡过了头。她其实很想待在家里，但她不得不去上班。到达诊所时，所有车位都已停满。她麻利地将车停在了大街上，尽管她心里知道自己应该尽快将车开走以免超时停车而被罚款。今天的第一个来访者正在等她。果然，来访者立即抱怨她的迟到，并告诉她自己早已按时到达。玛吉立即感到自己头痛难忍，开始在抽屉里寻找是否还有阿司匹林。玛吉对于她自己以及那个对她咕咕哝哝的来访者的关注程度如何？她应该去上班吗？

练习3.1　关注

1. 回想一个你感觉被人关注或你感觉被人忽视的情景。
2. 回想一下当你关注他人时，你得到了何种反应？

内在关注大多来自治疗师的事先准备、习惯成自然以及治疗师对自身的照料。准备、习惯以及自我照料可以包括治疗师自身接受个体咨询，以及对自己躯体健康、饮食、锻炼等方面的注意。治疗师也要将对自身的关注和照料转移到对来访者的投入与关注上。治疗师的准备方法有多种。每个治疗师有适合自己的准备方法，如自我对话、关注自身呼吸以及保持特定的身体姿势等。

在下列对话中（Carlson & Kjos，2000d），布根塔尔向自己和吉娜（Gina）提出了一些集中注意力的方法。

治疗师：吉娜，我认为每当我们开始新话题时，最好有个转折。

来访者：是的。

治疗师：好，我们现在来吸气。你要做的也只是吸气，慢慢地吸一口气。

来访者：好的。

治疗师：好，我们开始谈谈课外游戏或者与游戏有关的事吧！

来访者：好的，没问题，开始吧！

练习3.2　面谈开始之前

双脚着地，双手置于膝盖上，舒适就座。注意自己的呼吸。调整吸气呼气数次，直至感到平静放松。

在咨询面谈中，治疗师也需关注自身内在的感受和体验，因为这些感受和体验将提供许多关于来访者以及咨询中双方互动的重要信息。治疗师可能开始感到混乱、焦虑或满心希望拯救来访者。这些浮现出的体验与来访者的问题有关吗？还是与治疗师自身的问题有关？或者两者兼而有之？治疗师的内在反应不仅可用于指导未来对来访者的干预，还可为案例督导提供重要信息。例如，简正在接诊一位被指控对妻子实施躯体虐待的来访者。她发现自己不仅不讨厌这位来访者，还非常乐意与他在一起。但在一次面谈中，她突然体验到自己的焦急情绪，并对来访者感到担心。“这具有什么意义呢？”她问自己，“这些感觉是如何产生的呢？”简鼓起勇气对来访者说：“今天，我不知为什么感觉情绪烦躁，甚至有点焦急。”来访者沉默片刻，接着便开始诉说当天早上自己刚与女儿发生了一场争执。他多么渴望有机会与治疗师讨论此事，但是，他又非常担心简在听完他女儿对自己的评价后会如何看待自己。

躯体关注

躯体关注包括两个方面。首先要关注治疗师的姿势、动作、手势、眼神、头部动作与面部表情。其次要关注来访者的姿势、动作、手势、眼神、头部动作与面部表情。在咨询中，来访者除了倾听我们的言语信息外，还会关注我们的非言语信息。躯体关注始于与来访者见面的那一刻。初次见面时，许多治疗师与来访者握手以示正式问候。治疗师以这种方式开始建立包含尊重成分的专业关系。

躯体关注的一个关键问题在于我们应以何种身体位置体现与来访者的关系。你应该面对来访者吗？在治疗师与来访者之间是否应该有一张办公桌或茶几？你与来访者之间应该保持多远的距离？一些治疗师选择正对着来访者就座，而有些治疗师选择以斜角的方式面对来访者。我们通常认为，治疗师隔桌子与来访者相对，或与来访者并排而坐都不太合适，因为这样的安排难以获得全面的视觉信息。由于绝大部分信息是通过视觉线索来传递的，因此，座位的安排应使治疗师与来访者双方都能舒适地看到彼此。空间距离的需要可能受文化因素与心理因素的双重影响。一些来访者可能比别人需要更大的距离，因此，通过让来访者自己选择座位或提供可移动的椅子来满足来访者对距离的需要，这一点非常重要。

治疗师应时常调整自己的姿势，以敏锐地映照出来访者的情形。例如，如果来访者身体前倾，治疗师也可以微微前倾；如果来访者双臂交叉，治疗师也可以交叉双臂。映照作用可能是治疗师表示兴趣或关注的最强大的武器。在家庭治疗中，治疗师可以选择一个家庭成员观察其映照效果，并同时注意其他成员。被选择做映照的成员往往就是那位看上去与家庭疏离的成员。映照是一种能表达理解的非言语的交流模式，有时可能比言语反应更具影响力。然而，映照必须表现得小心谨慎以免来访者感觉到被模仿而弄巧成拙。一些治疗师发现不时地与来访者的呼吸节律保持同步也颇为有效。利用这一方式，治疗师可帮助个体融入家庭团体中。映照与调整呼吸节律都可能向治疗师提供重要的非言语信息。这样坐意味着什么？以那样的节律呼吸，我有怎样的感受？

躯体关注的一个重要部分是对目光接触与视觉信息的解读。来访者的姿势变化、双手动作、面部或颈部肤色改变、点头、面部表情等都是治疗师需要关注的视觉信息。它们有什么意义呢？来访者是显得越来越放松自如，还是越来越局促不安？是兴趣盎然还是萎靡不振？我们通常可以相信我们的直觉，但是，治疗师也要小心谨慎，避免过早地对视觉信息做出主观臆断，因为非言语行为在不同的文化中蕴含着不同的意义。例如，在一些国家，点头表示“不”，而在另一些国家，点头表示“是”，向下看则表示尊重。

在一些文化中，目光对视被认为是在表达兴趣和关注。不同的来访者对目光对视的承受力不尽相同，并且在不同的时间段，来访者能承受的目光对视的频度也存在显著差异。因此，在考虑文化和临床因素的情况下，目光接触可向治疗师提供重要的信息。来访者保持目光对视有困难吗？这是由于文化因素还是其他因素所致？来访者是否有目光游离的时候？是什么导致来访者目光游离？来访者的目光是朝上、朝下，还是朝向自我的呢？此时治疗师同样需要意识到目光对视方面的文化差异。在有些文化中，目光向下表示尊敬，而在另一些文化情景中，目光对视让人感觉忐忑不安。如果你无法确定目光的含义，可以向你的来访者核实。注意下面的一段对话。

治疗师：我注意到你大部分时间都看着自己的双手，对此我感到很好奇。

来访者：我想我经常这样。

治疗师：对每个人都这样？

来访者：哦，不。你知道，在这里我感觉有点不知所措。

治疗师：你是说看着自己的双手让你感觉比较放松？

来访者的眼泪常常让新手治疗师感到措手不及。回想一下你自己哭泣的情形，有时因如释重负而哭泣，有时泪水代表我们那些难以言表的情感。然而，我们通常会将眼泪和悲伤联系起来。事实上，泪水也可能是伴随欢笑的喜极而泣。因此，当你想知道来访者哭泣的含义，以及该如何对此做出反应时，则需要根据当时访谈中的具体情形而定。有些人比较容易落泪，作为治疗师，需要记得向来访者递上面巾纸以示治疗情景中允许哭泣。当然，如果来访者含泪欲滴时，也不必画蛇添足，你最好是提供面巾纸然后让来访者自己决定是否需要使用。

双手动作、面部表情、点头示意都属于一些无声的情感表达方式。治疗师可以使用手势来表示“接着往下说”或建议来访者慢慢道来。皱眉或微笑、表示肯定或否定的点头都属于非言语的交流形式，可能对治疗效果产生积极或消极影响。下面有一个非语言交流抵消治疗作用的例子：当治疗师对来访者说“此刻你确实体验到了真正的成就感”时，眼中却流露出不屑一顾的神情。

练习3.3　非言语技术的运用

选择一个同伴，两人舒适地坐下。双方轮流扮演治疗师与来访者。如果你是治疗师，注意单纯运用非言语的关注技术你可以获得哪些信息。休息片刻后，双方交换角色。随后，停下来与你的同伴分享这次活动的体验。

做记录也是一种躯体关注的形式。一些治疗师喜欢备一张小纸片，以便对来访者所说的话做些简单记录。和其他形式的关注一样，笔录也会对来访者的思维、情感和言语产生一定的影响。因而，如果治疗师选择性地做些记录，那么对所做记录的那部分内容，做记录这一行为将成为一种非言语的鼓励形式。“这大概很重要，因为我的治疗师正在记录”，来访者可能会这样想。从这一角度考虑，做记录可以作为对来访者陈述的一种鼓励。记录必须简短，往往只是一些重要的词或短语。在做记录前，你有必要告诉来访者，你打算在治疗过程中做一些记录，并且在咨询结束时你会给来访者一份记录的复印件。例如，斯蒂芬·麦迪根在给奥利及其母亲做访谈时（Carlson & Kjos，2000e），询问她俩是否介意他做记录，并说：“如果你愿意，你可以将这些记录的复印件带回家。”

言语关注

言语关注是指治疗师利用语词、短语和片刻沉默来表达对来访者的关注。在投入性参与过程中，治疗师如何对来访者表达言语关注不仅影响到来访者在投入性参与过程中的反应，还会影响随后的治疗关系。因此，治疗师要特别关注来访者言语表达的节律与词汇，并能以真诚和助人的方式与来访者建立关系。例如，如果来访者说话吞吞吐吐，治疗师也应以缓慢的节律做出反应。同样，治疗师应使用适合来访者背景的词汇，而不是用高人一等的口气或装出若无其事的样子对待来访者。有效的言语关注还包括适时地运用沉默。

在投入性参与过程中，治疗师的言语反应非常重要，因为治疗师的言语风格将为未来的治疗性对话设下基调。譬如，治疗师穷追不舍地连续发问，会使来访者养成被动等待提问的习惯或竭力迎合治疗师回答问题的习惯。如果治疗师的言语反应聚焦于来访者的问题，来访者会认为治疗师更愿意倾听他的问题。同样，如果治疗师的言语反应聚焦于来访者如何解决问题，来访者则可能认为如何解决问题比问题本身更为重要。治疗师可通过选择性地注意或忽视某些内容，或对来访者做出某些反应来引导和塑造与来访者沟通的方式。

积极倾听技术

经常与言语反应联系在一起的另一个投入性参与技术是积极倾听（active listening）。在这里，“积极”一词指的是治疗师在言词互动中扮演着一个主动的角色，这可能意味着治疗师会打断来访者的唠叨。事实上，与随后的治疗关系相比，在投入性参与过程中，治疗师可能表现得更积极，原因在于需要提供给来访者一个安全接纳的氛围，让来访者感觉舒适与信任。同时，积极倾听还将使来访者将注意力集中在谈话上。从这个角度来看，在治疗师与来访者的关系中，长时间的沉默可能具有破坏性，漫无边际地唠叨也会使治疗失去方向而陷入困境。

苏，一位年轻的母亲，驾车带着自己的儿子和他的三个朋友去幼儿园。其中一个男孩患有注意缺陷多动障碍。他一下车，就会朝任何他所看到的东西冲过去。苏非常担心他会冲向川流不息的公路，她将这个孩子安置在自己座位的正后方。只要一停车，苏便会迅速下车，打开后车门，当孩子出来时，她轻轻地将手放在男孩的头上，将男孩的脸朝向幼儿园的大门。苏通过这种方式引导孩子的注意力，使男孩朝幼儿园的大门走去，而不是横穿公路或闯入停车场。

积极倾听就是这样一种对来访者的温和指引和接纳，以确保来访者顺畅地诉说自己的故事。积极倾听为来访者提供了方向和安全感。积极倾听的核心应朝向来访者，而不是治疗师。对来访者说“我知道你的真实感受”“我曾经也有过类似的问题”或“我接诊过许多像你这样的来访者”，这些反应可能会让治疗师自己感觉舒服，而对来访者毫无裨益。

与积极倾听相关的技术是适当地使用及时回应、内容反应、情感反应以及恰当的沉默。治疗师运用这些技术使来访者知道治疗师正在用心倾听他的叙述，认可与来访者的陈述密切相关的情感，鼓励来访者以其自己的方式讲述故事，尊重来访者选择讲述的内容。如果运用得当，积极倾听技术是理解来访者、促使来访者叙述并引导来访者朝向问题关键的有效方式。

适当的回应

适当的回应是指治疗师发出诸如“嗯”“啊哈”或“是的”“请继续”等一两个词的反应，或仅仅是复述来访者言语中的最后一个或两个词。根据其使用情形，适当的回应能起到相应的作用。首先，适当的回应让来访者知道治疗师正在倾听或对他所说的话题饶有兴致，这可以鼓励来访者继续他的叙述；其次，治疗师可以借此引导来访者的对话，以利于来访者保持聚焦或为来访者提供谈话方向；最后，适当的回应使来访者保持叙述，这样可以使得那些茫然不知所措的来访者暂时停留在迷乱的状态中，而不至于因为感到迷乱而逃离治疗。

当来访者谈到痛苦的事件与感受时，在不打断来访者思路的前提下，治疗师可以利用适当的回应来表达共情或关注。治疗师可能通过复述来访者话语中的最后一个词或最后一句话来探询更多信息或澄清信息。适当的回应也可能强调或澄清来访者正在描述的情形。在下列对话中（Carlson & Kjos，2000b），注意丽诺尔·沃克（Lenore Walker）是如何利用适当的回应来帮助吉娜讲述一段痛苦的经历的。

来访者：在有些事情上，我俩的意见总是很不一致［啊哈］[1]，当我感觉非常挫败时［嗯］，他总是没法理解我的话。我甚至不记得我做了些什么，我也不知道自己是想推他一把呢还是仅仅想得到他的关注，但他却动手打我了，打在我的脸上。

治疗师：扇你耳光？

来访者：是的。

治疗师：用手掌？

来访者：嗯，是的，用手掌，但第一次没有第二次出手重，因此……

第一次适当的回应“啊哈”，沃克让吉娜知道她对吉娜所说的内容很感兴趣。第二次的激励“嗯”可能是一种共情反应。接下来的两个反应则是澄清吉娜的故事。

内容反馈

在投入性参与过程以及整个治疗过程中，治疗师选择性地对当事人讲述的内容做出反馈，能让来访者知道治疗师正认真倾听，这种反应也有助于澄清内容并鼓励来访者不断深入。如适当的回应一样，内容反馈是向来访者提示那些影响治疗效果和有治疗意义的方面。内容反馈的形式多样，可以是几个词语，

① ［ ］中的内容为治疗师对来访者或来访者对治疗师所进行的言语回应。——编者注

也可以是完整的句子，或者只是简单地重复来访者说过的话。

来访者：昨晚，我和父亲吵了起来。

治疗师：你与父亲吵架了。

内容反馈的另一种形式是聚焦于来访者谈话的核心部分。

来访者：昨天晚上我和父亲吵架了，我感到非常难过，整夜未眠。我真希望我能很好地与父亲相处。

治疗师：你不知道如何与父亲相处。

内容反馈也可以帮助治疗师澄清来访者所说的内容。

来访者：昨天，我被单位炒鱿鱼了。

治疗师：你被炒鱿鱼了。

来访者：是的，我与领班发生了争执，老板进来后，当场就把我解雇了。

如果治疗师问“为什么你会被炒鱿鱼？”而不是简单地做出内容反馈，那么来访者又会怎样？注意下面约翰·克朗伯兹（John Krumboltz）与罗宾之间的对话中治疗师所做出的内容反馈（Carlson & Kjos，2000c）。

来访者：我婆婆特意对我的丈夫说“噢，谢谢你的卡片”，或者“噢，谢谢你的礼物，你挑选得不错”。我丈夫马上回话说“你收到什么了？我不知道，因为这是罗宾挑的”[是的，是的]。你知道，经常这样，但是她从来都不承认。

治疗师：她不承认那是你送的礼物。

来访者：对，就是不承认[嗯，嗯]，她觉得所有事情都是她儿子做的。

在这里，克朗伯兹选择适当的回应，然后通过强调罗宾在意婆婆的承认而对罗宾的话进行了内容反馈。克朗伯兹聚焦于罗宾对婆婆的感受，这为治疗奠定了方向。相反，他也可以选择“你丈夫并没有给他母亲买礼物？”而将治疗聚焦于罗宾与她丈夫之间的关系。

情感反馈

积极倾听的第三部分是情感反馈。情感反馈最简单的形式是重复来访者表达情感的词汇。来访者通常缺乏合适的措辞来表达情感，因此治疗师需要较为娴熟地识别来访者的情感，并得心应手地运用合适的词汇来帮助来访者。用以描述各种情感的词有许多，如疯狂、悲伤、高兴、糟糕。当来访者说“她都快把我气疯了”时，这句话是否意味着他感到气恼或愤懑、生气或被激怒、有满腔怒火或想要大发雷霆？治疗师通过情感反馈，帮助来访者澄清他们的情感。如果来访者只是说“我真的要被她气疯了”或“她让我感到心烦”，那又能反映出什么呢？

练习3.4

把你所有能想到的形容愤怒的词汇罗列出来，包括各种程度的愤怒的形容词。然后查字典找出愤怒的同义词，你能否将这些同义词加入你的列表？这样一来，你就成为应用愤怒形容词的行家了。以同样的方式对高兴、悲伤或糟糕等浮现在你脑海中的词汇进行练习。

如果来访者没有表达他们此时或当时对特定情景的情绪感受，那么治疗师就需要努力识别与来访者所述内容密切相关的情感。这可能要比内容反馈来得更为复杂。我们的所见、所闻、所感、所体验到的各个方面都将有效地提高我们情感反馈的准确性。通常，来访者的面部表情、手势或音调能反映出一些情感。有时，治疗师凭经验会推断“在这种情形下，人往往会感到痛苦”或“如果我处在这样的情景中，我可能会感到难过”，然后用诸如“我想知道你在那件事情发生时是否感到难受”来对来访者做出情感反馈。准确的情感反馈还包括审视你对来访者的印象。有时，来访者可能对我们所说的话并没有充分的心理准备。注意下列互动中，盖林（Guerin）是如何探索和澄清帕姆和母亲的情感的（Carlson & Kjos，2000a）。

治疗师：裘德，现在当你回想起那段时光或者你与女儿Pam之间一直不尽人意的关系时，你是否感到难过？

母亲：你知道，我正渐渐调整呢。

治疗师：我明白你的意思，我们现在谈论的事正令你感到难过，但我想弄明白到底是你们之间的关系还是回忆那些陈年往事使你难受。

母亲：哦，不，我只是希望她是我理想的女儿。这样我们就可以更亲密一点，是这样的。

治疗师：是的，因而你对此感到忧伤。希望情况有所好转。

母亲：是的，因为她并非我想象的那样……

帕姆的母亲并不准备说出自己的痛苦体验，但是她可能会承认自己对与帕姆之间的关系感到忧虑。盖林最初的探询立足于对帕姆的母亲的观察——以他的观点，帕姆的母亲看起来很痛苦。

有些情感反馈的方式可能具有破坏性，例如：以告诫的口吻指导来访者应该或不应该有这样的感觉，或建议他们控制自己的情感。不管你使用怎样的语气，当来访者听到你说“你应该感到……”这样的话时都会感到不快。同样，“如果我是你，我可能会感到……”或“我知道你真实的感受”这样的回答也是不合适的。显然你不是来访者，来访者也不是你。再比如，有时来访者真的很难过、生气或委屈，治疗师可能会脱口说出：“请不要那样想”或“一切都会好起来的”，这样的反应映照出治疗师对负性情感的困窘或漠视、忽略来访者的情感，这可能会妨碍治疗关系。而运用“他使你感到”或“他让你感到”的措辞可能会反映出来访者的真实感受，但这也许会同时向来访者传递这样一个信息——即来访者无法自主而是任由那些操控其情感的人支配。

当你能娴熟的倾听来访者的感觉，帮助来访者清晰地识别其情感之后，你将能更真切地理解来访者，并对其产生共情。这一能力不仅是与来访者合作的基础，也将（如你将在本章随后的部分阅读到的）成为你获得更有效的治疗技术的必由之路。

沉默

你可能对沉默在积极倾听中所起的作用感到很纳闷，毕竟，沉默听起来更像是消极的行为。治疗师新手往往对沉默感到心有余悸，可能认为无话可说就意味着治疗的一筹莫展。然而，适时地听、谈、静、止是倾听过程中的一项重要技术。兰格（Langs，1992）总结了在治疗关系中恰当的沉默的特征或意义。沉默可以提供安全感，并可作为人际沟通的一种方式。沉默表达了对难以启齿的接纳，并提供给来访者“治疗师愿意陪伴来访者，并一起等待新的突破”的感觉。沉默既可以是对峙性的，也可以是非对峙性的，可以是舒适的，也可以是局促的。沉默给来访者提供了思考的空间，让来访者决定该说什么，该怎样表达，从而激发来访者对自己内部的探索。

沉默的有效运用绝大部分取决于我们的视觉关注。你通过观察来访者了解到了什么？来访者是否有身体姿势的改变？面色或面部表情如何？来访者的眼神是充满期待还是左顾右盼？你是否需冷静旁观？来访者是否在等你说些什么？此时此刻你是否需要打破沉默？你的话语是否让来访者感觉不安或对你失去信任？来访者是否显得茫然无措？有时，沉默是来访者阻抗的一种形式。

我们可以允许多长时间的沉默？这取决于我们对来访者的感知和揣摩。有时，是来访者需要时间思索，而有时，他们可能仅仅是不知所措。治疗师应根据来访者当时的需要对沉默做出反应。因而，如果来访者显得很迷茫，治疗师可能会说："我感觉你对此很迷惑。"如果来访者显得若有所思，治疗师对沉默的反应可能是："看来你需要时间考虑一下。"

练习3.5

当治疗中出现沉默的时候，你是否感觉不安？长时间的沉默会让你有什么反应？你常常是找些话来终止沉默还是乐于在治疗中出现沉默？在接下来的几天中，留意你对沉默的反应。

共情反应技术

"心理治疗中使来访者产生信任的最直接的方法便是共情"（Welch，1998）。从某种程度上说，所有我们论述过的技术都是共情反应的基础。共情反应指的是倾听并向来访者反馈其情感和正在表达的与没有表达的话的内在含义，从而使来访者体验到他被治疗师深深地理解。真正的共情是一种发自内心的态度，尽管共情反应可以被完善与提高，但是它不能矫揉造作。为了达到有效的共情，我们必须能够体验来访者的感受，对来访者的体验感同身受。要做到这一点，我们需要摒弃我们自己的需要和担忧。

共情既不等于同情，也不等于对来访者表达歉意或需要对来访者负有责任。共情一词意味着与他人同感（feel with）的能力，而同情一词指怜悯（feel for）他人的能力。共情建立在对来访者本身以及对来访者即使身处逆境却表现出的潜能与力量的充分尊重的基础之上。但是，共情并不意味着治疗师要丧失自身独立性与现实性来认同来访者。

事实上，共情并不等同于单纯的情感反应。有时，一个真实的共情反应可能连一个情感词汇都没有。共情反应增加了来访者言语和非言语信息所传递的含义，这就意味着治疗师需要捕捉来访者在治疗情景以及治疗外情景中普遍存在的情感体验。这样的共情反映出对来访者深层次的尊重与关注，并逐渐深入到与来访者前来咨询的问题有关的情感世界、思维模式与信念系统。共情使来访者深切地感受到被倾听与理解，被作为一个有价值的人而重视。这样，反过来又能使来访者的自我探索与自我认识不断丰富，从而产生更深远的影响。

没有倾听与理解，也就不可能有真正意义上的共情。邓肯（Duncan）、哈勃（Hubble）、米勒（Miller）告诉我们：要做到共情，就意味着在一开始就要仔细聆听来访者的故事，试图去理解来访者的体验，随后与来访者一起分享你的感受。在下面的摘录中（Carlson & Kjos，2000e），一位白人治疗师让一位黑入母亲谈论种族主义以及自己对儿子在这种种族歧视的环境中的担忧。我们可以猜测，来自加拿大的白人治疗师马迪根（Madigan）在他自己的生活中从未有过这种经历。注意马迪根是如何试着去理解这位黑人母亲的体验，并与其分享自己的感受的。

治疗师：你认为，这里是否适于我们的谈话？你愿意告诉我你对目前所发生的事情的感受吗？

母亲：好吧，我在学校的经历是……在另一所中学里，我从来都没有遇到过这种问题。这里的学校对我们另眼相看。啊，看起来一点点鸡毛蒜皮的小事就要修理我们，他们就喜欢对我们吹毛求疵。

治疗师：嗯。

母亲：还有，孩子们到了高中，他们仍旧不能注意自己的所作所为。我的意思是要非常小心谨慎，出了校门也要格外提防。

治疗师：哦，我明白了。你是否纳闷儿，为什么这里的学校与你们以前所在的学校截然不同？

母亲：啊，是的。我知道这是为什么。

治疗师：那是为什么？

母亲：嗯，我听说那是因为他们还不太习惯一个黑人孩子来到他们的学校。

治疗师：嗯，作为母亲，听到这些你会有什么反应？学校因为现在来了黑人孩子而以特定的方式运作？

母亲：是呀，我不喜欢。生活中从来都没有人这样烦我。我的意思是，不管他们长着怎样的肤色，从来都没人惹过我。但是自从男孩们进了那所学校，他们似乎就不得不小心翼翼。女孩子如果不太调皮的话，适应起来还不是太难，但是男孩子就不一样，他们每做一件事都要小心看管好自己。

治疗师：嗯，所以你的确认为奥利（Ollie）在学校的遭遇是种族差异所致。

母亲：我想是的，因为如果奥利是个白人男孩，人们就会以对待白人男孩的方式对待他，而且如果那是两个白人男孩之间的事，我认为他们也不会诉诸法庭。

在与奥利及其母亲的面谈结束时，母亲对马迪根说："我想说我不知道是否该告诉你这些故事，但是这确实是真实的经历。"马迪根用心理解这位母亲及她痛苦努力，表明他对一个自身可能很难认同的经历的共情。结果，这位母亲深切感受到了治疗师的倾听。

过早的共情——反映的情感可能并不准确——会妨碍投入性参与进程。我们想当然地认为我们知道个体有怎样的感受或个体应该怎样感受的这种假设及其行动，往往表明我们缺乏对来访者的尊重。

来访者处理共情的能力以及对我们的言语共情的反应各不相同。考虑到这一点，来访者对我们共情的反应将为我们未来与来访者建立关系、诊断以及制订更为有效的治疗计划等方面提供信息。准确的共情建立在对来访者的倾听与理解的基础之上，反过来，准确的共情还能提高我们对来访者的理解程度，促进治疗师与来访者的关系。

练习3.6

1. 注意在你的日常生活的人际交往中的言语和非言语的共情。

2. 在你的日常生活中尝试共情。你如何对一个在杂货店整天忙碌的收银员表达共情？

鼓励技术

来访者往往因为挫败感或没法积极地看待自己而寻求治疗。他们讲述他们的苦恼和失败，希望有人能告诉他们要怎样做才会柳暗花明。寻求治疗的决定可能需要勇气，但也表明宣告失败——我真的感到无能为力。

参与治疗本身是需要勇气的。治疗关系的建立，痛苦问题的解决以及生活改变的启动，所有这些都需要来访者的韧性与决心。鼓励赋予了来访者继续前进的力量和改变的勇气。如果没有鼓励，来访者可能对治疗效果的期望值大打折扣或感觉治疗仅仅是一场徒劳。初次面谈时，来访者只是倾诉一个又一个问题，脑海里痛苦的经历此起彼伏。此时，他们往往会怀疑治疗的有效性，或者考虑是否需要寻求别的治疗。那些缺乏鼓励的来访者更容易脱落，即使勉强为之，他们在治疗中也只会关注问题本身，而不愿意去思考解决问题的方法。

我们通过言语和非言语行为表达对来访者的鼓励。我们鼓励来访者更深入地谈论问题，分享更多信息，因我们的理解而更加信任我们；我们鼓励来访者竭尽全力认识和获得自己的力量，并为来访者提供必要的动力、希望、支持和信心。

区分鼓励与赞美之间的差异非常重要。我们许多人在听到赞美之词时——尤其是当我们感觉自己确实拥有这些美誉时——体验到的是飘飘然的感觉。赞美使人倾向于寻求他人的肯定，而不是运用自我肯定。当赞美被看作奉承时，会妨碍来访者与治疗师的关系。此时，来访者对赞美的反应可能是掩饰自己的真实想法或情感体验，以避免让治疗师感到失望。因而，赞美并不等同于鼓励。

除了通过关注来访者所说的话来鼓励来访者袒露更多信息之外，我们还可以通过关注行为、将行为与积极的思维和情感联系起来从而强化来访者的有效行为。此外，治疗师也可以通过激发或关注来访者的能力或积极品质来达到鼓励来访者的目的。

关注行为

从行为主义理论中我们了解到，如果我们对自己的某种行为予以积极关注，这种行为就倾向于增加。通过对来访者的积极行为予以关注或做出反应，我们可以帮助来访者以积极的方式看待自己，从而鼓励来访者做出更多有效行为。相反，如果我们聚焦于来访者的消极行为，事实上就有可能导致来访者以更消极的方式看待自己。在下列对话中，注意茵素·金·伯格（Insoo Kim Berg）是如何鼓励罗宾的。

来访者：是的，我估计那是因为我不想与人发生冲突，我不想就此与人发生争执。这不值得。嗯，就这样，我只是不打算那样做而已。不管他说什么，我都置若罔闻。因为我不想那样，嗯……

治疗师：你知道那件事。

来访者：是的。

治疗师：你知道？

来访者：当然了。

治疗师：哦。［来访者：当然了。］你是怎样知道的呢？

来访者：（笑了）我不知道。这是一个很好的问题。

治疗师：你是怎样决定的呢？

来访者：我不知道，嗯，我对此感到厌烦。［治疗师：是的。］哦，也许，这是一个重复的模式。

在这里，你如何看待罗宾的自言自语？伯格特别关注罗宾了解事实、避免冲突，以及需要不让别人的一言一行烦扰自己从而可以自己做出选择的事实。罗宾很高兴地意识到自己居然笑了。伯格通过关注罗宾的所知（认知）与所做（行为），提示罗宾自己具有驾驭困境的能力。

相反，如果伯格选择运用赞美来作为鼓励罗宾的方式，情况又会如何呢？毕竟，伯格是心理治疗方面的专家，这样能帮助罗宾产生积极的自我体验或提高她的自尊吗？伯格避免采用赞美的方式，而是关注于罗宾的积极行为，从而促使罗宾意识到她自身已经具备解决问题的能力。罗宾被鼓励更自主地重复那些积极有效的行为。在鼓励的过程中，我们帮助来访者积极评价自己的所作所为，以此教会他们自我激励的方式。

激发潜能

我们也可通过帮助来访者识别自己的潜能与积极品质来达到激励来访者的目的。有时，我们只需借助来访者的话，对来访者予以关注和反馈，以此来激励来访者。

来访者：我是相当可靠的人。

治疗师：你是个可以依靠的人。

初始访谈通常充斥着各种各样的问题，因此积极的品质能使治疗师对来访者的认识保持平衡，帮助来访者减少自我挫败感。有时治疗师只需对某些事情表示赞同即可引出来访者的积极品质，例如通过询问他人对来访者的评价来激发来访者的积极品质。

凯伦，22岁，因抑郁症伴随精神病性的症状接受简短的住院治疗后，转诊到了咨询门诊。在初始访谈中，凯伦抱怨自己一无是处：她不会驾车，不够机灵，她的母亲对她失去耐心。她头脑中充斥着各种各样关于死亡以及母亲垂死的想法。治疗师问："谈谈你的朋友，好吗？"凯伦回答说："我有一个朋友，他总是叫我帮他做事。他不是我的男朋友，他是个同性恋者，但是，他喜欢我。"

"如果我问他为什么喜欢你，他会怎样回答？"治疗师问。

凯伦想了一会，开始如数家珍地描述这位朋友的观点："他说我是他的好朋友，我能保守秘密，和我在一起非常开心。他还认为我非常漂亮，他说我笑起来很像罗珊妮（Roseanne）。"凯伦说完之后笑了。

"你笑的时候确实有点像罗珊妮，"治疗师说，"现在我们来看一看，他和你在一起很快乐，由于你为人真诚并能保守秘密，因此你一定是个值得信赖的人。此外，你因为想更好地照顾自己而前来咨询。"

我们鼓励来访者的另一种方法是授权于来访者，促使他们对自己的治疗和生活方向负起责任。对来访者授权的意识根植于尊重来访者的思想。授权可能意味着在躯体接触来访者之前征得允许，或者如先前所说的，在做咨询笔录前征求他们的同意，或者我们让来访者选择自己的座位，或者我们保持沉默以等待来访者说出新的想法和真实感受，或者接纳来访者的哭泣。我们赋予来访者自我决断的权利。治疗师通过帮助来访者学会自我赏识，而不是寻求他人肯定，来鼓励来访者获得更多的对自己生活的控制感。鼓励为来访者提供了继续咨询的动力，并帮助他们认识到自己有能力改变自己的生活。

总结

咨询的第一步就是建立投入性参与。治疗关系是改变的基础。有效的投入性参与始于治疗师，并且涉及一系列帮助来访者形成治疗性改变意愿和决心的技术与干预策略。我们认为投入性参与技术不仅适用于咨询的投入性参与阶段，也适用于咨询的整个过程。在我们的日常生活中以及销售、管理、教学领域也经常会用到这些技术。当你掌握了这些技术，并在自己的日常生活中有选择地运用这些技术时，你的治疗将更为有效。

练习3.7　调查

对心理治疗专家或家庭治疗专家治疗阶段的前10分钟进行观察，注意治疗师在初始阶段所采用的技术。你观察到哪些非言语的技术？治疗师说了些什么？你能识别出多少种投入性参与技术？

表格3.1　投入性参与技术的种类、描述与效果

技术	描述	效果
关注与投入技术		
心理关注	聚焦于来访者或治疗师对来访者的反应。	来访者感觉被倾听和尊重，加深自我关注。 治疗师通过认识自己的思维与情感来获得信息。
躯体关注（治疗师方面）	通过躯体姿势和行为举止表达对来访者的兴趣与尊重。	来访者感觉被关注与尊重。

续表

技术	描述	效果
躯体关注（来访者方面）	对来访者躯体姿势的关注和行为举止的关注。	治疗师获得有助于诊断与治疗的信息。
言语关注（治疗师方面）	用适当的言语反应与沉默来保持对来访者的聚焦，并与来访者的言语反应保持协调一致。	来访者感觉被倾听，并能保持聚焦。
言语关注（来访者方面）	关注来访者的反应，运用言语和沉默。	治疗师获得指引交谈和有助于诊断与治疗的信息。
积极倾听技术		
适当地回应	发出回应，或重复一两个词以作为对来访者的关注和尊重，并帮助自己保持对来访者的聚焦。	来访者感觉被倾听，被鼓励并被帮助聚焦于自己的问题。
内容反馈	通过对来访者陈述的内容以及隐含的内容进行反馈，以利于保持自己对来访者的聚焦。	来访者感觉被理解。
情感反馈	通过对来访者陈述的情感以及隐含的情感进行反馈，以利于保持自己对来访者的聚焦。	来访者感觉被倾听和理解。
沉默	运用适当的、令人感到舒服的、共情性的沉默。	来访者感觉被尊重，并有足够的时间去考虑和思索。
共情性反应技术		
共情反应	倾听并传递外显与内隐的情感以及相关的含义。	来访者感觉被深深地理解，并与治疗师紧密相连。
鼓励技术		
关注行为	关注来访者的有助于发生期望性改变的人格特征、思维以及行为。	来访者被鼓励去认识和表现一些积极行为。
激发潜能	帮助来访者识别和肯定个人的潜能和优良的品质。	来访者获得自信，鼓励自己继续治疗。

参考文献

Bugental, J. F. T. (1987). The art of the psychotherapist. New York: Jossey Bass.

Carlson, J. & Kjos, D. (2000a). Bowenian therapy with Dr. Phil Guerin (reprint): Family therapy with the experts video. Boston: Allyn & Bacon.

Carlson, J. & Kjos, D. (2000b). Cognitive therapy with Dr. John Krumboltz (reprint): Psychotherapy with the experts video. Boston: Allyn & Bacon.

Carlson, J. & Kjos, D. (2000c). Cognitive-behavioral feminist therapy with Dr. Lenore Walker (reprint):Psychotherapy with the experts video. Boston: Allyn & Bacon.

Carlson, J. & Kjos, D. (2000d). Existential-humanistic therapy with Dr. James Bugental (reprint):Psychotherapy with the experts video. Boston: Allyn & Bacon.

Carlson, J. & Kjos, D. (2000e). Narrative therapy with James Madigan (reprint): Psychotherapy with the experts video. Boston: Allyn & Bacon.

Carlson, J. & Kjos, D. (2000f). Satir family therapy with Jean McLendon (reprint): Psychotherapy with the experts video. Boston: Allyn & Bacon.

Carlson, J. & Kjos, D. (2000g). Solution focused therapy with Insoo Kim Berg (reprint): Psychotherapy with the experts video. Boston: Allyn & Bacon.

Duncan, B. L., Hubble, M. A., & Miller, S. D. (1997). Psychotherapy with "impossible" cases. New York:Norton.

Gould, W. B. (1993). Frankl: Life with meaning. Pacific Grove, CA: Brooks/Cole.

Langs, R. (1992). A clinical workbook for psychotherapists. London: H. Karnac (Books) Ltd.

Mahoney, M. (1991). Human change processes. New York: Basic Books.

Shea, S. C. (1998). The art of interviewing. Philadelphia W.B. Saunders.

Welch, I. D. (1998). The path of psychotherapy: Matters of the heart. Pacific Grove, CA: Brooks Cole.

第三部分
评估

第四章
诊断性评估

诊断：历史与现状

当今凡事都讲究有因可循，就此而论，与20世纪七八十年代相比，现在心理治疗过程中的评估已经发生了巨大变化。那时，心理治疗师惯用的方法往往包括初始访谈时细致的评估，那也许需要一至三次面谈才能完成。如果这样仍不能满足诊断或治疗的需要，也许还需借助一系列心理评估测验，包括明尼苏达多相人格问卷（MMPI）或其他标准化人格问卷，以及多种投射测验，如罗夏墨迹测验、主题统觉测验（TAT），或句子完成测验，有时，还会采用个体智力测验。此类评估方法的目的是：对来访者的心理图景有广泛而全面的认识。如此获得的评估信息，有些与治疗进程直接相关，有些与治疗不甚相关。直至1978年《精神疾病诊断与统计手册（第三版）》（DSM-Ⅲ）出版后，第三方付费的医疗保险机构才慢慢开始要求治疗师根据明确的诊断标准做出结构式精神病学诊断。而在20世纪80年代中期之前，要心理治疗师为了获得心理服务的报酬而屈从于保险公司的诊断规格是很困难的。值得注意的是，那时，第三方付费机构还认可并支付渐进的、长期的心理治疗，而这种长程治疗的目标非常广泛，从恢复基本功能到自我实现，不一而足。

如今，评估的目的局限于：评定来访者的症状、功能与功能损害、应对资源，并监测治疗进展。这种评估获得的信息，较之以前更为有限、范围更狭小，但也与具体的治疗目标关系更为密切。如此一来，渐渐地，广泛而全面的心理评估不再被作为治疗的常规评估方式，以功能评定为主的简短的诊断性访谈应运而生。

优秀的治疗师每次会见来访者时都会不断观察并评估来访者的主诉、症状、功能与可利用的资源，并决定需要采取什么措施——如果需要的话。因此，治疗能否成功与治疗师是否具备必要的评估技能与经验是息息相关的。

我们将在第四章介绍结构式诊断性评估，在第六章讲述以功能评定为主的评估和连续性评估。我们在第五章阐明诊断性、临床性与治疗性案例分析。本章最后，我们会以临床案例阐释结构式诊断性评估的各个不同要素与评估技能。

本章内容概要

1. 与治疗过程有关的诊断过程。心理咨询与治疗领域所应用的三种不同类型的评估：结构式诊断性评估、功能评定为主的评估，以及连续性评估或治疗监测。

2. 结构式诊断性评估的六大要素与评估技能。

3. 以一个心理治疗案例为例说明如何进行结构式诊断性评估。

诊断过程：定义与类型

麦克斯曼（Maxmen）和沃德（Ward）将评估定义为“从多方收集重要信息以做出诊断、估计生物—心理—社会分析预后、并指导治疗的，具有时效性的结构化过程”。此定义强调四大要素：诊断、预后、生物—心理—社会分析和治疗分析。麦克斯曼和沃德的评估定义，即本书中术语“结构式诊断性评估”所蕴含的意义。诊断与治疗的关系为第五章讲述的重点。本章所要讲述的重点是诊断性评估，它与功能评定为主的评估和连续性评估迥然不同。

结构式诊断性评估（formal-diagnostic assessment）意为采集关于来访者当前问题、当前功能与精神状况、相应的社会状况、发育与健康状况和既往经历的信息，尤其是来访者对治疗的期待和可利用资源等方面的信息。

功能评定为主的评估（focused-functional assessment）意为采集关于来访者症状的类型与水平（如焦虑症状）、功能损害的类型与水平（如临床抑郁导致工作业绩下降）等方面的信息。目前，行为卫生服务机构（MBHOs）特别应用所谓“医学必需”（亦称“治疗必需”）作为心理治疗相关的行为卫生服务的准入依据。关于心理治疗，医学必需意味着“对于满足个体的健康需要而言，心理治疗是恰当且必需的，并与卫生保健服务的诊断和临床标准相符合”（NCQA，1998）。因此，MBHOs之所以极力推崇功能评定为主的评估，是因为在他们看来，卫生保健服务的临床标准意味着心理治疗的目标应简化为使个体回归某种稳定水平。换言之，治疗目标即：（1）减轻症状；（2）改善功能状况。其他关于个人成长的治疗目标，如个性化、自我实现、或心灵完满，则与医学必需的准则相悖。

连续性评估（ongoing assessment）包括治疗监测。即在每一次面谈时，对来访者功能的重要方面进行常规的信息采集，如抑郁、暴力、饮食障碍、重要关系丧失、夫妻不和或成瘾等问题。在每一次面谈时，治疗师应评估以下几个方面：

· 症状的类型与水平

· 功能损害的类型与水平

· 精神状况，特别是对己或他人是否具有危险性
· 健康状况，尤其是药物滥用与吸毒
· 治疗进展

诊断性评估过程一览

对于缺乏临床经验的受训治疗师，诊断性评估也许令人望而却步——它确实令人生畏——但并非不可企及。牢记诊断性评估的目的，诊断性评估的难点往往能迎刃而解。诊断性评估的目的有两重：首先，了解来访者前来治疗的原因、症状，以及症状如何带来烦恼；其次，了解来访者的治疗动机和可利用的资源，尤其是其改变的意愿。

据称，结构式诊断性评估是优秀治疗师所具备的最重要也最基本的技能之一。我们之所以使用“结构式诊断性评估”这个术语，而非更为传统的称谓——初始临床评估，是因为卫生行政部门方面的变化对传统初始评估的价值与作用提出了质疑。

在进行传统初始评估时，治疗师或临床医生比较喜欢刨根问底地追问患者的经历。这种评估常常在前三次面谈时逐渐展开，内容包括：首次发病史、目前及既往精神病史与治疗史、既往家族精神病史、社会与心理发育史、成瘾与吸毒史、目前职业、人际关系与家庭功能、社交功能、心理动力学与人格模式、精神状况检查。医疗管理部门不仅认为此评估方法花费昂贵，还质疑其临床效用，指出这些信息很少直接指导治疗决定，他们还认为，这些信息在监测治疗过程方面的价值相当有限。

另一方面，结构式诊断性评估是一种意图更为明确、具体的评估方法。通常在医患首次面谈的前30至40分钟内，一个完整的结构式诊断性评估即可完

成。该评估的重点在于收集对治疗过程与疗效具有重要临床意义的信息，这包括：来访者目前的问题、目前功能与精神状况、社会、心理发育与健康史，特别包括来访者对治疗的期待和可利用的资源。例如，治疗师会考虑：对治疗药物的依赖是否会像成瘾药物或其他刺激物一样，可能加重甚至导致患者的焦虑症状。同时，结构式诊断性评估也非常重视来访者的可利用资源，如应对技巧与支持系统、行为改变的成功经验、治疗期待与意愿。因为研究表明这些因素对治疗效果有重大影响（Lambert，1992；Miller，Duncan，&Hubble，1997；Sperry，et al.，1996），所以探询这些信息，并利用它制订治疗目标与干预计划，就显得至关重要。尽管结构式诊断性评估与传统的初始临床评估所收集的信息有些类似，但两者之间还是存在一个主要的区别，即：结构式诊断性评估着重于收集那些对治疗效果具有预测作用的临床信息。表4.1简要列出了结构式诊断性访谈过程的几大要素。

表4.1　结构式诊断性评估的六大要素

1. 主诉与现状
2. 精神状况评估
3. 心理发育史与动力学
4. 社会史与文化动力学
5. 健康史与健康行为
6. 来访者的可利用资源

以上六大要素都会在最后的案例报告中得到简要阐述。要详细了解诊断性评估与访谈过程的知识，可以参阅以下相关著作：（1）奥思默（Othmer）等人的著作（1994）；（2）赫森（Hersen）与特纳（Turner）的著作（1994）。

1. 主诉与现状

这部分既包括患者目前的问题，也包括症状、应激源与环境如何影响其日常功能的信息，还应包括来访者为何此时前来就诊。诊断性访谈的这一时段应鼓励来访者倾诉，因此治疗师应以开放式提问切入主题，如“是什么问题促使你来到这儿呢？”为了在短期内收集大量信息，除了初始阶段的开放性提问外，诊断性评估主要依靠集中或封闭式提问。治疗师不仅要留意来访者回答什么，而且要观察他们的回答方式。

来访者一开始通常是描述症状与生活中的应激情境和人物。治疗师也许会提一些澄清性的问题，但很快就会将话题转到询问这些问题如何影响来访者日常生活的各个方面，如工作、家庭、亲情、健康、社交。治疗师也会问来访者会在什么情况下感到愉快或轻松。了解来访者为何决定于此刻求治，也是至关重要的。可以问“为什么现在来呢？”这被认为是治疗师评估的核心问题（Budman &Gurman，1998）。在来访者对这个问题的回答中，治疗师可以了解到有关来访者动机、应对技巧与支持系统等方面的重要信息。最后，治疗师要探询来访者既往有何症状、有无其他精神病或吸毒史等。如果有既往治疗史、精神病治疗史或戒毒史，就不能掉以轻心，因为既往治疗史对目前困扰与治疗效果而言，可能是个重要的预测因素，所以了解以前的治疗结果（来访者从那次治疗中有何收益？治疗之后，他们对自己有何认识？哪些问题解决了，哪些问题尚未解决？）十分关键。

2. 精神状况评估

富有成效的治疗师常把精神状态评估作为整体评估来访者能否从治疗中获益的一个组成部分。这种评估通常注重来访者当前急需解决的问题，或是否需要转诊，或是否需要其他专业人员参与评估。通常来说，我们通过仔细观察来访者的状态与外貌、定向力、心境与情感、认知功能、思维逻辑与内容、记忆力、判断力、内省力、药物与毒品使用、自伤与伤人危险性等来评估其精神状况。表4.2列出了精神状况评估所包含的六大要素。

为了帮助治疗师记忆这六大要素，我们将之缩写为POMP-CS。

表4.2　精神状况评估的六大要素

1. 状态（Presentation）
2. 定向力与态度（Orientation and attitude）
3. 心境与情绪状况（Mood and emotional status）
4. 知觉状况（Perceptual status）
5. 认知状况（Cognitive status）
6. 安全性（Safety）

评估状态　描述来访者的外貌，包括衣着、整洁与卫生的适切性；注意来访者外表与实际年龄是否相符，有无差距；对于来访者特殊的面部表情（如痛苦的、恐惧的、忧郁的，等等）和异乎寻常的行为举止，都要一一记录在案；此外，还要将言语方面的异常标注出来，如含糊其词、语速过快或过慢等。

评估定向力与态度　描述来访者对时间、空间、人物的定向力水平。可以让来访者回答重要节日的日期、此次评估访谈的时间与地点，以及他们的姓名等。最后，注意来访者对评估过程的态度，是合作、防御、愤怒还是怀疑。

评估心境与情绪状况　来访者报告的主观感觉与治疗师的观察均应被一一记录下来。心境是指一种长期持续存在的情绪状态，如平和、欣快、抑郁、焦虑、或暴怒。情感指的是一种短暂的情绪反应，通常由某些刺激诱发，常被描述为高涨、迟钝、消沉，或不当。

评估知觉状况　知觉异常包括错觉（如对现实刺激的错误知觉）、幻觉（如现实刺激不存在时产生的错误感觉）、分裂（如意识或身份的突然转变，譬如丧失自我感或丧失现实感）。一个人感到自己突然不一样了，成为另一个人了，即丧失自我感；而一个人感到环境变得有点陌生了，现实不再熟悉了，即丧失现实感。丧失自我感和丧失现实感通常出现在创伤后应激障碍患者身上。

评估认知状况 认知状况包括思维的方式与内容、记忆力、内省力及判断力。思维方式或过程指个体综合概念与联想的方式，也包括思维的速度。思维方式可以用一些术语来评定，如思维贫乏、思维奔逸、言语失控、持续言语、联想松散或离题。思维内容指的是个体思想的内容，如概念、信念、强迫观念等。妄想与强迫观念都属于思维内容异常，前者是一种与来访者文化背景不协调的、坚信不疑的错误信念，后者则是一种反复出现的非理性思维。记忆通常有三种类型：瞬间记忆、短时记忆、远期或长时记忆。对记忆障碍应加以测试并记录。例如，治疗师先让患者辨认三件物品，然后让他即刻回忆，五分钟后再回忆。内省力指患者对当前处境及治疗需求的理解程度。判断力是一种处理社交场合、并遵守社会公约的能力，其分为三级：完好、有限、缺乏。

评估安全性：自伤与伤人 评估安全问题，是任何一个整体的诊断性评估必不可少的部分，因此是必需的。当评估来访者是否具有自杀或伤人的可能性时，治疗师需要凭借自己的常识。我们向治疗师建议使用系统性评估表，以提高临床判断力。系统性评估应该包括以下几部分：（1）已知的危险因素；（2）来访者的意念、目的与冲动性；（3）致命性。有些诊所和医院要求使用标准的评定表格来评估并记录患者自伤及伤人的指征。对于大多数治疗师来说，预测患者是否有暴力倾向是一件错综复杂的事情，尽管我们目前并不可能而且永远也不可能准确预测暴力行为，但一直以来治疗师都被要求必须提供这一方面的信息。由于治疗师经常要与具有暴力倾向的人打交道，所以我们要格外注重这种评估。

3. 发育史与动力学

这部分包括来访者个人生活经历的概况。治疗师应对来访者出生至今的生活史做一些扼要的了解，其中也许会涉及个人成长的重大事件，如来访者何时开始说话和走路。治疗师应记录整个家庭序列，或父母、兄弟姐妹、排行等方面的情况，及其来访者在家庭中、同伴间和学校里的表现。这些回忆有时可能引出相关的早年记忆（Dinkmeyer & Sperry，2000）。治疗师必须简要记录早年生活变故和创伤性经历，如体罚、情感虐待、性虐待等，还需记录有无要好的朋友、早年性经历、学习经历和受教育程度。也许，最重要的应该是，让来访者描述自己的现在和过去，借此推测其自我评价与自尊水平。

4. 社会史与文化动力学

这部分包括来访者既往与当前的社会史、文化因素和动力学概况。社会史内容主要包括婚姻状况、目前职业和工作经历，还包括来访者目前的生活状况——其中须指明与来访者同住的家庭成员、经济状况以及当前可利用的社会支持。如有可能，还应简要注明是否服兵役、是何兵种以及当前或既往有无司法问题等。

文化因素反映个人的文化身份。一个完整的文化评估应包括以下几个部分：（1）民族。（2）年龄。（3）种族。（4）性别与性取向。（5）宗教信仰。（6）移民状态与原住国。（7）社会经济状况。（8）文化适应。文化适应包括三种情况，即同化（融入主流文化）、因袭（排斥主流文化）和双文化主义（不偏不倚地接受两种文化规则）。（9）语言。（10）饮食控制。（11）文化程度（GAP，2002）。临床医生往往只报告其中的3个因素：年龄、性别、民族。例如，在诊断性评估报告中，“个人信息与主诉”部分往往开篇即标明来访者的民族：“53岁，男性，西班牙裔。”尽管该报告会标明来访者的性别，却很少提及其性取向。另有3个因素在诊断性评估报告中或多或少有所表述，即语言、文化程度、社会经济状况（SES）。这意味着，另外5个文化因素根本就不在多数临床医生的考虑之列。对这些文化因素的探询约需5~7分钟，这些信息在诊断性评估报告中也仅需占很短的篇幅。

5. 健康史与健康行为

这部分包括躯体健康史、健康状况与健康行为。有些治疗师会要求来访者在访谈开始前填写一张简单的表格，其中就包括简述健康史。无论此类信息是在访谈时探询出的，还是以表格形式提供的，治疗师都有必要简要回顾来访者的健康状况、手术史和各种医疗史，以确定这些问题对来访者的生活有何影响。处方药滥用，非处方药、维生素与中草药的使用，以及酗酒和吸毒，均会大大影响疗效，因此，应对之做详细记录。

评估处方药的使用　许多处方药都会对情绪和行为产生重大影响，如德美罗一类的止痛药和含可待因的药物。这些药物还有成瘾性。某些降压药，以及许多抗抑郁药，如百忧解、帕罗西汀、舍曲林等，都会影响性冲动与性功能。因此，治疗师有必要向来访者询问药物的使用情况，既包括常规用药，亦包括临时用药。对于治疗师而言，常备一本诸如《内科医生案头典籍》（*Physicians Desk Reference*）之类的参考书，以便随时查看药物的副作用，是大有裨益的。最后，询问来访者的遵嘱依从性也是很重要的：他是一贯依嘱服药，还是无论是否自愿，他都会依嘱服药？他如何看待服药的好处和坏处？既往是否出现过药物的严重副作用，导致来访者对服药顾虑重重？

评估非处方药与补药的使用　治疗师还应该询问来访者是否服用非处方药、维生素或中草药等。因为许多治疗感冒、过敏和鼻窦炎的药物也与某些中草药和大多数营养素补充剂一样，都含有兴奋剂。当来访者将这些药物与经常食用的咖啡和可乐同时服用时，会大大加重甚至导致焦虑症状。对药物作用的全面剖析不在本书的讨论之列，但是治疗师至少应考虑这些产品可能会对来访者的行为、情绪与认知所产生的影响。

评估物质滥用史　关于物质滥用史，治疗师需要评估两个主要方面。首先，评估物质的种类与来访者吸食的程度，这意味着治疗师应试图了解来访者吸食何种毒品、吸食频率、吸食量及在何种情况下吸食。治疗师也许还会询问："你几岁开始吸毒？"这对于评估并发症与复发的危险性非常有用，因为初吸年龄越小、吸食量越大，危险性也越高。

6. 来访者的可利用资源

对于制订治疗计划甚至预测疗效，该部分也许是最重要的。它包括简要描述来访者的能力，以及既往成功或失败的行为改变经历。这一部分提供了来访者对自己目前问题的释义性模式。这可以成为医患协商建立临床性与治疗性案例分析并制订治疗计划的良好基础。该部分还应注明来访者的治疗期待，包括来访者急于改变的问题或重点。最后，还应标明来访者的改变意愿水平：尚未考虑、正在考虑、准备、行动或维持行动。

临床示例：关于胡安的案例报告

主诉与背景

胡安（Juan），29岁，男性，单身，西班牙裔，会计。主诉：抑郁心境发作三周。其他症状：精神萎靡，兴趣明显减退，失眠，注意力不集中，进行性社会隔离。旷工四天，因此来精神科就诊。最近，他因办公室减员而被调离，他离开了工作了12的年关系密切的工作团队，而新的办公地点又在城市的另一头。胡安似乎将此次调离视为一次重要的丧失，正是这种丧失感诱发了其抑郁症状和社会隔离。

值得注意的是，在初始评估时，胡安就迟到了，他辩称自己找不到诊所，尽管诊所距他家只相隔6个街区。他声称，之所以来做评估，是因为拗不过人力资源部的副部长，尽管他承认自己感觉很糟糕，但并不认为自己真的需要心理治疗。他解释说“我就是感觉有点吃力，因为流感过后不久我就回去上班了”，并称这也是他请5天病假的原因。显然，自我袒露对于他来说还相当困难。然而，他确实承认调职是一次重要的丧失，并勉强同意也许正是这一丧失诱发了他的抑郁症状、腹泻和社会隔离。

在访谈中，胡安对批评耿耿于怀的敏感个性越来越清晰地显现出来，因此，可以初步判断其具有强迫性人格特征。对此，治疗师要格外注意，无论在言语上还是在非言语信息方面都要表现出温和和支持。

精神状况评估

来访者外表与年龄相符，衣着得体，整洁。对人物、空间、时间的定向力完好，且配合评估。语言与抽象思维能力均高于正常，与其大学文化程度相匹配。心境属于中度抑郁，情感稍显拘谨，却也与环境尚协调。无明显知觉或认知缺陷。瞬间记忆、短时记忆、长时记忆均表现完好。否认目前有自杀或伤人意念、意愿或计划。尽管偶尔会有“生不如死”的念头，但也只是一闪而过，因为“那与我的宗教信仰相悖”。对目前处境的内省力尚可，判断力完好。

发育史与动力学

胡安的家庭状况：他在兄弟二人中排行老大，弟弟杰米小他4岁，在一家药厂担任电脑程序员。父母均健在。父亲是个高级会计师，3年前，因其任职28年的公司裁员而不得不提前退休。2年前，父母迁居亚利桑那州的一个退休疗养院。母亲是个家庭妇女，从未外出谋职。家庭价值观包括：努力工作、遵纪守法、服从。

胡安自认为很像母亲，但他打小就与母亲关系疏远。不过，胡安记得，母亲的姐姐，也就是他的大姨一直很宠他，但她很早就去世了。她去世那年，他只有7岁。胡安认为，弟弟才是父母的最爱。他几乎没有相伴成长的朋友，唯一的好朋友在他8岁时也搬走了。他在上初中、高中时，因为有点肥胖并稍显笨拙而遭人讥讽。他高中时从未与女孩约会。大学时曾约会过两个女伴，但交往时间短暂，并且只与其中一个发生过一次性关系。他承认，对于隐私，他确实羞于启齿。

他最早的儿时记忆是4岁时第一次看见襁褓中的弟弟。对于父母出院回家时的情景，他仍记忆犹新。之前一段时间，他一直与大姨待在一起，不知道妈妈去哪儿了。当时妈妈爱意盈盈地将小弟弟放在胡安的旧摇篮里，而爸爸则称弟弟的降临是他此生最快乐的日子。他们嫌胡安哭闹不安、问这问那，让他出去玩，否则他就会挨罚。他记得自己跑出去大哭了一场，并藏在树屋里直到天黑。他感到恐惧彷徨、不知所措。胡安描述了他随弟弟降生而来的羞辱感与被排斥感。

胡安儿时记忆的另一事件大约发生在他6岁的时候。有一天，妈妈嘱咐胡安照看小弟弟，自己则进屋做午饭。想不到的是，弟弟拆开了塑料小玩具，并将其中一个小碎片塞进鼻孔里，怎么也取不出。胡安大叫起来，妈妈循声出来，打胡安屁股，责骂他没有看好弟弟。胡安当即跑进卧室大哭起来，因为自己受到不公正的惩罚而伤心，而且他感觉妈妈不爱自己了，她将全部的注意力都放在弟弟身上了。简言之，弟弟的降生，和自己的失宠，使胡安体验到一种深深的失落感，他以往所享受的特殊感与受呵护感从此荡然无存。

社会史与文化动力学

胡安独自住在离公司不远的一套公寓里。在公司里，他有一个要好的男性朋友。两人的关系限于一般社交。据胡安称，即便是这样的朋友，他也极少。大学毕业后，他从未与人有过亲密关系。他以优异的成绩毕业于一所地方私立大学，此后就一直在这家公司任职。他从未服兵役，亦从未惹上官司。

在文化方面，胡安已是美国的第三代波多黎各裔移民。47年前，其祖父母来到美国，寻求更为自由的空气和更多发财的机会。尽管胡安精通两种语言，而且每个夏天都会参加波多黎各自豪节，他又是波多黎各裔会计师专业协会的一员，但在波多黎各裔社交圈，胡安并不像他的父母那样表现活跃。公司另有两名西班牙裔职员，但胡安宁愿与英裔同事和朋友交往。虽然胡安接受过罗马天主教的洗礼，但他并不认为自己是一名地道的天主教徒，至少他在进入大学后是这样的。他自认为是异性恋者，并认为从价值观与文化取向上看，无论自己还是父母，都属于秉承两种文化的中上层阶级。

健康史与健康行为

他否认既往心理问题与治疗史，否认吸毒与治疗史。其家族成员中是否有精神病、吸毒、夭折、自杀者等不详。除了肠道易激综合征（IBS）偶尔发作外，否认任何健康问题。当被问及IBS近期是否复发时，他极不情愿地承认过去一周时常腹泻。

健康行为包括日常锻炼与合理饮食。他否认酗酒，称“这会加重IBS”。他曾有11年吸烟史，每天抽1—2包烟，自3年前开始减量。当他的IBS症状特别严重时，他听从医生的建议彻底戒烟，除偶尔想吸外，至今从未染指。然而，他一直坚持每天喝3—5罐可口可乐。这样做会影响他的睡眠深度，但他称这能使自己心情好一点，“飘飘然”。他每天服用一片复合维生素，但否认服用处方药、非处方药或任何中药补品。他的最后一次体检约在一年前。尽管他最近因IBS又挂号开药，但他至少已有6个月未看过医生。

来访者的可利用资源

经初始访谈观察到：其求治意愿程度似乎介于正在考虑阶段与准备阶段之间。他很聪明，受过良好教育。在一家公司工作了12年，说明他忠实守信。他既往至少有一次行为改变的成功尝试，戒烟后至今几近3年从未吸烟。然而，害羞及有限的社会支持系统是其致命弱点，治疗时需特别注意。

问卷

初始访谈后，对之施测贝克抑郁问卷（BDI）。他的得分为27分，表明他处于中至重度临床抑郁状态。根据《米隆临床多轴问卷（第三版）》（MCMI-Ⅲ）的评定结果，他的表现符合抑郁症和强迫型人格障碍的诊断。其躯体化量表分中度偏高，这也许正好符合其用胃肠症状来表达精神不适的模式。（该报告的其余部分详见本书第五、第六章。）

进行结构式诊断性评估

正如本章所述，结构式诊断性评估是优秀治疗师必备的基本技能。对于多数来访者来说，此类评估往往经一次访谈即可完成，而且常在初始访谈时进行。如果首次面谈时间为50—60分钟，那么，诊断性评估理应耗时约30—40分钟。

诊断性评估访谈表（表4.3）列出了20个基本的筛查问题。这些探询提问以及详细的子问题，可以为你提供练习评估方面的指导。它们可以使整个访谈过程自然流畅、富有韵律。这20个筛查问题以连贯提问的方式构成，你可以，而且应该循环往复地不断补充提问，以获得全面的资料（见本书第九章）。

评估表包括六大要素，许多受训者的临床经验反馈表明：主诉与精神状况评估约需12—15分钟；发育史、社会—文化史与健康史的评估约需10分钟；而评估来访者资源只需7—8分钟。这样，剩余的十多分钟可以被用来讨论来访者对治疗的任何疑虑，并约定后续访谈。若需转诊，还应就此做相应讨论。对来访者资源的讨论，尤其是关于治疗期待的问题以及即将结束访谈时的提问，自然而然会将话题引致对可利用资源的讨论。在评估过程中，治疗师应把握好时间，以便有足够的时间用于评估来访者资源，因为这一要素与治疗进程和结果密切相关。

练习4.1

该练习让你体验做一个结构式诊断性评估的过程。我们建议你与班里或学习小组内的某人结对，配合完成此类评估。在30—40分钟的诊断性评估访谈中，一人扮演治疗师，另一人扮演来访者。然后，互换角色。我们还建议你在练习时遵循诊断性评估访谈表（表4.3）的提问顺序。你可以应用20个筛查问题来指导你的问询。你也许希望在来访者回答问题时做些记录。作为此次练习中的来访者，我们建议你进入你的真实生活，而非逢场作戏，这不仅可以使你更轻松自如、更大胆公开地回答治疗师的问题，而且可使双方共同审视你的个人史与背景如何对目前的情境造成影响。

练习4.2

以结构式诊断性评估所收集的信息为基础，撰写一则评估报告。报告的标题应仿照胡安的案例评估报告的标题。（因为练习4.1无心理问卷，即贝克抑郁问卷，所以你的报告可以将之省略。）你的指导老师也许会给你进一步的指点。

表4.3　结构式诊断性评估访谈表

焦点	基本筛查问题	详细询问
主诉与现状（为进行结构式诊断性访谈培养感情和打好基础）	1. 什么问题促使你来这儿? 2. 为什么现在来? 3. 你或你的亲戚曾经有过这种或其他心理问题吗? 4. 这个问题对你的日常功能有何影响?	1. 澄清症状类型与应激源。 2. 探询应对技巧、社会支持与相关的来访者资源。 3. 探询既往精神病史和物质滥用史与治疗效果，有无家族史。 4. 与工作、家庭、社交、亲情、健康、自我管理等有关的生活功能。
精神状况（定向力与态度，心境与情绪状况，知觉状况，认知状况，安全问题）	5. 对于今天来到这里，你的感觉如何? 6. 这个问题对你的心情（心境）有何影响? 7. 你有过什么不寻常的经历? 8. 你的记忆力如何? 9. 你有过“活着没意思”这样的想法吗?	记录年龄、衣着与清洁度、行为举止、音质、语速、精神运动性活动。 5. 有关时间、空间、人物的定向力。 6. 询问焦虑症状等。 7. 询问分裂与精神病性过程。 8. 询问思维方式、内容与思想。 9. 询问自杀意念、意愿与计划；询问暴力冲动和伤人意念。
发育史与动力学	10. 你如何描述自己? 11. 你已经告诉我最近您有什么问题。现在，我想换一个话题，你在成长过程中有什么问题吗?	10. 澄清目前的自我评价、自尊水平、人格类型。 11. 简要发育史：父母、兄弟姐妹、重大成长事件、学校经历、挚友、第一次性经历、教育程度。

续表

焦点	基本筛查问题	详细询问
社会史与文化动力学	12. 你目前的生活状况如何？ 13. 你的民族背景？	12. 工作或兵役史、司法问题、目前社会支持系统（如家庭、朋友、工作或学校伙伴）、经济状况。 13. 民族身份、种族、年龄、性别与性取向、宗教信仰、移民状态与原住国、社会经济状况（SES）、文化适应（如同化、因袭、双文化主义）、语言、饮食、教育状况。
健康史与健康行为	14. 跟我谈谈你的健康和健康习惯吧。	14. 了解处方药、非处方药与毒品的使用情况；了解健康状况；了解健康习惯。
来访者可利用资源	15. 为了使问题（症状）好转，你试过哪些方法？结果如何？ 16. 对于你的症状（问题），你做何解释？ 17. 如何才算最佳治疗？你认为你在这个过程中起何作用？治疗师起何作用？ 18. 问题将在何时好转？	15. 询问来访者自己做过哪些改变状况的努力，既往有过何种改变的尝试与成功经历。 16. 澄清来访者的释义性模式。 17. 了解来访者对治疗的期待，以及来访者的改变动机。 18. 指出改变的意愿。
即将结束访谈	19. 还有什么重要问题我应该知道而没有问的吗？ 20. 我已经向你提了许多问题。您想问我什么吗？	19. 一个开放式结束的提问，使来访者可以补充一些具有潜在意义的信息。 20. 让来访者感觉到治疗关系是相互合作的。

小结：关于结构式诊断性评估

结构式诊断性评估的目的简单而直接：充分了解来访者行为与功能的内容

和决定因素，以便制订有效的治疗计划。此计划若与来访者的可利用资源、治疗关系和具体的临床干预有机结合，则有可能带来最佳的治疗进程与效果。当然，这一切有赖于来访者在治疗关系和治疗进程中的充分投入，通过连续性评估，也可使治疗过程不断得到追踪与完善。

参考文献

Beitman, B. & Yue, D. (1999). Learning psychotherapy: A time-efficient, research-based, and outcomemeasured psychotherapy training program. New York: Norton.

Budman, S. & Gurman, A. (1988). Theory and Practice of Brief Therapy. New York: Guilford.

Dinkmeyer, D. & Sperry, L (2000). Counseling and psychotherapy: An integrated, individual psychologyapproach (3rd ed.). Upper Saddle River, NJ: Prentice-Hall.

Group for the Advancement of Psychiatry (GAP) (2002). Cultural assessment in clinical psychiatry.Washington, DC: American Psychiatric Press.

Hersen, M. & Turner, S. (1994). Diagnostic interviewing (2nd ed.). New York: Plenum.

Lambert, M. (1992). Implication of psychotherapy outcome research for eclectic psychotherapy. In Norcross, J. (Ed.). Handbook of eclectic psychotherapy (pp. 436-462). New York: Brunner/Mazel.

Miller, S., Duncan, B., & Hubble, M. (1997). Escape from babel: Toward a unifying language for psychotherapy practice. New York: Norton.

Maxmen, J. & Ward, N. (1995). Essential psychopathology and its treatment (2nd ed.). New York: Norton.

National Committee for Quality Assurance (NCGA) (1998). MBHO surveyor guidelines for the accreditation of managed behavioral healthcare organizations. Washington, DC: Author.

Othmer, E. & Othmer, S. (1994). The clinical interview using DSM-IV: Fundamentals. Washington, DC:American Psychiatric Press.

Sperry, L. (1995). Psychopharmacology and psychotherapy: Strategies for maximizing treatment outcomes. New York: Brunner/Mazel.

Sperry, L., Brill, P., Howard, K. & Grissom, G. (1996). Treatment outcomes in psychotherapy and psychiatric interventions. New York: Brunner/Mazel.

第五章
从诊断性评估到案例分析、实施干预

一旦完成结构式诊断性评估，治疗师就应着手设计治疗计划，并实施干预。果真如此吗？非也。事实上，要形成治疗方案，优秀的治疗师尚需先做出一个恰当的临床案例分析。正如本书所述，治疗方案实际上是一个基于临床案例分析的系统性治疗计划。如今，医疗保险机构要求治疗师及其他卫生保健人员必须提交令人信服的治疗依据，以使心理治疗或其他形式治疗的每一道程序都符合规范。因此，治疗师必须提交一份规范的治疗计划。通常这是一份一两页纸的标准打印文档，其中标明了来访者的人口学资料、主诉、基于五轴DSM-Ⅳ的诊断性分析与治疗性分析，后者需特意列出有针对性的治疗目标和干预措施，还需包括访谈的频率与次数。医疗保险机构的核保员通过评估治疗计划来判断是否认可治疗措施。这其实就是审核来访者的主诉、受损程度和诊断是否与治疗目标、干预方法和访谈次数相匹配，以及制订治疗计划的理由是否充分。毋庸多言，阐述不充分的治疗计划当然不可能获得他们对治疗措施的认可。本章将具体介绍与制订有效的治疗方案相关的各种基本因素与程序。

本章内容概要

1. 案例分析的意义；三种不同类型的案例分析（诊断性、临床性、治疗性）；案例分析对于确保治疗措施有效的重要性。

2. 治疗师和来访者双方彼此协商形成统一的案例分析。

3. 简要介绍DSM-Ⅳ的诊断特征。

4. 形成诊断性、临床性及治疗性分析的技巧。

5. 以一个具体的心理治疗案例为例，介绍如何应用三种类型的案例分析。

三种类型的案例分析：诊断性、临床性、治疗性

案例分析是一种以简明扼要的方式概括患者各种信息的手段，其目的在于更好地理解患者的问题，并做出更恰当的治疗。案例分析基本包括三种类型：诊断性分析、临床性分析、治疗性分析。表5.1给出了三类分析的简短定义。

诊断性分析（diagnostic formulation） 诊断性分析是对个体精神状态的性质与严重程度所做的描述性说明。诊断性分析协助治疗师获得三组诊断结论：来访者的问题主要是精神病性的、性格性的，还是神经症性的；从病因学角度看，来访者的问题主要是器质性的、还是心因性的；来访者的问题是否危急、是否需要紧急干预。简言之，诊断性分析实质上是描述性的、现象学性的、横断面性的。它们回答"发生了什么？"这一问题。治疗师可采用DSM-Ⅳ诊断标准及疾病分类进行诊断性分析。

临床性分析（clinical formulation） 从本质上说，临床性分析更具释义性及纵向性，它可为症状和不良生活方式的形成与保持提供理论依据。就像解释人类行为的理论有如百家争鸣一般，可以帮助治疗师进行临床性分析的理论也是百花齐放：精神分析式、阿德勒式、认知主义式、行为主义式、生物学式、家庭系统式、生物—心理—社会式。临床性分析回答"为什么发生？"这一问题。

治疗性分析（treatment formulation） 治疗性分析是根据诊断性与临床性分析而得的，是一份指导治疗干预的明晰蓝图。与上述两类分析相比，治疗性分析并不会回答“发生了什么？”或“为什么发生？”这样的问题，而会阐释“可以做些什么，以及如何做？”这样的问题。

最具临床意义的是以来访者为中心（client-centered）的案例分析，或者就像我们在整本书中指出的那样——聚焦来访者（client-focused）。以来访者为中心的案例分析非常重视来访者独特的背景、独特的需要和可利用的资源。因此，以来访者为中心的案例分析是整合性分析（integrative formulation），因为它整合了三类分析维度的所有因素——诊断性、临床性、治疗性，与趋向整合的现代心理学运动相呼应。本章将重点介绍整合性案例分析。

来访者与治疗师各自对案例分析的观点

表5.1　三种类型的案例分析

类型	定义
诊断性	一种描述性说明，回答“发生了什么？”它以DSM-Ⅳ的术语描述患者的主诉、症状及功能性损害。
临床性	一种释义性说明，回答“为什么发生？”它为来访者的症状和受损功能的形成及保持提供理论依据。
治疗性	一种指导性说明，回答“可以做些什么？”它是一份指导治疗策略及干预的行动计划。

优秀的治疗师善于酝酿、形成案例分析，并与来访者充分协商达成一致。何谓形成案例分析？许多受训治疗师常常对来访者可以对病症做出自我分析颇感意外。尽管来访者也许并未意识到自己所做的案例分析，然而这些观点在治

疗过程中仍然起着巨大的作用。优秀的治疗师不仅了解这些观点的存在，而且要探询它们，并与来访者相互协商，形成共识。

来访者的案例分析像什么呢？从结构上说，它们很像我们前面讲的三类案例分析。表5.2对来访者与治疗师各自所做的案例分析的结构进行了一个比较。来访者对问题的描述，包括症状和各种生活功能受损的等级评定，类似于治疗师的诊断性分析；来访者对自身处境或问题的释义性模式，类似于治疗师的临床性分析；来访者对治疗的期待，类似于治疗师的治疗性分析。

表5.2　来访者与治疗师各自所做案例分析的比较

来访者的分析	治疗师的分析
对症状及功能的描述	诊断性分析
释义性模式	临床性分析
治疗期待	治疗性分析

来访者与治疗师案例分析的不同之处在于参照系的不同。治疗师是在审慎地理解科学依据（如对人类行为的生物学、心理学及社会文化学的了解）的基础上形成案例分析的；而来访者的分析更像是基于对人类行为或人类行为理论的完全个人化的、独特的且不加评判的理解。社会心理学家称此现象为朴素的人格理论。

为什么了解来访者的自我分析观点如此重要呢？因为来访者的案例分析与治疗师的差异越大，治疗有效的可能性就越小，来访者不遵从或违背治疗设置的可能性就越大。这可以有多种表现方式，如来访者可能在访谈时迟到甚至失约，可能逃避家庭作业或者不遵医嘱服药；他们也可能会提前终止治疗，或者脱落。

例如，假设来访者对惊恐症状和不能承担杂货店及其他户外工作的释义性模式是大脑递质失衡，而治疗师并未探询出。又假设来访者的治疗期待是服用阿普唑仑而非谈话治疗（因为有位邻居服药后确实有效），而治疗师也未探询出。然后，假设治疗师是一位被公认为焦虑障碍行为治疗方面的专家，而且坚决反对使用像阿普唑仑这样的镇静剂，他对惊恐所做的诊断性分析是广场恐怖，对症状的临床性分析是其起因于回避行为，他最后得出的治疗性分析是暴露疗法。使用暴露疗法，意味着他需要训练来访者逐级暴露于大商店及其他公共场所，使他感受恐惧的刺激。如此一来，结果会如何呢？很可能，来访者将直接或间接地拒绝暴露疗法，直接的方式如拒绝签订暴露协定或提前终止治疗，间接的方式如在早期的暴露尝试中就半信半疑。如果治疗师探询出来访者的自我分析，他就可能会向来访者解释为什么阿普唑仑及其他此类药物只能作为短期治疗使用并有高度成瘾的可能性，而暴露疗法为什么更可取。经过进一步的讨论，也许双方都会同意采用药物与行为联合治疗的方法，只是要选择一种更安全有效的药物，如百忧解，它用于治疗惊恐发作及广场恐怖，是获得美国药品管理局（FDA）认可的。

因此，对于一位优秀的治疗师而言，其任务就是探询来访者的自我分析。在前述章节，尤其在第四章中，我们已经阐释了如何探询来访者的主诉与症状（损害）、释义性模式和治疗期待。在本章，我们所要强调的是，优秀的治疗师要根据他们的专业知识与技能对来访者做出案例分析。而且，治疗师还要尝试调和医患案例分析之间的差异。

协商过程始于治疗师了解来访者的自我分析，并识别出其与自己分析结果的异同。随后，治疗师应通过讨论向来访者宣讲疾病知识，并澄清来访者对疾病和治疗过程的误解。讨论来访者对治疗过程与结果的期待，有助于治疗师与来访者达成共识，取得对治疗方向一致的理解，从而形成一种以合作为基础的治疗关系。在此基础上，讨论治疗细节就将卓有成效。

诊断性分析

DSM-Ⅳ TR及诊断性分析

美国卫生保健服务系统与保险机构所采纳的标准诊断分类法即精神障碍诊断与统计手册（Diagnostic and Statistical Manual of Mental Disorders）第4版修订本[①]，人们通常称之为DSM-Ⅳ TR。当然，有些医疗保险机构要求使用国际疾病分类法第10版（ICD-10），ICD-10中的许多诊断代码与DSM的相似。DSM-Ⅳ TR自称是一种非理论性的、现象学的系统。非理论性，意思是它与传统的理论取向毫无联系——既非心理动力学式，亦非认知行为主义或生物学式。所谓现象学，则指它仅仅是一种对人类行为的描述性方法，而非具有理论取向的释义性方法。

与病理学或医学模式相比，心理治疗师也许更青睐人类行为的形成与发展模式，然而现实是：医疗保险机构要求，但凡需要心理治疗服务的指征都必须与具有五轴的DSM-Ⅳ TR诊断系统相匹配。DSM-Ⅳ TR描述了18种不同的主要疾病类别，并确定了200多种精神障碍的诊断标准。每一种精神障碍都有一组独特的描述性诊断标准。当个体的既往史和临床症状与某一精神障碍的诊断标准相对应时，人们就可以做出DSM-Ⅳ TR诊断。

DSM-Ⅳ TR考虑了对疾病的多轴分类，因此诊断也可能包含个人生活中相互关联的生物—心理—社会或多系统方面的因素。DSM-Ⅳ TR应用了以下五轴。

轴Ⅰ：临床性障碍（如焦虑心境调节障碍）。

---

① 目前更新到第5版。——编者注

轴Ⅱ：人格障碍或精神发育迟滞（如依赖性人格障碍）。

轴Ⅲ：一般医学条件（如甲状腺机能减退）。

轴Ⅳ：心理社会与环境问题（如配偶死亡、工作变动）。

轴Ⅴ：功能整体性评估，如GAF=55（目前），GAF=70（过去1年内最高值）。

形成诊断性分析

以下是建立诊断性分析并撰写分析性报告的五点指导性原则：

1. 列出所有症状与功能损害。要建立一个诊断，治疗师必须首先鉴别一大堆被认为具有临床意义的症状（Vace&Juhnke，1997）。症状群是指表征一种心理障碍的两个或两个以上症状的集合，如食欲不振、失眠、抑郁心境及郁郁寡欢（丧失愉悦感）等症状。根据DSM-Ⅳ TR，具有临床意义是指心理障碍导致了严重的症状性不适、残疾或功能损害，而且这些症状表现与常情相悖，亦不符合该个体的文化背景（例如，对爱人之死悲痛欲绝）。治疗师应寻找最符合来访者症状群的诊断类别，还应注意来访者整体功能损害的程度，是轻度、中度、重度还是极重度。显然，重要的是，治疗师应对各种症状群了然于心，这样才能在诊断过程中做到胸有成竹。

2. 比较DSM-Ⅳ TR的诊断标准，并注意鉴别诊断以及轴Ⅰ、轴Ⅱ的诊断标准与二者的区分。DSM-Ⅳ TR鼓励治疗师重视鉴别诊断的标准，而不推崇将大量可能的诊断一一罗列。而且，DSM-Ⅳ TR注重每一个诊断都应附有相应的详细分类，以期阐明这一心理障碍的当前或既往过程。某些轴Ⅰ诊断还注明心理障碍的亚型，如厌食症有两种亚型，禁食型与贪食型。有了分类亚型，DSM就可以准确地细辨各类障碍，以及如何根据诊断标准定义，标识每一种心理障碍。

3. 标明轴Ⅰ与轴Ⅱ诊断，如果可能，还应标明轴Ⅲ诊断。根据症状群与特定心理障碍的特定诊断标准，做出一个最适合的轴Ⅰ与轴Ⅱ诊断。

4. 补充其他轴的信息；尤其应指明轴Ⅳ诊断，并确定轴Ⅴ诊断的GAF评分。如前所示，GAF是非常重要的，能对症状与功能损害的整体进行评定。DSM-Ⅳ TR还给出了另外三个任选量表：防御功能量表、关系功能整体性评估量表（GARF）、社交与职业功能评估量表（SOFAS）。以上四个量表都非常有用，评定范围包括诸如工作、亲情及社交等方面的功能。这些量表是由治疗师评定的。而非由来访者自我评定。防御功能量表提供了应对策略方面的相关信息，反映出来访者适应水平的优劣。这些信息对了解来访者的工作环境很有帮助。GARF对于监测亲密关系功能格外有用，SOFAS则特别关注工作与社交能力。

5. 撰写整合所有五个DSM轴的诊断性分析报告。某些培训项目要求学员对诊断性分析的依据提供一份简要的书面说明。写明哪些症状符合某一特定的轴Ⅰ诊断标准。然而，对于日常的临床实践而言，使用五轴诊断系统进行临床诊断分析就已经足够了。

6. 增加一个文化性分析报告。文化性分析是对文化因素与动力学的系统性审视，在“社会史与文化因素”中已述，此分析对治疗进程会有所影响。某些治疗师发现，对诊断性分析附加一个额外的注解非常有用。此注解也就一两个句子，包括以下内容：（1）来访者的文化身份；（2）对来访者处境的文化解释；（3）影响来访者功能水平与支持系统的文化因素；（4）也许会影响医患关系的文化要素（GAP，2002）。

临床性分析

临床性分析是根据一种特定的理论取向整理案例资料的方式，如心理动力学式、认知行为式、阿德勒式、生物学式、生物—心理—社会式或整合式取向。借此，它对来访者特定症状或症状群、损害程度及人格模式为何得以形成，以及此模式为何得以保持等问题给予一定的理论解释。相应地，临床性分析报告就可以从许多理论取向的角度来撰写，包括心理动力学取向、认知行为学取向、阿德勒理论取向、生物学取向、生物—心理—社会取向或整合性取向。

生物—心理—社会取向是一种整体的、系统的理论取向，被用来理解个体与影响其健康与疾病的内外系统的相互作用关系。尽管这种综合性模式有着悠久而古老的历史，然而直到最近，在乔治·恩格尔（George Engel）的经典论文发表（1977）之后，它才获得广泛认可。生物—心理—社会取向仅仅是一个概念，它包罗了影响个人整体以及导致其健康或心理状态改变的所有因素。因其整体性与综合性，此模式有别于单一的理论取向，如系统模式、生物医学模式、心理动力学模式、行为主义模式等。生物—心理—社会取向并没有多少自己特定的术语，相反，它整合了一些从这些模式中抽取的概念（Sperry，1988，2001）。生物—心理—社会取向提出，治疗师只有考虑了来访者功能的方方面面（生物或生理的、心理的以及社会的），才能对这一个体有足够的理解。

与本书推崇整合取向的观点相一致，本章将重点介绍整合性临床性分析的形成。下文将简要介绍临床性分析中常见的6种理论取向。

心理动力学式分析

心理动力学理论认为，心理病理源于内心冲突、心理发育阶段固着或歪曲的客体关系。因此，症状可被理解为无意识过程和神经症性人格结构的具体化。其治疗包括解决这些冲突、增强自我，以及修正人格结构。

认知行为式分析

认知行为理论认为，心理病理起因于厌恶性事件或歪曲的思维与错误的认知模式，并经强化而保持。因此，症状可被理解为适应不良性行为模式或歪曲的思维与错误的认知图式的具体反映。其治疗主要针对具有因果关系的特定症状与适应不良性行为或思维。

生物学式分析

生物学理论认为，心理病理源于心理生理方面的失衡与改变。因此，症状可被理解为潜在的心理生理失衡的外在表现。治疗旨在纠正这种失衡或补偿这种失衡带来的影响，通常采用药物治疗（要求疗效较好而副作用最少）。

社会学式分析

这是一种涉猎较广的理论取向，包括一系列广泛的因素，如人际关系、家庭系统动力学、社会经济地位以及文化价值等。此理论认为，心理病理源于忽视、隔离、贫穷、偏见、权力及控制、人际界线冲突、亲密关系冲突或社交技能匮乏等适应不良性模式。因此，症状可以是一种或多种因素的交互影响。治疗则可应用多种形式的干预措施，从社交技能训练到建立有效人际交往与培植公平，直至教育和消除贫穷与偏见，不一而足。

阿德勒式分析

阿德勒理论认为，心理病理源于个体一方面努力寻求归属感与生活的意义，另一方面因家庭环境的影响而逐渐形成错误的生活方式（即错误的信念和适应不良的自我观和人际交往观）。因此，症状是在面对错误信念和努力失败时，个体维护自尊的产物。其治疗包括纠正这些错误信念和增强社交兴趣与归属感。阿德勒理论取向，也许是所有单一传统理论取向中最具整合性的。

整合式分析

整合取向也被称为生物—心理—社会取向，因其强调三组维度：生物学、心理学（包括某些心理动力学、认知行为学及阿德勒主义的观点）及社会学。此理论认为，心理病理是当应激源影响个体生物、心理与社会文化易感性和应对资源时，个体对之做出的复杂而整体的反应。因此，症状可被理解为个体奋力应对挑战和利用资源应激时表现出来的缺陷。治疗则定位于改善症状，以及提高个体的生活功能水平，经常采用与个体需要、期待及应对资源相匹配的多模式治疗方法。

谨向读者推荐：（1）斯佩里等人的著作（1992），它介绍了四种临床性分析（心理动力学式、认知行为式、生物学式、生物—心理—社会式）的治疗细节，并有详细的病案示例；（2）丁克迈耶（Dinkmeyer）与斯佩里的合著（2000），它介绍了阿德勒式临床性分析的治疗细节。

形成临床性分析

形成临床性分析具体指导原则有以下几项。

1. 标明相关的心理因素。撰写简短的心理学分析。在注意来访者主诉、既往精神病史和（或）酗酒与物质滥用史（AODA）、发育史及人格问卷评估结果的同时（参见第四章），思考来访者的人格、应对模式与内外应激源，推测各种心理因素（如心理冲突、歪曲的客体关系、适应不良性行为、适应不良性信念与思维模式等）对来访者的症状与功能损害有何影响，以及如何影响。然后，归纳概括这些心理性分析，撰写一则简短的分析报告。

2. 标明相关的社会因素，包括文化与家庭动力学。撰写简短的社会学分析。在注意来访者社会史的同时（参见第四章），思考来访者的社会背景与外在应激源，推测各种社会因素（如家庭动力学、排斥、隔离、贫穷、偏见、人际界限冲突、权力与主宰、亲密关系冲突、社交技能缺陷等）如何影响来访者的症状与功能损害。如果可能，归纳概括这些社会性分析，撰写一则简短的分析报告。

3. 如果可能，标明相关的生物因素。撰写简短的生物学分析。在注意来访者健康史与健康行为、主诉（即症状的急慢性与严重性）、精神状况和家族精神病史的同时（参见第四章），思考生物因素［如遗传、身体素质、处方药或非处方药与维生素、物质滥用（包括酒精、毒品、咖啡因、尼古丁）等］引起或加重来访者症状的可能性。如果可能，归纳概括这些生物性分析，撰写一则简短的分析报告。

4. 撰写整合性分析报告。该报告应整合以上所有方面的简短分析。列出影响来访者症状与功能损害的各种生物、心理、社会因素及动力学分析。按影响大小，将各种因素排序。找出这些因素间的相互作用。然后，将这些因素与动力学分析整合起来，撰写一则综合性分析报告。

治疗性分析

治疗性分析为治疗干预和预期疗效勾勒出了框架图。我们暂且假设治疗师已经探询出来访者的治疗期盼，这包括来访者希望得到什么样的结果、对其承担治疗角色与责任有何期待，以及对其与治疗师的合作程度有何期待。我们也暂且假设治疗师与来访者已经彼此协商形成了一个大概的治疗性分析，即它能反映出总体的治疗目标，双方已经达成共识。例如，当来访者离家外出时能控制焦虑情绪而无惊恐发作，即终止治疗，这表明双方都认可已经取得治疗效果。

在对总体目标和疗效取得一致性认识之后，双方就有可能制订一个具体的治疗计划，包括有针对性的治疗目标和具体的干预策略与方法。具体的干预措施对于来访者而言必须是切实可行的，当能详细列出具体而精确的治疗步骤时，有针对性的目标便唾手可及了。如：在下一次访谈前与某位同事交谈；将愤怒爆发的次数由每周4次减为1次；每天花20分钟独自阅读或欣赏音乐。以这种方式将唾手可及的目标和步骤具体化，它们就变成了咨访双方在治疗期间需共同完成的任务，治疗师也据此给来访者分配家庭作业。

形成治疗性分析

形成治疗性分析的指导性原则：

1. 标明基于诊断性的、临床性分析的、有针对性的心理学治疗目标，然后指出达到这些目标将采取的治疗干预措施。心理学治疗目标经常是矫正靶症状或技能缺陷，比如，当缺乏决断力是靶症状时，治疗目标也许被定为增强决断性沟通能力，而有针对性的干预措施也许就是决断训练。

2. 标明基于诊断性、临床性分析的、有针对性的社会学治疗目标，然后指出达到这些目标将采取的治疗干预措施。社会学治疗目标经常是矫正靶症状或技能缺陷，比如，当工作应激是靶症状时，治疗目标也许被定为减轻工作应激，而有针对性的干预措施也许就是职场适应训练。

3. 标明基于诊断性、临床性分析的、有针对性的生物学治疗目标。然后指出达到这些目标将采取的治疗干预措施。生物学治疗目标经常是矫正靶症状或技能缺陷，比如，当抑郁症状是靶症状时，治疗目标也许被定为缓解抑郁症状，而有针对性的干预措施也许就是转诊进行医学评估。

4. 整合以上各项目标（干预措施），撰写整合性的治疗分析报告。该报告将心理学与社会学治疗目标与干预措施整合在一起，如果可能，还应整合生物学治疗目标与干预措施。

临床示例：胡安的案例报告——案例分析部分

诊断性分析

诊断性分析包括以下五轴：

DSM-Ⅳ TR诊断

Ⅰ. 抑郁症，单相性，中度（296.22）

伴职业问题（V62.2）

Ⅱ. 强迫性人格障碍（301.82），带有回避特征

Ⅲ. 中度肥胖

Ⅳ. 有限的支持系统，工作应激源

Ⅴ. GAF= 45（本次评估）

GAF= 69（过去12个月内的最高值）

文化性分析

胡安自认为是美国的第三代西班牙裔居民，尽管会说两种语言、受两种文化熏陶，但是无论在社交上还是在专业上，他都受西方主流文化影响更大。而胡安的父母与波多黎各人团体联系紧密，他们是胡安支持系统的一部分。文化对胡安释义性模式的影响，即便有，似乎也是微乎其微的，而文化因素对其功

能水平的影响也似乎不大。胡安与高加索裔治疗师之间的关系，也并未受到文化动力学的负面影响。

临床性分析

以下是对胡安的临床性分析：胡安一直很在意别人的观点。他的外表，尤其是肥胖，使他常常成为同伴们冷嘲热讽的对象。他还受到父母的严厉训诫，他们禁止他与外人讨论重要问题。对于陌生或亲近之人，他均刻意与之保持一定距离。据推测，他也许预期会受到他人的反对与批评。在他眼里，别人都是挑剔而严厉的；而且他确信，在别人眼里，自己是软弱无能的。因此，他难以对他人表示亲热与信任，并通过迟到、取消约会或失约来检验他人的可信任度。他缺乏与新朋友或陌生人结交的社交技巧，社交网络局限——他是个居家之人，他的大部分时间都用于独自读小说、看电视或听音乐——更进一步导致了他与世隔绝的生活方式，这种隔离也加深了他对自己、对世界、对他人的看法。除了亲密关系与社交关系，在处理工作中的人情世故方面，胡安的功能属于中等偏上。他承认自己患了中度抑郁，并愿意接受药物与心理联合治疗。考虑到他也许很难接受被转诊到陌生医生那里做医学评估，而且他也不认识任何精神科医生，所以，建议他请家庭医生做医学评估。胡安似乎并不特别具有心理领悟能力，而且在决断性交流、信任与交友方面的技巧也处于中度缺乏状态。根据其强迫性人格结构，可以预测，他很难与治疗师讨论私密性问题，而且可能出现避重就轻、回避情感、考验和激惹治疗师等现象。然而，他在改变行为方面有过成功经验，戒烟至今约三年半。他的支持系统包括与堂兄偶有联系，此外，他还有一条宠物狗。

治疗性分析

制订一个有针对性的治疗计划。这个计划详细列出了许多治疗目标，包括改善症状、增加信任、适应工作环境、返回职场。

有针对性的治疗目标

生物学目标

· 减少或消除抑郁症状

心理学目标

· 减少害羞

· 增加信任

· 加强决断性交流

社会学目标或关系目标

· 减少害羞并提高交友技巧

· 减少工作应激源

· 返回职场

· 扩大社会支持系统

为了便于达到预期疗效，订立治疗目标的原则是：治疗作用最大化，以往积习最小化。双方达成初步的治疗协定，即进行8次个体访谈，每次45分钟，联合药物与短期心理治疗。访谈目的在于减少症状、返回职场。

抑郁症状的生物学指标最早得到解决。从胡安对其疾病的释义性模式及其治疗期待可知，他适合药物治疗。于是治疗师将之转介给其喜爱的家庭医生，而非不认识或不太信任的内科医生（如精神科医生）。对于像胡安这类过于谨慎的人，将之转介给一个值得信任的医生，这本身就很容易产生安慰效应。

治疗师与家庭医生取得联系，双方联手合作。治疗师建议家庭医生注意药物副作用对服药依从性的影响。药物治疗开始后，并未在胡安身上发现明显的药物副作用。10天内，胡安的睡眠状况与精力均逐渐恢复如常。

因为工作环境应激源诱发了胡安的症状，所以，如果不对其工作环境进行适当调整，很难使胡安重返职场。美国残疾人法案（ADA）中有一醒目的条款：雇主必须适当照顾雇员的残疾。胡安所表现出的情况属精神残疾，这就要求治疗师与胡安的上司商榷。获得胡安的签名授权后，治疗师即与其上司取得联系，讨论有关工作应激、同伴支持与可能的工作调整等问题。上司了解到胡安需要熟悉而可信的社会支持，并表示可以派一名以前的同事与胡安一同调往那个分公司。

至于其他社会学与心理学目标，治疗师与胡安一致同意：社交技能训练性团体治疗也许是增强信任感、减轻社交隔离的最佳选择。考虑到胡安的回避模式可能会对他加入并坚持团体治疗带来困难，治疗师计划：作为加入团体治疗的过渡，先进行个体访谈；进入团体治疗后，即减少个体访谈的频率，也许可以先每个月一次，而后再两个月一次，个体访谈的重点放在坚持遵嘱服药上。

个体访谈仍在继续，但逐渐过渡到短期团体治疗，重点在于发展其社交技能。可以预测，胡安将考验个体治疗师与团体治疗师是否可信并且检验他们是否对之苛求。在整个治疗过程中，两个治疗师一直都既留意治疗的有利因素（成功戒除尼古丁、与堂兄和宠物的关系、团结同事），亦留意可能阻碍治疗的积习。当胡安的抑郁症状有所改善，药物调整至维持量后，个体治疗师即着手准备将之过渡到团体治疗。由于对团体治疗过程持恐惧与矛盾心理，胡安同意治疗师的建议：与社交技能训练团体治疗师先见一面。于是，当个体访谈进行到第5次时，治疗师在向胡安简要介绍团体治疗师后，他们便开始讨论三方治疗协定。三方均同意：胡安在每周一次参加团体治疗的同时，继续接受每周一次的个体访谈。假设一切进展顺利，个体访谈可减至每月一次。

团体治疗师随后与个体治疗师进行了讨论，结果认为：胡安不具有投射性认同与分裂这两种防御方式问题，但他将可能会难以一如既往地积极参加团体活动并完成家庭作业。个体治疗师同意，在同时进行的个体访谈中鼓励并支持胡安倾心投入团体治疗。最后，在第三次团体治疗后，个体治疗由每周一次减为每月一次。

案例注释

值得注意的是，诊断性分析包括轴Ⅰ诊断：抑郁症伴职业问题。读者将发现，案例分析的三个维度之间保持高度的一致。生物因素（抑郁）和社会因素（职业问题）在临床性与治疗性分析中都有反映。临床性分析是一个结合各种要素的整合式分析，包括生物学取向、阿德勒理论、社会（家庭系统）取向以及认知行为理论。最后，治疗性分析明确治疗目标应针对来访者基本的症状与技能缺陷，而后者正是导致其功能损害的罪魁祸首。

形成诊断性、临床性、治疗性案例分析

尽管案例分析过程对于实习治疗师而言似乎可望而不可即，但它是心理治疗必不可少的技能，它会随着实践与经验的积累而不断发展、完善。为了帮助您学习该技能，或使之更加炉火纯青，我们将形成案例分析的指导性原则，并以表格形式概括如下。表5.3、表5.4、表5.5分别列出了形成诊断性、临床性、治疗性案例分析的步骤。

表5.3　诊断性案例分析的形成

形成诊断性分析报告的步骤
1. 列出来访者的症状并标明其功能损害的程度。
2. 将这些症状或损害与DSM-Ⅳ轴Ⅰ、轴Ⅱ的专项诊断标准相对照。
3. 标明轴Ⅰ与轴Ⅱ诊断，如果可能，还应标明轴Ⅲ诊断。
4. 标明轴Ⅳ诊断，并确定轴Ⅴ诊断的GAF评分。
5. 撰写整合所有DSM轴的诊断性分析报告。

表5.4　临床性案例分析的形成

形成临床性分析报告的步骤
1. 标明相关的心理因素。撰写简短的心理学分析。
2. 标明相关的社会因素，包括文化与家庭动力学。撰写简短的社会学分析。
3. 如果可能，标明相关的生物因素。撰写简短的生物学分析。
4. 整合以上所有方面的简短分析，撰写一份整合性分析报告。

表5.5　治疗性案例分析的形成

形成治疗性分析报告的步骤
1. 标明基于诊断性、临床性分析的心理学治疗目标。然后指出达到这些目标将采取的治疗干预措施。
2. 标明基于诊断性、临床性分析的社会学治疗目标。然后指出达到这些目标将采取的治疗干预措施。
3. 标明基于诊断性、临床性分析的生物学治疗目标（如果可能）。然后指出达到这些目标将采取的治疗干预措施。
4. 整合以上所有治疗目标和干预措施，撰写一份整合性的治疗性分析报告。

练习5.1

该练习让你体验一下将来访者的大量信息分门别类，并深谙其义，以便从中导出案例分析。我们建议你利用练习4.1与4.2所收集的来访者信息进行本练习。根据表5.3、表5.4、表5.5所提供的指导性原则，分别形成三份书面报告：诊断性案例分析、临床性案例分析、治疗性案例分析。诊断性案例分析应包括一个五轴的DSM-Ⅳ诊断，如果你标明了轴Ⅰ诊断，还应附一份简短的书面说明，指出符合哪些诊断标准。（如果轴Ⅰ诊断的标准不够充分，请标明代码与名称："V/1.09无轴Ⅰ诊断或条件"）。在随后做临床性分析时，你也许会选择任何一种单一的理论取向，如心理动力学或阿德勒理论；抑或会尝试做一个整合性的临床性分析。当然，这需要你掌握充分且必要的动力学资料。最后，草拟一则治疗性分析报告。你最后得出的结论也许是：来访者并不具备接受正规心理治疗的指征。即便如此，你的治疗性分析也应列出一些有针对性的治疗目标。在进行该技能练习时，你应清楚：你所做的分析性报告属于机密文档。你的指导老师会与你讨论保密性问题，并教你如何与来访者讨论这一内容。后者是技能练习5.2的重点。

练习5.2

该练习让你体验如何探询来访者的自我分析，以及如何与来访者协商达成一个双方一致的案例分析。我们建议你仍与练习4.1与4.2的"来访者"结对。该练习用时约60分钟，两次访谈，每次各占30分钟，一次你扮演治疗师，另一次你扮演来访者。你已经探询出了来访者的主诉及其对症状与功能的描述，此时的任务是：探询其释义性模式和治疗期待（参见第四章），该任务仅需5—10分钟即可完成。余下的时间，你首先应向来访者扼要介绍临床性分析的要点，并讨论它与来访者释义性模式的异同；然后，向来访者扼要介绍治疗性分析的要点，并讨论它与来访者治疗期待的异同；最后，与来访者协商达成一个双方均认为言之有理、均能欣然接受的案例分析。

小结：关于案例分析的几点思考

本章讲述案例分析的几大要素，指出咨访双方均会对案例做出各自的分析，而一个优秀的治疗师会追求获得一个双方协商一致的案例分析。在讨论诊断性、临床性、治疗性案例分析之前，我们首先简要回顾了一下DSM-Ⅳ TR。对于形成三类案例分析的指导性原则，本章都逐一有所阐述，并沿用前一章节所介绍的心理治疗案例加以示例。本章的主旨在于阐明案例分析，尤其是治疗计划要素，这是当今治疗师必备的一大关键技能。目前，一个严峻的临床现实不容忽视，即一个言之有理的治疗计划往往会获得治疗认可，反之，则难偿所愿。此外，充分的案例分析还会为获得良好的疗效打下坚实的治疗基础。

参考文献

American Psychiatric Association (2000). Diagnostic and statistical manual of mental disorders, fourth edition, text revision. Washington, DC: American Psychiatric Association.

Engel, G. (1977). The need for a new medical model: A challenge for biomedicine. Science, 196: 129-136.

Group for Advancement of Psychotherapy (GAP). (2002). Cultural assessment in clinical practice.Washington, DC: American Psychiatric Press.

Dinkmeyer, D. & Sperry, L. (2000). Counseling and psychotherapy: An integrated, individual psychology approach (3rd ed.). Upper Saddle River, NJ: Prentice-Hall.

Sperry, L. (1988). Biopsychosocial therapy: An integrative approach to tailoring treatment. Individual Psychology, 44, 225-235.

Sperry, L. (2001). Biopsychosocial therapy with individuals and couples: Integrative theory and interventions. In L. Sperry (Ed.). Integrative and biopsychosocial therapy: Maximizing treatment outcomes with individuals and couples (pp. 67-99). Alexandria, VA: American Counseling Association Books. Press.

Sperry, L., Gudeman, J., Blackwell, B., & Faulkner, L. (1992). Psychiatric Case Formulations. Washington, DC: American Psychiatric Press.

Vace, N. A. & Juhnke, G. A. (1997). The use of structured clinical interviews for assessment in counseling. Journal of Counseling and Development, 75, 470-480.

第六章
功能性评估与连续性评估

诚如我们在第四章所言，三种类型的评估，标识出心理治疗评估在目前时代的特点。评估贯穿于整个心理治疗过程。第一种类型的评估即诊断性评估，我们已在第四章做过阐述。另外两类评估，即功能性评估与连续性评估，是本章讲述的重点。

本章内容概要

1. 从疗效研究的角度，简要论述功能性评估和连续性评估；介绍一些基本术语。

2. 纵览心理治疗全过程，包括心理障碍的自然进程，以及心理治疗后的康复进程。

3. 三种类型的症状与六个方面的生活功能和功能损害。

4. 功能性评估技能。

5. 连续性评估技能。

6. 以一个具体的心理治疗案例为例，介绍如何应用功能性与连续性评估。

卫生保健服务、疗效与评估

如今，卫生保健服务机构、保险公司、政府以及其他第三方付费机构，均要求医疗报销应有据可循。这意味着心理治疗师及其他卫生保健人士应为治疗效能与合理收费提供适当的依据。因此，具备功能性评估与连续性评估的能力，对治疗师来说就显得格外重要。

如我们在第四章所述，功能性评估是指对个体的症状性或临床性不适以及功能损害的类型与水平进行评估。也许对功能性评估更完整而精确的称谓应是“临床与功能评估”，但为了方便起见，我们将之简称为“功能性评估”。目前，行为保健服务机构（MBHOs）以所谓医学必需（medical necessity，亦称“治疗必需”，treatment necessity）作为认可诸如心理治疗等行为保健服务的基础。关于心理治疗，医学必需即意味着“对于满足个体的健康需要而言，心理治疗是恰当且必需的，并与卫生保健服务的诊断和临床标准相符合”（NCQA，1998）。MBHOs极力推崇功能性评估，那是因为他们认为，卫生服务的适切性应根据来访者功能恢复的水平来衡量。因此，心理治疗服务的范围局限于功能恢复（restoration of functionality），这实际意味着心理治疗的目标仅限于：（1）缓解症状；（2）减轻功能损害。如此一来，更为注重个人成长的治疗目标，如完满状态、个性化、个人成长、自我实现与灵性的统一，就理所当然地被视为与医学必需这一标准背道而驰的，这类治疗也因此而不能获得医疗保险偿付。

第四章还提到连续性评估，它是指在整个访谈期间对来访者的重要功能进行定期而规律的评估。无论何种主诉或诊断，均可一视同仁地采用该评估类型，其目的在于监测治疗过程中的进展。应该补充说明的是，连续性评估与“同步疗效评定”和“疗效评定”同义。

下面扼要介绍一些与疗效和疗效评定相关的常用术语。

临床疗效（clinical outcomes）：描述症状或症状性不适的转归。

功能疗效（functional outcomes）：描述来访者自我管理、亲情、家庭、工作、健康与社交等方面功能的转归。

疗效评定（treatment outcomes measurement）：在特定时间段，对临床疗效与功能疗效进行量化，如对焦虑症状与工作、亲情和社交功能进行量化，亦被称为功能性评估。

疗效监测（treatment outcomes monitoring）：在整个治疗期间对疗效进行监测，以评估心理治疗或其他行为治疗的总体作用，目的是指导治疗进程中的治疗决策，使之最优化。形式可以灵活多样，如连续监测（每一次访谈测定一次）或阶段性监测（每三次访谈测定一次）。疗效监测亦被称为同步疗效评定和连续性评估。

疗效管理（treatment outcomes management）：利用疗效监测所获得的信息指导治疗，以提高治疗的总体效果与效能，为治疗师或来访者提供治疗概况，或使他们可以结合实际情况进行整体调整。

治疗过程：由始至终

心理障碍的发展遵循一定的规律，根据持续时间与严重程度，呈现出自然而可预期的过程。譬如，未经治疗的中度抑郁患者，症状可能会持续4～9个月。然而，采用适当的临床干预如药物和（或）心理治疗后，抑郁的发展过程常常限制在2个月左右。了解心理障碍的自然进程与治疗后的变化，不仅有助于理解治疗过程，还有助于理解三种评估类型的作用与价值。

心理障碍的自然进程

对于典型的行为问题，心理变化的自然进程常遵循可预期的发展轨迹。首先，个体的一个或多个方面的生活功能开始降低，同时，出现轻微症状与不适。此时个体会竭尽所能，试图应对这些变化。尽管屡战屡败，每况愈下，但个体仍负隅顽抗。一旦个体的应对资源耗竭，其生活功能将会一落千丈，随即出现症状急性发作，使其原本消沉的意念雪上加霜。之后，面对持续的应对失败，其会转而进入病人角色，往往开始寻求帮助（Frank & Frank，1993）。通过寻求专业帮助，个体确认自己的病人角色并理所当然地为自己冠上“病人”的称谓。通过确立病人角色，患者可不同程度地推卸个人责任。在西方社会，人们约定俗成地允许患者在康复后的短期内维持病人角色，而后才渐渐回归以往的生活。图6.1描绘了心理障碍的普遍进程，以及未经任何治疗时的自然康复过程。

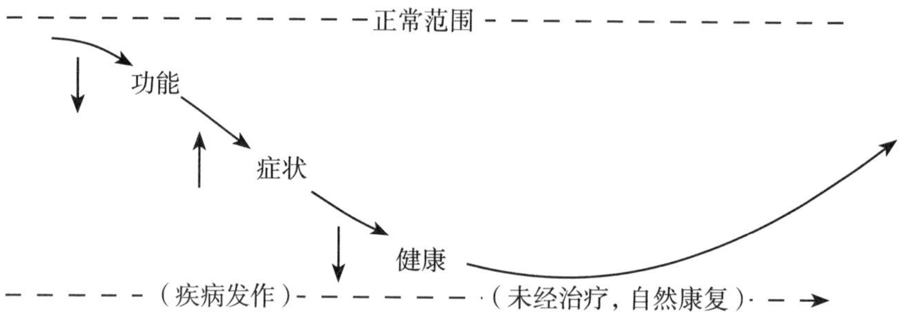

图6.1　心理障碍的自然发展轨迹

临床治疗进程与康复过程

应用心理治疗或其他临床干预措施有可能提高康复效率，或者说与不予治疗相比，其康复周期将会缩短。记住，一旦寻求专业治疗，病人角色就合法化了。随着症候群减少与功能回归，患者的希望将大大增强，康复也就水到渠成了。肯尼斯·霍华德（Kenneth Howard）将此痊愈序列依次命名为重新振作（remoralization）、矫正（remediation）、康复（rehabilitation）。他称这种可预期的、序贯性的康复过程为阶段理论模式（Phase Theory model）。

许多抑郁性与焦虑性障碍的自然进程约为4—9个月，也有的长达12个月。如病人角色持续更长时间，往往预示患者的病情复杂，看护者与医疗人员常常把这看作功能的残疾倾向。在这种状态下，患者的健康指数、情绪状态均无明显好转，治疗很难奏效。患者的症状持续存在，各项功能均偏低。图6.2描绘了典型的疾病进程与治疗进程。在此例中，治疗是成功的。

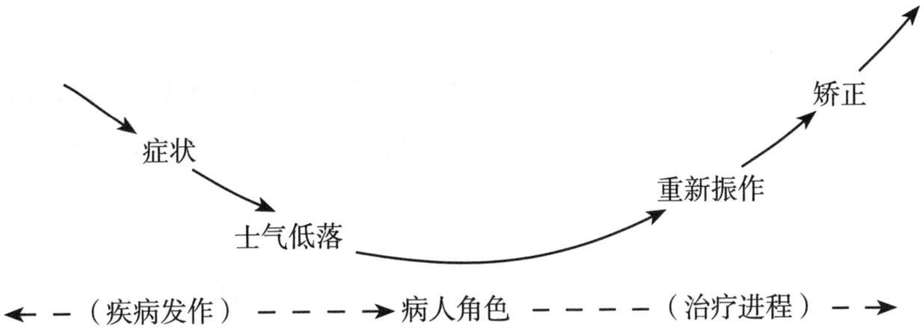

图6.2　心理障碍进程与经治疗干预的康复过程的发展轨迹

成功的临床干预常常产生积极的疗效，最显著的疗效就是康复，但也可能存在其他治疗结果。图6.3展示了心理障碍经临床治疗干预后出现的三种不同的发展轨迹。上行斜线表示可预期的成功治疗进程，我们可以称之为A型轨迹，这表示在连续性评估或追踪时可以发现症状有好转。水平横线表示没有或几乎没有可观察到的临床改变，未见症状减少或功能回归，我们可以称之为B型轨迹。下行斜线表示来访者不进反退，这意味着来访者的健康指征和生活功能评分下降或症状增多，我们可以称之为C型轨迹（Sperry，Brill，Howard & Grissom，1996）。

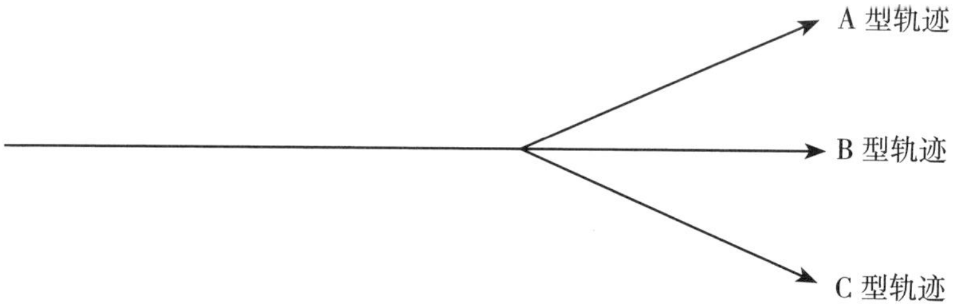

图6.3 临床干预后的三类发展轨迹

功能性评估

如前所述，功能性评估意指对来访者症状性不适（symptomatic distress）和功能损害（functional impairment）的类型与程度的评估。接下来我们将对症状征象与类型，以及生活功能的各个方面进行更详尽的介绍。

症状的征象

症状是一种比较复杂的现象。众所周知，不同的个体，即使患同一种症状，也可能会有迥然不同的体验。症状有不同的征象，人们可以根据其特征将它们划分为不同类型。症状常伴有一定诱因，并且意义也常常各不相同。

许多具有长期、慢性行为障碍的来访者会产生令人痛苦的烦躁不安、焦虑及其他症状。通过症状的征象与类型来区分症状是很有意义的。所谓征象，是指症状以何种方式表现出来；所谓类型，则指症状的强度、性质与持续时间。例如，症状表达有三种不同的方式或征象：生物性、认知性、行为性。

- 生物性征象（biological manifestation）：心跳加快、换气过度、颤抖。
- 认知性征象（cognitive manifestation）：闪回、多疑、多虑、自责。
- 行为性征象（behavioral manifestation）：回避、攻击、缺乏决断。

症状类型

类似地，症状也有三种类型：急性、迁延性、急进性（Sperry，1995）。

急性症状（acute symptoms） 症状势不可挡地全面爆发，预示急性失控状态的出现。这种爆发如此强烈，以至于影响正常功能，通常令人无法忍受，急速深陷痛苦。此时若试图转移注意以挣脱苦海常常是徒劳的。急性发作的痛苦程度多半处于中重度至极重度范围。例如，轻度头痛的患者也许可以忍受疼痛，且功能正常，但是严重偏头痛或簇发性头痛的患者则根本无法忍受，功能丧失殆尽。

迁延性症状（persistent symptoms） 迁延性症状是指症状呈慢性发展，痛苦尚可忍受，功能轻度受损，通常药效甚微。迁延性症状类似于上述例子中的轻度头痛。然而，由于症状持续存在或陆续发作，所以患者会对治疗丧失信心，他们会误以为治疗无望，自己将永无宁日。因此，许多慢性精神疾病患者，诸如症状持续两年或以上者，常常对自己的状态心灰意冷。迁延性症状患者以前多半殚精竭虑地寻求各种药物治疗，但屡遭失败，因为药物对于此类症状收效甚微，所以应该尝试其他治疗措施。慢性疼痛是一种迁延性症状。幸运的是，人们对慢性疼痛的治疗现已取得显著成效。在这种治疗过程中，努力矫正个体的消沉心态，提高个体的健康意识与功能水平，是极其有用的。简言之，迁延性症状是可治的。

急进性症状（warning symptoms） 急进性症状是指症状强度不断加重，且预示将急性发作。表6.1对三种类型进行了比较。

表6.1　症状的类型

症状类型	症状表现	时限	强度	干预措施
急性症状	临床征象全面爆发，中至重度痛苦。	突然发作；往往出现于急进性症状之后。	非常强烈；功能显著受损。	药物、住院和（或）行为干预。
迁延性症状	症状与急性症状相同，但表现为亚临床征象。	进行性，持续不断。	强度较轻，也许轻度损害日常生活功能；经常出现功能残疾倾向。	转移注意力或其他行为技术。
急进性症状	心境、食欲、睡眠、思维、行为等方面的症状持续恶化。	在急性症状复发前持续几天或几周。	强度由低至高；若不治疗会发展为急性症状。	加大药物剂量或开始应用药物；危机干预技术。

Source：Adapted from Sperry，1995.

生活功能的类型与水平

区分症状与功能的不同具有重要的临床意义。不幸的是，DSM-Ⅳ的轴Ⅰ、轴Ⅱ、轴Ⅳ诊断标准均将症状与功能混为一谈，甚至轴Ⅴ，即所谓的整体功能评估（GAF）量表也不例外，这对临床治疗师开展工作极为不利。将症状与功能区别开来，其临床用处与价值不可估量。这有利于确定基本治疗重点。

区分功能状况或称功能水平与功能容量亦具有重要的临床意义。功能状况（functionalstatus）是指个体目前或实际的生活功能水平。一般以来访者自我报告或评定量表的方式对之进行评估。功能容量（functional capacity）是指个体最大或潜在生活功能水平的范围和上下限。例如，在治疗初期，重症抑郁兼回避型人格障碍患者与抑郁症不伴人格问题的患者在亲情功能方面具有显著差异，前者的功能状况与功能容量均较为低下，而后者的功能容量较高，只是目前的功能状况低下。在治疗开始后，后者的亲情水平有望升高。

临床治疗师发现有六个方面的生活功能具有临床意义，社会保障机构在社会残疾保险（SSD）评估中也恰恰应用了这六个维度，它们是：自我管理、亲情、家庭、社交、健康与工作。表6.2列出了这些功能维度的简要定义（Sperry et al.，1996）。

根据生物—心理—社会模式（biopsychosocial），其中一个维度（健康）反映了生物功能；两个维度（自我管理与亲情）反映了心理功能；剩下的三个维度（工作、家庭与社交）反映了范围较广的社会功能。如今，健康和工作功能与良好行为尤为相关，因为健康和工作功能与功能残疾倾向及回归工作等问题有最直接的关系。在西方社会，职业生涯与职业状况已经成为大多数人自我认同的首要因素以及自尊的主要来源。自我觉知的健康状况影响个体的健康感以及承担义务的能力，还反映出个体对残疾的态度。例如，两名中年男子，均为销售代表，均因抑郁住院10天。两人症状相似，住院期间均丧失工作功能。出院后，其中一人返回职场并很快恢复正常的职业功能，另一人则因拖延了上班而表现出工作或职业功能仍然较低。如果再有一段时间不工作，后者可能就会请求或被要求申请永久的残疾补偿。两人之间的显著差别在于功能残疾倾向（disability-proneness）的程度。这是一种心理易感性，常反映个人的自我评价，并因家人和其社会活动圈内的其他人而强化。

表6.2　生活功能维度

维　　度	定　　义
自我管理	来访者自我控制、自我概念与自我满意等方面的功能水平。
亲　　情	来访者与重要他人亲密关系的功能水平，包括对重要他人的支持与被支持感、履行应尽义务的能力、性功能。
家　　庭	来访者与家庭成员关系的功能水平，包括解决家庭应激与冲突、履行应尽义务、支持并受到其他家庭成员的支持。
健　　康	来访者健康习惯、个人清洁卫生、整体身体健康感等方面的功能水平。
工　　作	来访者工作（或学业）方面的功能水平，包括与同事和上司（或同学和老师）的关系、完成工作任务（或家庭作业）的能力等。
社　　交	来访者在社交与集体环境中的功能水平，包括与他人的关系、被支持感、履行应尽义务的能力。

Source：Based on Sperry，et al.，1996.

连续性评估

疗效测评对于心理治疗的循证取向至关重要。临床治疗师需要不断监测整个治疗的进程才能确保治疗有序发展。连续性评估，或称治疗监测，包括将近期的临床评估和功能评估与治疗初的评估做同质比较。此类评估可以采用自评或他评两种方式。

每一次访谈时，治疗师都必须准备评估以下几个方面：

- 精神状况，尤其是安全问题
- 健康状况，药物、补品与毒品使用情况
- 来访者应对资源，尤其是改变的意愿
- 功能状况，尤其是症状与功能
- 治疗进展，使“连续性评估”名副其实

前三个评估维度在第四章已有阐释，本章的重点在于后两个维度。练习

6.1对于如何进行功能性与连续性评估给予了具体指导。现在，让我们再次回到胡安的案例报告，以此例阐释两种评估方法。

临床示例：关于胡安的案例报告（续）——治疗进展

功能性评估

在临床评估方面，胡安估计自己前两周的抑郁症状可评为3分（“1分”表示最糟糕，“10分”表示最好，“5分”表示一般）。据他回忆，这是至今以来的最低分，他估计平时的抑郁心境约6—7分。

在功能评估方面，胡安给自己的功能状况评为3分，而在工作变动前，他在此项的评分高达6分。对于生活功能的六个方面，胡安的自我评定依次为（1—10分的量表，其中“1分”表示最低，“10分”表示最高）：自我管理4分；工作2分；家庭4分；亲情2分；健康3分；社交3分。对于心理健康感，他自评1分。

连续性评估

在第二次访谈后，治疗师记录胡安的治疗进展如下：

观察与评估　自胡安接受首次诊断性评估访谈两周后，他同意被转介给家庭医生L.温斯洛（L. Winslow）博士，对抑郁心境做医学评估。温斯洛博士的报告表明，他同意我的诊断印象，胡安确实患有抑郁症。他选用了赛利克进行药物治疗，每天20毫克，连用7天，此后调整为每天40毫克。胡安立即开始服药，至今已是第10天，未出现副作用。他报告，过去8天内睡眠佳，醒后神清气爽，自从服药并坚持每天散步以来，他的精力也大大增强，抑郁感减轻，过去两天内的抑郁心境可评5分。功能性评估依次为：自我管理6分；工作4分；家庭4分；亲情3分；健康6分；社交4分。对于心理健康感，他自评了8分，讨论了工作调整的作用。

评估　急性症状得到一些缓解；对药物与心理治疗的反应合乎情理。

计划　继续药物治疗；与胡安的上司电话联系，讨论工作调整问题。约定一周后再见。

在第三次访谈后，治疗师记录胡安的治疗进展如下：

观察　来访者报告，自上次访谈后（即一周前的访谈）有显著好转。他认为应归功于药物治疗、日常锻炼以及对工作满怀希望（听说下周一即开始调整工作），且未出现药物副作用。心境评估：6分。功能性评估依次为：自我管理6分；工作8分；家庭5分；亲情3分；健康8分；社交5分。对于心理健康感，他自评8至9分，并讨论了团体治疗设想。

评估　心境似乎回到基线水平，那是药物、锻炼、心理治疗与工作调整的共同作用。与首次诊断性评估相比，其工作功能有显著好转。

计划　继续药物治疗与体育锻炼；讨论转介给团体治疗。约定一周后再见。

案例注释

治疗师对症状与功能损害的类型与程度有清醒的认识。症状属急性类。治疗师敏感地捕捉到来访者工作功能评估的临床意义。还应注意的是，在三次访谈中，来访者均表现出症状与功能有所好转，体现了A型发展轨迹，并提示治疗性分析卓有成效。然而，若第三次访谈后进展停滞，聪明的治疗师也许应重新考虑治疗性分析是否恰当。

进行功能性与连续性评估

进行功能性与连续性评估有若干种不同的方式。本章只介绍了其中一种相当简单而直接的方法。它要求来访者自评症状或症状性不适的整体水平，以及功能或功能损害的整体水平。该评估法可以采取两种形式：书面报告或口头报告。我们发现，受训治疗师能很快掌握此种评估方法。在此，我们还是建议，治疗师最好口头探询来访者的自我评定，至少初学时应如此。表6.3提供了一份口头探询自我评定的表格。

表6.3　功能性评估表

症状与症状性不适										
心境量表										
以1～10分评定过去一周内你的总体心境水平："1分"表示你能想象的最糟糕的情绪；"10分"表示你能想象的最佳情绪；"5分"表示情绪一般。										
	1	2	3	4	5	6	7	8	9	10
焦虑量表										
以1～10分评定过去一周内你的总体紧张与焦虑水平："1分"表示你感觉快死了、心脏病快发作了或快疯了；"10分"表示你非常平静，一点也不焦虑。										
	1	2	3	4	5	6	7	8	9	10
功能与功能损害										
以1～10分评定过去一周内你在以下各方面的功能水平："1分"表示最低；"10分"表示最高。										
1. 家庭功能	1	2	3	4	5	6	7	8	9	10
2. 健康功能	1	2	3	4	5	6	7	8	9	10
3. 工作功能	1	2	3	4	5	6	7	8	9	10
4. 社交功能	1	2	3	4	5	6	7	8	9	10
5. 亲密性功能	1	2	3	4	5	6	7	8	9	10
6. 自我管理功能	1	2	3	4	5	6	7	8	9	10
心理健康量表										
以1～10分评定过去一周内你的总体心理健康感："1分"表示最糟糕；"10分"表示最佳。										
	1	2	3	4	5	6	7	8	9	10

练习6.1

此练习让你体验如何做一个功能性评估。我们建议你仍与完成第四章结构式诊断评估练习（技能练习4.1）时的同伴结对，应用功能性评估表探询来访者的症状与功能（表6.3），轮换扮演来访者与治疗师。治疗师请来访者对症状性不适及六个方面的生活功能做自我评定，并将评定结果记录在案例报告中（续技能练习4.1）。

小结：关于功能性与连续性评估

1. 你也许发现，从心理障碍的发作开始讲述治疗全过程，直至治疗与康复，既有趣又有益。除此之外，这种方式还可以帮助你更好地理解症状形成、功能损害与心理健康之间的关系，亦被称为“意志消沉——重新振作”过程。

2. 在讨论治疗与康复过程时，我们还介绍了三类发展轨迹：A、B、C。同时，相信你会联想到治疗进程（如治疗与康复过程）会受到若干因素的影响，其中包括既往精神病史与治疗反应、症状类型与功能损害水平、来访者应对资源、投入程度（如投入性参与程度）。过去，当治疗陷入困境时，治疗师也许会称来访者具有阻抗而将缺乏治疗互动归因于来访者的无意识过程，但这无论对来访者还是治疗师来说均于事无补。如今，新的观点出现了，它把治疗过程中的变化视为一种双方互动的结果。这种观点更细微、更明晰，使治疗师对治疗策略有更多选择的余地。例如，假如治疗师预期来访者的病程走势向下，即C型轨迹，那么，对于这类病人，严格的个案管理法就会比每周一次的传统治疗访谈更为有效。以此类推，若对B型轨迹的来访者应用新颖的多模式治疗，其疗效将无一例外地优于持续应用单一模式的治疗。

3. 为证明治疗的经济、有效，功能性评估与连续性评估成为必不可少的手段。这两类评估的具体形式灵活多样。在治疗工作中，一名优秀的治疗师可选择运用其中的某一种形式。本书仅仅阐述了其中一种相当简单的自我评定法，另附有一些标准化的疗效评定量表，如《PC指南》（Compass PC，Sperry，Brill，Howard & Grissom，1996）和《疗效问卷45》（Outcomes Questionnaire 45，OQ-45，Lambert & Finch，1999）。这两个评估系统从医患双方的角度探询临床和功能性评估与连续性评估。贝特曼（Beitman）和岳（Yue）还提供了一种较为灵活的方法来评估心理治疗结果。此种评估方法已被广泛用于心理治疗培训项目。

参考文献

Beitman, B. & Yue, D. (1999). Learning psychotherapy: A time-efficient, research-based, and outcomemeasured psychotherapy training program. New York: Norton.

Frank, J. & Frank, J. (1993). Persuasion and healing: A comparative study of psychotherapy (3rd ed.).Baltimore: Johns Hopkins Press.

Howard, K., Lueger, R., Maling, M., & Matinovich, Z. (1993). A phase model of psychotherapy: Causal mediation of outcome. Journal of Consulting and Clinical Psychology, 67, 678-685.

Lambert, M. & Finch, A. (1999). The outcomes questionnaire. In M. Maruish (Ed.). The use of psychological testing for treatment planning and outcomes assessment (2nd ed., pp. 831-870). Mahweh,NJ: Lawrence Erlbaum.

National Committee for Quality Assurance (NCQA) (1998). MBHO surveyor guidelines for the accreditation of managed behavioral healthcare organizations. Washington, DC: Author.

Sperry, L., Brill, P., Howard, K. & Grissom, G. (1996). Treatment outcomes in psychotherapy and psychiatric interventions. New York: Brunner/Mazel.

Sperry, L. (1995). Psychopharmacology and psychotherapy: Strategies for maximizing treatment outcomes. New York: Brunner/Mazel.

第四部分
干预

第七章
认知和行为干预

本章内容概要

1. 认知和行为干预在咨询中的作用。

2. 什么是认知重建，如何使用它，以及何时使用它。

3. 一些重要的行为干预，包括：

    a. 脱敏、暴露和放松技术；

    b. 社交技能训练；

    c. 模仿和行为预演。

认知行为干预：概述

许多治疗师根据思维、情绪、行为的变化来区分干预技术。本章将讲述如何改变观念（思维）和行动（行为）。多数认知重建法都起源于亚伦·贝克（Aaron Beck）。这些治疗的总体目标是识别非理性的或逻辑错误的思维模式，并通过直接讨论这些非理性思维而使之发生改变。不良的思维方式而非事件本身才是引起痛苦的原因。来访者必须能够识别出无效模式，学会更多适应性思维和应对策略，并且进行预演和练习。这些无效思维模式（通常被称为图式）非常普遍，影响着个体在不同情形下的反应状态。改变习以为常的无效模式之后解决具体问题就容易多了。

大多数行为方法都起源于条件反射和学习理论以及巴甫洛夫（Pavlov）、斯金纳（Skinner）和赫尔（Hull）的成果。其基本原理是要认识到不健康行为（神经症）是一种习得的结果，可以通过消退或新的学习来祛除。从理论上说，目前已有上百种改变行为的技术。

认知重建

可以说，认知与思维是等同的。认知重建法的主要目的就是帮助来访者认识自己的错误思维并加以改变。当人们处于焦虑或抑郁状态时，就会以消极的和自我谴责的方式看待事物。认知治疗师认为这种消极思维模式才是抑郁和焦虑的根源。例如，当你想起丧失的经历时，你会觉得悲伤和抑郁；当你感到面临危险时，你会觉得担忧和焦虑。反之，如果人们学会以更加积极和现实的方式来看待自己，就会增强自信。

在运用认知行为策略时，治疗师常把认知重建作为第一步。以下这些策略被用来帮助来访者：

1. 认识自动思维模式及其如何影响自己和他人。

2. 改变加工信息的方式和行为模式。

3. 学会改变对自己、他人以及对世界的看法。

通过这些方法，来访者学会了识别无用或无效的思维模式。大卫·伯恩斯（David Burns，1999）在他的重要著作《好心情》（Feeling Good）中列出了歪曲思维的主要形式。

1. 全或无思维：以绝对化、非黑即白的方式看待事情。

2. 过度概括化：认为消极事件将带来永无止境的失败。

3. 心理过滤：重视消极的一面，忽略积极的一面。

4. 低估正性信息：坚持认为自己的成就或积极品质是“微不足道”的。

5. 贸然做出决定：（A）读心术——没有确切的证据，而度他人之腹；（B）臆测未来——武断地预测事情将会变糟。

6. 最大化或最小化：对事情过分夸大或者不恰当贬低。

7. 情感推理：根据自己的情绪做出推论，如“我觉得像个白痴，我一定是的”或者“我不喜欢这样做，所以我不做。”

8. “应该”式陈述：用“应该”或“不应该”来苛求自己或他人。类似的用法有“必须”“应当”和“不得不”。

9. 贴标签：认定自己的缺点。如告诉自己“我是个愚蠢的人”或“一个傻瓜”或“一名失败者”，而不是说“我犯了个错误”。

10. 个人化和责备：你为某事责备自己，即使这件事并非完全是你的责任；或者你责怪他人，而忽略自己的责任。

一旦识别出这些思维，来访者需要明确这些思维是如何或何时出现的。通常这些思维自动发生，习惯成自然。

自动思维模式

如果人们感觉糟糕，那是因为他们使用了消极的方式来看待问题。正是这种思维使人感觉烦恼，而非事件本身。这种思维常常会不知不觉地自动产生，无论你是否健康。大多数时候，我们几乎不能意识到它们，但是经过一些训练，我们就能觉察这些（自动）思维，并在实际中进行改变。

教来访者学习情绪ABC理论（Ellis，1962）会很有帮助。这可以使他们理解思维的作用。A代表实际发生的事件；B代表你对事件的看法；C代表这种看法产生的结果，包括情绪和行为。例如：

A = 失去工作

B = 我不能做对任何事

C = 抑郁

如果你的观念B=“我的老板真是个笨蛋”，那么C可能是“愤怒”。如果你的观念B=“现在我可以上学，干我想干的事”，那么C可能就是“兴奋”。

治疗师面临的第一个挑战是帮助来访者认识自己的自动思维模式。唐·梅钦鲍姆（Don Meichenbaum，1994）建立了完成这项工作的五种方法。

1. 直接询问

这种方法即直接询问来访者困扰他们的想法和观念是什么。在访谈治疗中，这是最常见的方式。治疗师可以询问与会谈前、会谈中、或未来预期发生的事件有关的问题，并直接让来访者描述身陷困境时的想法。

“和她谈话时你有什么想法？”

“当时发生了什么事？我们现在讨论这件事时你有什么想法和感受？”

“当你设想明天同她讲话时，你会有什么想法和感受？”

也许有很多来访者难以回答以上问题，因为他们可能感到措手不及。通常，自动思维并非意识层面的想法，而是与代代相传的行为、思维模式相关的。这种思维模式常常是来访者自动化的，甚至毫无察觉的。治疗师应设法把这些模式呈现到来访者的意识层面，使他们得以认识，这样来访者就能重新看待问题，由此重塑生活。这对治疗师来说是一种挑战。

有些来访者比较喜欢了解自己的情绪，有些人则偏好检查思维方式，还有一些人倾向于检测自己的行动。在这一阶段，治疗师需要为来访者创造一个安全的环境，使他们能增强意识能力。治疗师必须小心谨慎，对这些模式进行质疑或挑战。在帮来访者增强意识能力的过程中，那些聚焦于情绪的问题将会有所帮助。可直接询问：

“你现在看起来（描述感觉，如生气，高兴，悲伤，狂怒……）。发生了什么事？”

“什么使你产生了这种感受？”

“当你有这种感受时，你是怎么想的？脑海中浮现出什么样的形象或画面？”

“当你那样说时，你感觉如何？”

再次强调，治疗师用亲近和安全的方式来表述这些问题是至关重要的。

2. 印象重塑

这种方法就是让来访者重新体验或回忆事件。首先要运用放松技术，然后要求来访者仔细回顾事情发生的经过。事情可以是积极的或消极的。阿德勒心理学应用这种方法来帮助来访者了解自己的行为模式。确切地说，所有的行为都是目标导向的，任何两种连续行为都是一种朝向目标的行动。这种方法可以帮来访者认识（或了解）那些看起来毫无意义或者无关紧要的行为。来访者一旦学会这种方法，就能在必要时反复运用，从而对自己的思维及行为模式产生更深的理解。他们将明白行为的由来并非出于偶然，实际上是有固定模式的。

“确切地讲，她对你说了什么？”

“你是怎样做出反应的？”

“你能以同样的方式，准确复述出来吗？”

“当你回答时有何感受？”

“接下来她做了什么，说了什么？”

“你的反应是什么？”

3. 给出建议

有些来访者无法想起他们对事情的印象，那么“给出建议”将会有所帮助。治疗师请来访者对遇到类似问题的人给出建议。为了这样做，来访者不得不猜测别人的想法和感受。治疗师还请他们评论他人在这种问题和情况下的各种想法和感受。接着治疗师与来访者讨论如何处理这种情况，并探讨为了达到预期效果所需要改变的思维、情绪和行为。

4. 自我监控

治疗师可以教来访者学会记录自己在困境中的思维、情绪和行为。这种方法不仅能提供有用的信息，还能帮助来访者通过做记录的方式来控制情境和生活。有些来访者很愿意坚持记录，还有一些来访者则较为被动。来访者将会明白日常记录的作用与治疗中的分析非常相似。通过独立完成记录，他们能增强自我效能感。来访者只需列出：（1）情景；（2）思维；（3）情绪；（4）行为和行动。

5. 处理思维和行为

首先，来访者要识别自己是如何加工信息的，这包括他看待事情的方式，比如选择性地关注信息（过去、现在、未来）。为了完成这项工作，来访者要演绎在其他情况下的想法和情绪。

“你在其他哪些场景中有同样的想法吗？”

治疗师在这个步骤中面临的第一个挑战，是必须使来访者明白一个人的核心观念如何影响了自己加工信息、建构生活的方式。治疗师可以通过词汇图像来举例，如帕迪（Padesky，1990）提出了“偏见”的比喻法。这种方法可以帮助来访者了解自己的思维方式，并理解认知重建法的本质内容。帕迪询问来访者是否认识一些怀有偏见的人（如种族和性别歧视），然后和他们讨论这些人的性格特征。他们探讨持有偏见者是如何倾向于选择性地关注信息、过度概括、忽视、歪曲、低估、刻板、排斥与那些先前观念不一致的信息的。来访者和治疗师一起探索使偏见者改变观念的方法。治疗师需指出人们倾向于以偏见的、歪曲的、或低估的方式形成核心观念，并和来访者一起讨论偏见对自己所造成的影响、成本和个人代价。

与之相似的一种方法是心理污染。这个方法可以使来访者了解思维过程通常如何受到自己意识外因素的干扰。治疗师把它比喻成物质污染，如放射性污染、氡污染、或废物污染等。正如我们的身体可能被有毒气体污染一样，我们的心灵也会受到偏见、惯性思维和成见的玷污。例如，父母、新闻媒体和教会都是影响我们的源头。此后，治疗师会教来访者学会如何对污染物保持敏感，如何形成过滤器以屏蔽污染物。通常，治疗师会运用上述方法把学习过程转变为具体的行为策略。

治疗师面临的第二个挑战，是帮助来访者在实际生活中停止自动化思维，改变自我信息的内容。许多人过分关注自我挫败思维，却不知道如何形成自我强化思维。改变核心观念和自动化思维需要一定的策略。有些观念很容易改变，有些却较难动摇，需要经过一段时间的努力。有些专家建议运用等级评定技术来确定一种观念的强度（Beck，1995）。治疗师先让来访者对旧有观念的强度进行评定，然后再评估新的观念。例如：新观念——金钱只是衡量成功的标准之一（75%）；老观念——我没有升迁到最高，所以我不是个成功者（55%）。

对百分比的意义没有硬性规定。一种观念不可能被完全消除，但通常得分低于30%就表示影响较小。这样通过强调分数的变化来增强自我强化思维，以此对抗自我挫败思维。这种自我强化思维体现在情景性自我应付和积极的自我指导过程中。

快乐四步法

快乐四步法是一种综合使用识别过程的方法（Burns，1999）。这种方法能用于各种问题。具体步骤为：

1. **识别烦恼情景。**帮助来访者描述感到烦恼的事情和问题，寻找使他们不愉快的人或事。

2. **帮助来访者识别负性情绪。**帮助他们学会运用诸如忧伤、愤怒、挫败、焦虑、内疚和绝望等词汇。然后让他们运用量表（1—100分，1分为最少，100分为最多）评定负性情感。

3. **运用三栏技术。**认识与情绪有关的负性思维。让来访者识别他们对自己说了哪些与问题有关的话。把这些想法写在自动化思维栏中，记录对每种想法的相信程度，并在0（不相信）到100（完全相信）之间进行评估。然后，识别这些思维的歪曲之处，在最右栏中用合理的观念替代它们，记录对合理想法的相信程度，并在0（不相信）到100（完全相信）之间进行评估。要确保合理观念是令人信服的，也就是说，要确保这些观念能够有效质疑自动化思维。

4. **让来访者评估（从0—100分）自己对每种自动化思维的相信程度。**他们对其信任度很可能会大大降低。

每日情绪日志（表7.1）可以帮助来访者认识问题以及它的影响。

表7.1　每日情绪日志

步骤一：描述让你感到苦恼的事情____。

步骤二：记录你的消极情绪——并对其进行量化评定，0为最轻，100为最重。可以运用悲伤、焦虑、愤怒、内疚、孤独、绝望、挫败等词汇。

情绪	评定	情绪	评定	情绪	评定
1.		3.		5.	
2.		4.		6.	

步骤三：三栏技术

自动化思维	歪曲之处	理性反应
写下你的负性思维并评估对它们的相信程度（0—100）。	识别自动化思维的歪曲之处。	用更现实的思维作为替代并评估对每种想法的相信程度（0—100）。

尽管这种方法看起来很简单，但是需要来访者练习如何识别、停止自我挫败思维，并使用应对思维来替代它们。治疗师要求他们练习四步法。来访者一旦掌握认知重建法，就能对困境建构一幅更积极的心理画面。随着内在构想的改变，有关问题也会得到改善。

脱敏法、暴露法和放松技术

这一部分主要讲述如何帮助来访者学会应对压力和焦虑。对所有的治疗师来说，脱敏和暴露技术都很重要。

系统脱敏（systematic desensitization）是一种帮助个体应对焦虑情景的方法。它也可以用来帮助来访者处理过敏症。有的个体会对一种具体情景比较敏感，感到焦虑并试图逃避这种情景。脱敏是让个体在一种放松状态下回忆引发焦虑的情景，并使个体对引发焦虑的情景形成一种耐受性和免疫力。脱敏或暴露技术受到“顺其自然”技术的影响。通过这种技术，个体实质上是被暴露在自己的恐惧或焦虑中，这令他们淹没在不适症状中，一段时间后，症状的不适感达到顶峰，然后慢慢减弱。随着症状的消失，来访者常常会感到愉快，而不再因被恐惧击败而感到羞愧和耻辱。该理论认为个体以前从具体场景中习得了焦虑反应。例如，如果一个人遭遇了车祸，他可能就会对坐车感到紧张或焦虑。为了消除他们的症状，可以先让他们坐在没有发动的车中，之后发动并开一段距离，接着再请朋友一起坐车，听着自己最喜欢的音乐，等等。如果某人害怕坐船，就邀请他们坐在船上，让他们一直乘船直到焦虑消失。

这种方法的第一步是学习放松技术。肌肉放松很可能会减轻焦虑。放松技术（Relaxation）就是建立在这一基础之上的。教来访者学会放松是一项干预技术，往往非常有用。最常用的程序就是深度肌肉放松。在这个方法中，治疗师向来访者示范如何体验舒适感，闭上眼睛，然后系统地想象每个肌肉群，并教来访者学会绷紧和松弛肌肉，以使紧张感离开身体。在这一过程中，治疗师要用平静的语调营造出一种安全的氛围。

一旦来访者体验到肌肉紧张和放松的区别，他就能很快进入放松状态。然后他可以学习运用呼吸和想象来进行放松。例如，让来访者缓慢地深呼吸，闭上眼睛，想象自己在一种非常放松的特殊意象或真实场景中，如海滩、草地、山顶等。

脱敏法在开始时要帮助来访者建立一个等级层次——一个压力递增的场景序列。例如，对于害怕飞行的人来讲，序列中压力最低的场景是获知不得不开始旅行；序列中压力居中的场景可能是开车到飞机场；压力最高的场景可能是在机舱门口等待登机。一旦建立了等级序列，治疗师就要运用任何有效的方法先使来访者放松下来。然后请来访者想象等级层次中最低一级的场景。当来访者已经完全进入想象时，请他继续集中精神进行放松。在压力逐渐递增的等级层次中，反复进行这个过程，使放松和场景联系起来。脱敏过程的速度取决于来访者在想象引起焦虑的场景时进行完全放松的能力。最后一步是帮助来访者在引起焦虑的实际场景中进行放松。

来访者常常会对这种方法提出异议，认为他们的恐怖是有依据的。例如狗和蛇会咬人。治疗师要使来访者认识到让自己的恐惧妨碍有效的生活是不理性的。当然害怕响尾蛇发出的声音并不是恐怖症，但是由此而对所有的蛇——即便它们一点也不危险——都感到恐惧是不理性的。事实上，害怕昆虫的人完全可以让长脚蜘蛛爬过自己的胳膊，怕狗的人可以让一条友好的狗靠近自己并和它玩耍。

有时，治疗师不能使来访者过快地暴露于恐惧场景，他们需要逐步接近引发焦虑的场景。这样，当他们过度焦虑时，他们就可以停下来，抽身而退。但最重要的一点是，要坚持挑战自己的恐惧，直至它们消失。

一种新的疗法——眼动脱敏治疗（eye movement desensitization and reprocessing，EMDR）越来越受欢迎。这种方法的优势是可以在三次（或更少）会谈内缓解恐怖症状。弗良辛·夏皮罗（Francine Shapiro，1995）创立了这种方法，用来帮助来访者处理创伤记忆。这种疗法整合了各种干预性治疗，可以减少创伤性体验引起的痛苦。治疗师需要经过特殊的培训。你可以从EMDR研究所了解到更多信息。在一部优秀纪录片《EMDR治疗悲伤》（*EMDR Working with Grief*）里，夏皮罗博士对这种方法进行了示范。

总之，脱敏技术和暴露技术是减轻焦虑的一些最古老的行为策略。正规的脱敏疗法执行起来非常费时，大部分治疗师选择使用相对正规的方法来帮助来访者减轻焦虑和恐怖的威胁。

正如古语所讲，从哪里跌倒就从哪里爬起来。脱敏疗法可帮助来访者站起来，重新开始生活。

社交技巧训练

传统的心理健康服务遵循着一种为缺陷人群服务的模式。在这种模式里，治疗师探索个体的缺陷和内在冲突如何引起了他（或她）的不良行为，以此寻求解决的方法。现代的方法则更注重帮助来访者增强力量，寻求解决方法。它强调个体承担责任的能力和学习转变生活方式必备技巧的能力。来访者学习那些解决最迫切问题的技巧时，通常需要直接地帮助。有些技术（如决断训练、问题解决和沟通技巧）没有在此处被提到，但也很重要。

社交技巧训练建立在几个假设之上。第一个假设是人际交往建立在一系列技巧上，这些技巧主要是习得的行为。因此，个体如何行动与他的社交能力有直接关系。第二个假设是社交技巧要针对具体的场景。文化和情境因素决定了社会规范以及个体在特定场景中的期待行为。最后一个假设是要想有效地运用社交技巧就需要不断地强化。换言之，社交技巧需要在社会情境中不断被应用，才能保持其有效性。

有几种结构化的训练（Lewis，Carlson & Collins，2002）可以被用于小组和个体治疗中，就像阅读疗法一样。这些方法需要治疗师直接教授来访者在社交场合中的应对技巧。

决断训练

决断训练应该帮助来访者澄清他们的目标。人应有求，才能有得。在决断训练中，澄清目标是很重要的一部分，实质上是决断性行为的先决条件。为了澄清或了解目标，来访者可以每天记录自己难以表达的思维、情绪和行为。一旦目标变得清晰，来访者就要学习如何寻求反馈，对反馈做出反应，表达自己接受他人的观点。（Lewis，Carlson & Alberti，2002）

阿尔贝蒂（Alberti）和埃蒙斯（Emmons）对决断训练提供了明确的指导。治疗师教来访者学会如何在不侵犯他人的情况下维护自己的权益。训练的第一步是评估来访者的实际行为，然后共同识别来访者期望的反应或目标是什么。接下来，治疗师建立一种刺激场景，并在这种场景下向来访者示范新行为。最后，在把学到的新行为应用于现实生活之前，来访者和治疗师一起练习新行为。

问题解决训练

这种训练包括三种必不可少的技巧：（1）接受技巧，即注意并准确觉察人际交往场合中的信号和线索；（2）加工技巧，即形成选择性的反应，衡量每种选择的后果并挑出最佳选项；（3）发送技巧，运用言语或非言语行为选择做出有效的社会反应。

治疗师常常帮助来访者认识问题所在，并建立一种最佳的反应方式。来访者通常要在治疗会谈中练习新反应，认识并讨论潜在的问题与阻碍。治疗师鼓励来访者进行实景练习，并在下次会谈中报告练习的效果。

沟通技巧训练

有效的沟通包括三个基本组成部分（Myers & Smith，1995）：（1）使用易于理解的表达方式；（2）承担部分责任；（3）提供帮助。易于理解的表达方式即将情感成分引入交往过程，尤其是共情。承担部分责任的交流表明来访者愿意承担引起或解决具体问题的责任。提高沟通能力的最后一种方法是努力提供帮助。这些共同表明了个体希望交流的愿望，而非只希望得到积极的支持。这将形成一种更少防御、更加开放的沟通方式。

治疗师要认真关注来访者在治疗中的交流方式，以评估他们是否能够有效地发送和接收信息。

示范和行为预演

行为预演也称角色扮演，可以帮助来访者学习新的交流方式。治疗师不是仅仅抽象地谈论或提问，还付诸行动再现情景，形成可供选择的多种应对方法，使来访者学会新的行为。治疗师向来访者示范需要学习的行为。来访者观察成功的行为方式，并进行模仿。在学习行为或具体行动时，模仿和示范远比讨论情绪或思维更加有效。

在行为预演中，来访者需要尝试将在现实生活中运用的一系列行为。治疗设置提供了一个练习新行为的安全氛围。通过不断地练习并获得激励，来访者就会有勇气掌握想象情境中需要的行为方式。例如，来访者的普遍问题是希望结交新朋友。在治疗中，他们将会练习目光接触，主动对话或者问候，进行简短的交谈，邀请某人。治疗师要对来访者进行鼓励、支持和反馈，从而让他们学会在现实生活中走向成功的社交技巧。有些治疗师运用录像来帮助来访者练习社交技巧（Lewis，Carlson & Collins，2002）。录像中演示了必要的社交技巧，并配有示范。之后，进行练习，并让他们互相讨论。

这种目标明确、行动积极并针对问题本质的治疗，能使抑郁和焦虑的患者减轻恐惧和无能感。此方法在治疗各种行为障碍时很有帮助。对于那些和认知有关的问题（如考试焦虑症、人际交往障碍），运用行为预演和示范的效果甚佳。由于这种方法强调学习而非精神病理学，因而得到了广泛的应用（家庭、学校、医院、社区或者其他工作领域）。

总结

本章对认知行为干预进行了回顾。这种方法时常被大多数治疗师在治疗中运用。脱敏疗法、社交技巧训练、示范和行为预演等策略在改善行为上都非常有帮助。当来访者的问题呈现出来时，治疗师要有能力去运用这些技巧。

参考文献

Alberti, R. & Emmons, M. (2000). Your perfect right. San Luis Obispo, CA: Impact Publishers.

Beck, A. T., Rush, A. J. & Emery, G. (1979). Cognitive therapy for depression. New York: Guilford Press.

Beck, J. (1995). Cognitive therapy: Basics and beyond. New York: Guilford Press.

Burns, D. D. (1999). Feeling good: The new mood therapy. New York: Avon.

Ellis, A. (1962). Reason and emotion in psychotherapy. New York: Lyle Stuart.

Lewis, J., Carlson, J. & Alberti, R. (2002). Seven skills for addiction-free living: Assertiveness. Boston: Allyn & Bacon.

Lewis, J., Carlson, J. & Collins, L. (2002). Seven skills for addiction-free living: Social skills. Boston: Allyn & Bacon.

Meichenbaum, D. (1994). A clinical handbook/practical therapist manual for assessing and treating adults with post-traumatic stress disorder (PTSD). Waterloo, Ontario: Institute Press.

Myers, R. J. & Smith, J. E. (1995). Clinical guide to alcohol treatment. New York: Guilford Press.

Padesky, C. (1990). Schema as self-prejudice. International Cognitive Therapy Newsletter, 6, 16-17.

Shapiro, F. (1995). Eye movement desensitization and reprocessing: Basic principles, protocols and procedures. New York: Guilford Press.

第八章
心理动力学干预

本章内容概要

1. 心理动力学干预在咨询中的作用。
2. 领悟的定义及其在咨询中的作用。
3. 咨询中的解释和治疗师如何掌握解释技术。
4. 有助于澄清和领悟的干预技术，包括：
    a. 总结；
    b. 澄清意义；
    c. 建立联系；
    d. 挑战矛盾、不一致及破坏性行为；
    e. 探究移情和反移情。

心理动力学干预：概述

一切治疗均包括对于个人生活的某个部分进行审视。冷眼旁观自己的生活，我们才开始理解自己的所作所为有何意义，以及它如何对生活目标有所帮助或构成障碍。心理动力学干预的理论基础在于：我们所拥有的恐惧、意图与防御，对我们的思维、情感、态度和行为具有重要的影响，但我们常常意识不到。因此，治疗师运用心理动力学技术，以探讨来访者潜在的焦虑与恐惧、积极与消极的动机、适应良好与适应不良的防御机制。我们认为干预可以帮助来访者获得领悟，使他们更了解自己的情绪和反应，然后学会在生活中做出清醒的选择。本章所探讨的干预尽管源于大量不同的理论观点，却有一个共同之处，即均可用于帮助来访者对自己加深了解。

实践练习可以使你亲自尝试某些技术，而真实访谈的案例及其录像短片，则为你观察某些技术的实际操作提供了机会。我们还要考虑治疗中的移情与反移情问题，并思考治疗师如何才能成功而具治疗性地控制访谈中的移情。

你将学习到如何应用及何时应用这些技术，并通过录像观看治疗师在实际访谈中如何运用这些精湛的技术。当你学会识别这些技术，观察其实际操作，并有目的地进行练习时，你就开始能够在治疗设置中有目的、有策略地运用它们。

心理动力学干预技术：作用与价值

来访者来咨询时常说“也许只有知道了自己为什么这么愤怒，我才能更好地控制我的脾气”或者“为什么我儿子总是这样？我们努力成为好父母，满足他的一切需要，但他就是不领情。如果能了解我们之间有什么问题那该多好啊”。

经过一次简短的评估，我们就能洞察来访者的一切问题，并能对来访者说出这样的话：“你之所以出现这个问题，是因为你如此这般地行动、思考、相信或感觉。因此你只需这样去做、去想、去相信或去感觉，那么，一切就会好起来。”随后，来访者就遵照我们的指导去做，一切就全好了。如果一切如上所述，那该多么容易呀！不幸的是，尽管我们也常常感到那正是来访者所期待的，然而事情上我们并不那么容易得偿所愿。领悟力无法从天而降，必须通过寻求来获得。虽然我们可以与来访者交流自己对其问题的看法，但只有他们拥有切身体会后才能真正有所改变。因此，若欲提高领悟力，讨论的焦点应放在问题是如何发生的，而非它为什么发生上。

仅仅告诉来访者应该这样或不应该那样，通常只会引出这样的反应——我已经试过了，但是没用。确实，改变，尤其是改变行为模式、信念与个人原则，并不那么容易。心理动力学干预帮助来访者审视支配自己生活的一贯的行为模式、信息、规则与传统。在了解自己的行为模式后，来访者就有选择改变的余地，可以一种新的方式去回应、处理生活问题，从而改变自己。然而，必须牢记的是，领悟并不一定意味着改变，改变也并不总是取决于领悟力。

心理动力学的一些干预技术被来访者视为具有挑战性或面质性，因为这些技术也许建议其以新的方式来看待问题或对其持久观念提出挑战。这些干预帮助来访者认识自己的行为模式，并探讨这些模式对于其问题的形成有何影响，同时，也帮他们识别并探索行为背后潜藏的信念与规则。经过探讨，来访者能获得领悟，从而为其形成新的、更有效的应答、行为模式、信念与规则提供线索。但是，这种挑战也许会使来访者产生更大的压力，以至于他们感到更加焦虑，并产生防御。

因此，“温和地指出防御性行为，同时为来访者提供支持氛围，以帮助来访者控制任何浮现出的焦虑或者不快的情感”（McCullough，1997）也许更有帮助。无论是面质还是解释，均应以一种试探性的方式呈现给来访者，以允许其对解释给予肯定或否认。

总结

也许是“当局者迷”，来访者并不明白自身问题的意义与目的，也不了解各种因素是如何联系在一起的。因此，向来访者总结其问题的关键点，并注意各因素彼此之间的联系，也许大有裨益。在进行总结时，治疗师应注意组织关键情节的方式，使其有助于来访者保持清晰的思路。治疗师的认真倾听，以及对治疗计划重点的仔细关注，是确保总结有效的基础。在访谈过渡期（如开始或结束），扼要的总结也很有帮助，它也许有助于来访者和治疗师更清晰地认识问题或事件。初学者可能会沉迷于来访者报告中冗长的复述，可能鼓励其再次复述部分经历，以确保治疗师了解其问题，这对来访者只有反作用。经验丰富的治疗师却只听取那些与治疗目标相关的关键点，并围绕这些关键点做总结和概括。

总结中还可隐含治疗师的观点，在来访者心里播下变化的种子。例如，如果总结某人或某事如何令来访者生气，治疗师的用词也许会与来访者的陈述稍有不同，例如“你生气了”或“你发现自己正在生气”。这种说法与来访者的语义有一些微妙的差异，其暗示：生气是一种可选择的反应，并非不可避免。

在以下对话中（Carlson & Kjos，2000b），欧汉隆（O'Hanlon）在访谈中早早地就运用了总结式陈述，这不仅使家庭成员明白治疗师在倾听他们的诉说，还暗示：可以用一种不太一样的方式来看待女儿的行为。

母亲：我们生活在一起，这也是我们的主要目的。为了给她更多的自尊并……

父亲：为了她与我们交流。

母亲：与我们。

父亲：不是我们与她交流，而是她与我们交流。当我们问她一个问题或问她一件什么事时，她就是缄口不言，起身离去，嘴里还嘀嘀咕咕的。

治疗师：哦，这么说，你俩非常善于洞察她的神色，并喜欢告诉她或问她正在发生什么。有时她……

父亲：大部分时间，所有时候。我应该说，有99%的时间。

治疗师：99%的时间？

父亲：这比例还在往上升。

治疗师：嗯，也就是说，当你们问她什么时，她会起身离去，而你们能听见她在嘀咕什么。因此，你们认为她一定有什么事，但又不确定究竟是什么事，或者你们认为她看起来很生气或是别的什么？

父亲：是的，当我们试着与她交谈或问她问题时，她就变得很烦躁。她竟然这样对我们，我们可是她的父母呀！你应该能对你的父母谈任何事吧，而你要知道，她什么事都不和我们说。因为她觉得那是她个人的生活。

治疗师：嗯，你们知道，有时她会这样想——看看，你们两个人多管闲事，这是我的生活，别瞎打听了，这是我的私事。

父亲：对，这就是她对我的态度。

治疗师：而你俩会说“我们不想打听什么，我们只想知道你现在怎么样，希望双方多一点交流”。

父亲：我们就是这意思，但那种状况已经持续很多很多年了。

母亲：她不敢告诉我们什么，我认为这就是问题所在。她以为我们会生她的气或对她说“不”，当她还是个小女孩时就这样。她不敢把事情告诉我们，如果她要去某个地方，她会在最后一刻告诉我们：我要出去，马上就走。是的，你根本没有料到她要外出，或者你不……

治疗师：你们希望事情有所不同。当她还小时，这种情况只是偶尔发生，但在她长大的这些年里，这种情况越来越多。而她已经告诉你们，她不想听反对意见，或担心你们会心烦或怎么的。因此，自己最好学会保持沉默，最后一刻才突然告诉你们，然后就离开。你们则更希望多了解一点信息，以便早做打算，诸如此类。

母亲：是的。

治疗师：而且，双方多一点交流。

母亲：是的。

父亲：而且，对任何事都是这样。

练习8.1　实践总结

与同学或小组成员一起练习，轮流扮演来访者和治疗师。

1. 首先请来访者简单讲述一件最近发生的难忘的事。

2. 来访者讲完后，请每位小组成员总结他（或她）听到了什么。

3. 然后来访者对每位成员的总结给予反馈。是否准确？其中有什么出入吗？如果有，来访者有何感受？

鼓励来访者详细阐述

前面，你已经学会了如何思考情绪、思维与行为，并了解它们的相互联系，即：在我们的情绪、思维、行为三者中，每一个方面都对另两个方面产生影响，同时又受到另两个方面的影响。潜藏在这些情绪、思维和行为背后的是恐惧、动机与防御。来访者认识自身模式的方法之一是了解自己在具体问题情境中的所感、所想与所为。我们可以用开放性言语和温和的指令来鼓励来访者详细描述自己的情绪、思维和行为。

谢伊（Shea，1988）对开放性言语的定义是：要求来访者不只简单地回答“是”与“不是”，问题应以诸如“怎样”或“什么”为开头。因此，当来访者报告与邻居发生的争执时，治疗师也许可以这样问：“此事发生时，你心里有什么想法？”或者问：“回想起那次争吵，你现在感受如何？”开放性言语如果重视来访者的观点，将更加富有成效。因此，治疗师提问的重点应放在来访者的行为、想法或感受上。受训治疗师常常被来访者的讲述所吸引，从而可能将注意力从来访者本身移开，因此治疗师应谨记——干预的目标是帮助来访者详细阐述或澄清其认知、思维与情感。

温和的指令是一种简单的陈述语句，它引导来访者讲述其故事，却并不限制其内容（表8.1）。因此，你可以说：“告诉我，在家里，你通常如何度过你的一天。要从一天的开始一直讲到结束。”（Carlson & Kjos，2000a）此类指令可以引导来访者告诉治疗师他们和其家庭成员的所作所为像不像一家人。温和的指示可以直截了当，也可以温婉含蓄。带有“如何”或“什么”的问题，可用于引导来访者的讲述，并帮其发现行为、思维与情感之间的联系。

在以下访谈节选中，乔恩·卡尔森（Jon Carlson）运用了几种开放性言语帮助吉娜领悟其对前夫的所思与所为。

表8.1　温和的指令

指导	例子
和我分享……	当你告诉我这件事时，和我分享你对它的感受。
帮我了解……	帮我了解，你对这种人际关系有何想法。
我不太理解……	我不太理解，你怎么知道自己是何时解决这个问题的。
我想知道……	我想知道，你认为在这种情形下是否还有别的选择。

来访者：如果能再来一次，我也许会那样做。我会从繁重的家务事中分身出来，多花点时间陪陪他，因为他希望这样。他需要我给他关注，我认为我给他了，他却说没有，现在回想起来……

治疗师：你如何看待他想要却没有得到的东西？你认为忽视了什么？

来访者：幸福感。

治疗师：你将会怎样给他幸福呢？

来访者：嗯，我不能。不过可以让他自己去寻找。

治疗师：你会怎么做呢？

来访者：允许他把事情搞得一团糟。允许他犯错［嗯。］并从中进步。

治疗师：唔，你以前不是那样做的吗？

来访者：唔，我总是想把事情安排得井井有条。

治疗师：所以你不像你妈？

来访者：当然，我像我爸。

治疗师：你爸。

来访者：我爸就是这样，一切事情均由他打理。

治疗师：哦。

来访者：在某种程度上，这种情况在延续，因为我已经开始这样做了。

治疗师：嗯。你是如何让事情这样发展的？听起来这种要求相当高，它确实要求你当时必须站在别人的角度上。

来访者：我也厌倦了一直这样做。为什么？回过头来想，我为什么不得不一直这样做呢？等一下，这不是我的问题。我认为我的自我保护本能正在让我回避［嗯。］，不要做这么多。但那很难。［当然。］我必须去安排好事情。因为我一直都在这么做。

吉娜注意到了她的某种行为模式。她身不由己地像父亲那样，打理或安排一切，尽管她根本无暇顾及。而且，吉娜注意到她的自我保护本能促使自己对此有所回避。在吉娜这一案例中，有哪些相互联系的情绪、思维和行为？它们合理吗？吉娜领悟到自己有承担他人问题的需要，并意识到她更需关心自己，你觉得这种领悟会让她的生活有所变化吗？

开放性言语和温和的指令鼓励来访者评估自己的活动，并将情绪与思维和行为联系起来。这使他们能清晰地表达行为模式，并因此能够决定是否要改变这些模式。所以，吉娜可能对自己说："当我看到自己关心的人有什么问题时，我就觉得我有责任，认为自己必须关心他们的问题。"吉娜决定要改变那种模式，并且努力在这样做。

澄清

几年前，理查德·班德勒（Richard Bandler）和约翰·葛林德（John Grinder）对治疗提出了一种以语言转换为基础的治疗元模型。治疗师找出那些需要对来访者进行挑战的地方，以帮助其加深认识。若治疗师不仅关注来访者说了什么，而且注意他们还有什么没有说出来，那么他们就会注意到遗漏、歪曲和泛化。

遗漏

遗漏即省略重要信息。例如，来访者提出要咨询，他这么说："我需要咨询，因为我总是愤恨不已。"治疗师可能会想：这个人是对一切感到气愤呢，还是只对特定的事或人感到气愤？治疗师可以这样说："你在生什么气或对谁感到生气？”确实，好几次访谈的重点都会放在弄清来访者在对谁生气或者生什么气上。

在以下访谈节选中，茵素·金·伯格帮助罗宾认识冷静应是什么样，并帮她补充被省略的信息。

来访者：我应该表现得更冷静些。

治疗师：无论对任何事都保持冷静？

来访者：对，是的。

治疗师：好。那就清楚了。那么，假设你原本就是现在这样，现在很冷静。［嗯。］就如你刚才说的。你在生活中有过这种情况［嗯。］，并且你有能力这样继续生活。我猜那是你想要说的。

来访者：是的，是的。

治疗师：你没有变得狂躁，只是说“可以”“好”“你知道”［是的。］，可以对他有所保留，并继续你的生活。

来访者：是的。

治疗师：那样做，你感觉如何？

来访者：会有掌控感。我将会更加自我控制。

治疗师：自我控制。

对于别人，冷静也许意味着镇定或温顺等截然不同的东西。但是对于罗宾，冷静意味着自我控制。一旦罗宾能够表达这种意思，她和伯格就能得出一个共同的治疗重点。如果她们对冷静的理解不同，就会适得其反。

歪曲

在本模式中，歪曲指被定型了的事件进程的表述。它表明一些仍在进行的事被固化下来，就像人们不能控制它一样。“对于和妈妈的关系，我真的很遗憾”可能会被歪曲为“我和妈妈关系不好”。这通常表明来访者固着于某种状态，虽然并不喜欢这样，但认为如果摆脱这种状态，情况可能会更糟。你如何帮助来访者重新组织以下歪曲之语？如：“我真恨自己戒不了烟。”

在以下对话中（Carlson & Kjos，2000b），罗伯特·伍佰丁（Robert Wubbolding）挑战了胡安对其作品的担忧，并且找出了他对于完成剧本的歪曲想法。

治疗师：那个剧本，你又写了点什么吗？

来访者：是，我写了，并且，嗯，写得还算不错。我的室友从中选了一段独白，参加了“和平女神”赖安州南方竞赛。大家问“这段独白出自哪儿”。他说“噢，这是我室友写的”。嗯，但是我从来没有写完，因此……

治疗师：你从来没完成它。

来访者：我从来没完成，但这让他……

治疗师：到目前为止。

来访者：是的，到目前为止。但我认为这是私事，我想我只是在等待这个真实的故事的结局以便去完成它。所以，哦，我不知道。不过，像这样交谈很好。我的意思只是，你知道有人愿意听。所以……

当我们关注并挑战来访者的歪曲想法时，我们挑战的是阻碍发生转变的观念。我们要为未来可能发生转变开辟道路。胡安并非从未完成剧本，而是正在完成他的剧本。

泛化

泛化是指我们将从某一特定情况下获得的认识转换成普遍的观点。一位少女说：“没有人理解我。”你想知道，“具体是谁不理解她”“她也怕我不理解她吗”。我们挑战来访者的泛化思维，帮其理解正在发生的事情。通常，泛化会使问题看上去无法解决，想想“没有人”“每个人”“总是”“从不”这些词语。我们如何帮助来访者做到具体问题具体分析？处理泛化的方法之一是通过重复来访者的话来强调或突出泛化。你可以这样问：“（确定）没有人？”

你能识别出以下拉扎勒斯（Lazarus）和胡安的对话中存在的泛化吗（Carlson & Kjos，2000f）？注意拉扎勒斯是如何应答的。

来访者：我对此非常渴望。你知道吗，我一直认为这样我就会得到保障。

治疗师：（真的能得到）保障？

来访者：人们总是说“噢，你获得了硕士学位，这可是件大事”。当然如果你认为这只是客套，我也同意。

治疗师：人们说，我们看看到底是谁说的。

通过注意并挑战来访者的遗漏、歪曲与泛化，我们能帮助其开始对自己的所感、所想产生全面的认识，并帮助其了解它们对自身生活体验的影响。当我们将来访者的注意力转到其语言上时，他们就会更加明白语言对其思维、情感与行为有何影响。

建立联系

前面我们说过，注意事情是如何发生的，是为了了解它为何发生。在争吵之前发生了什么事？是什么引起了焦虑发作？夫妇间如何设法避免争执？当我们倾听来访者讲述事情发生的经过，以及伴随事情的发生产生了何种想法、感受和行动时，我们就能帮助他们建立联系，而这将带来领悟。

我们的日常行为受到社会规范的制约，这些规范源自学习或经验。但它们并非都是有用的，甚至我们可能在这些规则的影响下会产生一些消极的预期、失败的行动或其他行为，因而常常会出现问题。

皮特——一个正在办理离婚手续的人——反复抱怨母亲和她对自己无休止的批评。他将自己的婚姻问题归咎于母亲，因为她不满意其妻子而且常常对她横加挑剔。离婚时，皮特和他的妻子卖了房子，所以他需要重新寻找住处。在一次访谈中，治疗师觉察到皮特看起来有些激动，他说房子被卖掉了，他正要搬回母亲那里。鉴于皮特和母亲的问题，治疗师的第一个反应就是想问他为何要那样做，但她只是简单地鼓励皮特谈谈目前在做的事。在过程中，皮特谈到了他的姐姐离婚后搬回了母亲那里。“噢，一个家庭传统。”治疗师说。皮特顿了一顿，然后说：“你知道，我确实不得不搬到母亲那里，不是吗？”

当我们能够将行为、想法、情绪和结果联系起来时，我们就可以决定是否进行改变。治疗师要能够帮助来访者发现其行为、想法、情绪和自我对话之间的联系，从而使他们了解自己的模式和诱发因素，并认识到应该如何改变非建设性的模式。温和的指令和提问能帮助来访者丰富自己的看法，并建立一种新的模式（表8.2）。

表8.2　建立联系的范例陈述

联系	陈述范例
情绪←思维	当我开始感到焦虑时，我认为许多事情会出错。
情绪←自我对话	当我告诉自己“我能处理这件事”时，我就平静了下来。
情绪←行为	当我的行为表明我很自信时，我的焦虑症状开始减轻。
行为←思维	当我同某人争吵时，我想“我又失败了”。
行为←自我对话	当我拖延工作，并难以着手去做时，我问自己害怕什么而难以动手。
思维←自我对话	当我认为自己从来不能完成一些事时，我就提醒自己回想那些实际已经完成的事。

练习8.2　建立联系

完成以下句子，写出想法、情绪、行为和自我对话。

当我紧张时，我__________。

当我迟到时，我__________。

当我焦虑时，我__________。

当我同某人争吵后，我__________。

当我担心某事时，我容易__________。

你还能想起其他“当我__________，然后我__________”的陈述吗？选择一种，并和同学、朋友或小组成员讨论，想出其他陈述，来替代你一贯的反应。

治疗师鼓励来访者谈论某个决定，或者充分讲述一件事情，从而帮助他们理解此事及其他事情。同时，治疗师应该确定并始终坚持一个治疗重点，这很重要。来访者常常会讲述一些与其行为毫无联系的、别人对自己所做的事。治疗师要认真倾听，然后从来访者的角度做出反应。在以下对话中，盖林首先对家庭进行了观察与检测。他鼓励家庭成员谈论某种生活模式，及其对他们有何影响——如果不说话，就不会有争执。

治疗师：每个人都在勉强维持。你也是那样吗？每个人都躲在自己的角落里，对吧？帕姆就是这样，她总说“让我一个人待着”。你同意了并且自己也这样做。怎么会这样呢？

母亲：这么做更容易。

治疗师：更容易，为什么这样比较容易呢，朱蒂？

母亲：唔，没有斗争，没有争执，或……

治疗师：所以，（你认为）如果你开始谈论令人烦恼的事，争执就会接踵而至。

母亲：唔，如果说了……可能会。

治疗师：你是指如果那是批评的或……

母亲：是的，如果是那种事，是的……

治疗师：但是假设是一件悲伤或苦恼的……

母亲：哦，我觉得我能够谈论它。假如是悲伤或……的事，我认为我们能够讨论。

治疗师：就是说，如果眼泪源于挫折和愤怒，且这种挫折和愤怒与他人相关，你会尝试与人谈论，但很快发现这让你感觉不安全。但是如果由于失去亲人、感情受伤或者工作不顺而哭泣，你就能够谈起它。

母亲：很有可能，是的。

治疗师：现在，阿德里安告诉我你感到烦恼，但还不能确定这些已构成了你和帕姆不能建立良好的母女关系的伤害程度。这么说对吗？

治疗性面质技术

面质关注访谈内外来访者所言与所为之间的差异。这种干预技术可以迫使来访者思考正在发生的事，并使其加深对自己的认识。注意到这些差异并在治疗中有效地加以运用，对于真正有影响力的治疗师而言，是一种重要的技能。治疗师面质的方式会影响来访者倾听、接受或拒绝的态度。如同其他干预措施的应用，治疗师要评估何时面质，如何面质，以及使用何种面质方式，是含蓄的还是直接的。

面质肢体语言

你应该知道肢体语言和谈话内容之间的典型差异——一个人讲述某件事情时，面部表情和动作可能会传递出不同的信息。例如一个人在说“见到你，我很高兴”时，却眉头紧皱，转过脸去。治疗师从来访者那里得到的许多非言语交流会更复杂，这要求我们知道何时应注意肢体语言，及其是否和谈话内容存在差异。如果是，就要决定是否对之进行面质。

鉴别非言语交流时存在一个问题，即姿势、表情和其他非言语交流具有文化差异。例如，点头在某些国家表示否认，但在其他国家则被理解为肯定；直视某人在某种文化里是尊敬的标志，但在另一种文化里可能表示不尊重；目光交流既可以被看作良好沟通的重要部分，也可以被视为侵犯或无礼。因此，治疗师在对每位来访者做出明确假设之前，要密切注意他们的非言语和言语信息是否存在差异，并要检验自己的印象。

对非言语交流面质的第二个问题，是要确定各种具体姿势、动作或面部表情的分量。因此，在早期建立关系时，治疗师要注意形成假设，或者赋予某种非言语反应以意义，这非常重要。对一个人来说，皱眉表示不同意，但对另一个人来说却可能意味着集中注意力。

最后，作为一名正在接受培训的治疗师，你需要让他人观察你有哪些非言语反应，表达什么意思，这很重要。你表示共情的眼神看起来更像皱眉或不赞成吗？你的表情说明你专心致志，还是走神？当你在录像里观察自己时，特别要注意自己的非言语反应所传达的信息。

面质直接行为

治疗师要关注来访者在访谈中的行为及其含义。然后，当某种行为能使来访者获得领悟时，他们将决定对其面质。来访者讨论具体问题时，会频繁地更换主题，或转而谈论第二个人，不合时宜地发笑，或者停止谈话，长时间沉默不语。通常，这些行为提示治疗师要注意当前的问题（来访者感到不舒服，甚至局促不安）。并非所有直接行为都应该被面质，也不必在来访者每次出现某种特定的行为时都加以面质。

治疗师在访谈中面质直接行为时，可以为来访者提供重要信息，促使他领悟。吉姆在督导时谈到自己的一位女性来访者总爱不停地道歉。“如果来早了，她会道歉，迟到了也会道歉。如果按时来了，她就担心自己是否迟到——或者来早了。”督导鼓励吉姆对来访者指出这一点，就像在督导中那样说，这将使他们进一步探讨来访者的行为（必须不停地道歉），以及这种行为在他生活中的意义。治疗师和来访者对讨论结果达成一致意见——每当她开始向吉姆道歉时，治疗师就说“你又来了”。随着时间的推移，当来访者想要道歉时，就会自行停止，“我又这样了”。她开始思考需要道歉的场合，以及道歉在她生活中的含义。这使来访者谈起自己青少年时期遭遇虐待时产生的罪恶感。

访谈中的行为和来访者的进步都能够为问题提供线索，我们应该对它们进行探讨。玛格利特治疗了一名惯用亵渎语言的男子。这些话让她很不舒服，但玛格利特没有立即加以面质，直到和来访者建立了良好的咨询关系。过了一段时间，玛格利特开始向来访者呈现他的亵渎语言，并且表明他的许多愤怒看起来都与此有关。这使来访者在接下来的几次访谈中谈起自己的问题——父亲去世，他失去了伴侣，而且与母亲有矛盾。随着治疗的进展，玛格利特注意到来访者使用亵渎语言的次数越来越少，同时报告自己在家中和工作上的冲突都减少了。

在以下访谈节选中，布根塔尔（Bugental）通过指出吉娜的非言语和言语行为，面质她的直接行为（Carlson & Kjos，2000d）。

来访者：所以，我确实认为你应该自我批评，但批评不应该是毁灭性的。［嗯。］你不应该为此陷入抑郁、降低自尊。你不该为此停滞不前。

治疗师：现在，我来说说其中的含义［好的。］，也要指出你突然换成了第二人称。你说“你”不应该。

来访者：是的，意思是……

治疗师：怎么样？用第一人称。

来访者：第一人称。我……

治疗师：啊哈，又苦笑了。［来访者笑了。］你看见了吗？

来访者：是的。我想，哦，我又苦笑了。嗯，我能用第一人称，是的，我不该如此责怪自己。

面质破坏性行为

治疗师需要面质来访者的破坏性行为——无论是自毁行为，还是对他人有潜在的破坏性行为。破坏性行为最明显的特征是伤害自己或他人。在以下对话中，麦卡洛（McCullough）对一位遭遇躯体虐待的妇女进行了面质（Carlson & Kjos，1999）。

治疗师：你说，他打你的头，打得那么厉害，你都不知道自己是否会醒过来。

来访者：是的。经常发生。我是指……

治疗师：时常发生。你怎么知道是否……

来访者：他是空手道黑腰带段。其实，我没有办法保护自己。一点也没有。

治疗师：啊，这样，听到这我很难过。嗯，你知道，我的职业需要倾听各种痛苦的故事。听到我这样说，你有什么感受？

来访者：很吓人。

来访者：是的。

治疗师：什么很吓人？

来访者：我不知道。也许我明白应该离开他，我知道所有的人都劝我离开他，但是没有人从我的角度来考虑。你知道，离开他是不可能的。我是说没人理解我。我不想让儿子看到所发生的事，以及正在发生的事。我只是不得不应付它，直到我自己能挣钱。

治疗师：你说……让我想一下。你说很吓人，我的反应。

来访者：是的。

治疗师：听你说很吓人，我感到很痛苦。这说明有点问题。

来访者：那是我的问题。是的。

治疗师：是的，实际上有些坏事还在发生，而且你的处境非常危险。

注意麦卡洛没有要来访者离开。来访者明白自己应该离开丈夫，但不知何故一直谈论自己，回避这个话题。在此，麦卡洛反馈了自己听到故事的反应，并提醒来访者她处于极大的危险中。在后来的访谈中，她采用了一种更加直接的面质方式。

治疗师：好，言语是一方面。人们失去理智时，会说伤害别人的话，可他毫无理由地使用暴力，你却一直说他对你的行为是有原因的。那么，你所讲的有些内容是不真实的。

以下的干预顺序可以帮助治疗师面质与道德责任或道德两难有关的行为（Doherty，1995）。

1. 当来访者自发地表达出道德上的关心时，要加以确认。

2. 用更加清晰的语言表达对来访者的关怀。

3. 询问来访者如何看待自己的行为对他人产生的影响，并从个人、家庭及文化方面探索道德敏感性的来源。

4. 清晰地讲述道德两难问题，不掺杂个人观点。

5. 把与某种行为结果有关的研究结论和临床观点告诉来访者，尤其是那些易受攻击者。

6. 讲述自己通常会如何看待问题，以及怎样衡量不同的道德取向。要强调每种情况都是独一无二的，来访者应该做出自己的决定。

7. 直接表达对其行为的道德结果的关注。

8. 当你不支持来访者的决定或行为时，你要清楚地表明观点，并在道德基础上解释自己的决定，如有必要，可以回避这一案例。

咨询中的解释技术

治疗师既要观察来访者和自己的内在反应，也要留意来访者说了什么以及如何说的。在前面几章，我们已经谈了这些方面的重要性。当治疗师依据来访者的陈述和自己的直觉做出解释性应答时，所有这些信息都非常重要。新手治疗师应该知道，直觉是建立在生活经验上的，它受到许多因素的影响，如你的文化背景，你成长于城市还是乡村，你对人及其生活方式的知识，以及你个人独特的生活体验。治疗师也可以认真学习各种理论知识（如人类发展、人格理论、心理障碍、家庭系统和团体训练），以此提高自己的直觉能力。

在学习咨询技术时，你的许多能力也将随之得到提高。例如，你将学会倾听、了解来访者讲了什么，没讲什么。你可以根据对事情的印象形成一幅心理画面。你会思考来访者做了什么，没做什么。你能听出一些支配来访者行为的规则、指导或者传统。你可能会关注来访者在当时的情况下有何感受。当来访者谈话时，你能够观察自己的感受，如困惑、焦虑、挫败、悲伤、厌倦或急躁。这些感受向你提供了来访者的什么信息？你自己呢？在所有这些信息中，你将开始了解来访者生活中的一些模式（这些模式由信念、情绪、思维、行为和结果构成）。这些信息能够指导治疗师选择对来访者做出反应的方式，以帮助来访者获得领悟。

许多干预技术都能使来访者获得领悟，而且的确有许多来访者仅仅通过讲述自己的故事就能获得领悟。但是在干预中，有些方法相比之下会更加有效地促进他们的领悟。以下干预技术在帮助来访者形成新的认识，进而获得领悟方面非常有用。

解释的指导原则

在促进来访者领悟时，以下指导、策略和技巧很有帮助，因为它们能帮助来访者明白自己在讲什么，发现联系并挑战自己对问题的看法。

1. 在尝试进行解释性干预前，首先要建立一种有效的治疗关系。或许我们早已洞悉来访者的问题，但在他们信任我们，并承诺改变之前进行解释，都为时过早。

2. 尽可能让来访者自己产生领悟。众所周知，让别人告诉自己做某事的原因其实并没有用。但是，如果你能够探索自己在某种情形下为什么会那样做，为什么具有或相信某种特定的想法，或者如何形成了固有观念，那就很有帮助。如果来访者能够在引导下获得领会，解释将是最有效的。例如，在咨询中，你认为玛丽之所以同老板难以相处，是因为老板使她想起了和她关系矛盾的母亲，然而玛丽可能还不准备认同这一点。但是你只要说“我想知道，你的老板是否让你想到了生活中其他的人”，就会使玛丽发现它们之间的联系，并获得领悟。通常你应该尝试性地提出解释，而非对此郑重声明。可以用“我想知道，是否……”或“也许你……”来引导，这样能够使来访者选择接受、修改或拒绝你的解释（表8.3）。

3. 注意来访者对你的言行（努力促使他们领悟的行动）有何反应，以及怎样接受你的解释。如果这种尝试性的解释能被很好地接受，咨询关系就会得到改进。但是，如果过早地尝试解释，就会降低咨询关系的和谐性（McLoughlin，1995）。

表8.3　引导来访者领悟的指导范例

你能想出另外一种类似的情形吗？
你在……方面是如何看待这件事的？
你认为这件事与什么有关？
这怎么像……一样？（这和……一样吗？）
这使我想起你对我讲过的……事。

解释的程度

解释有各种不同的程度，就像其他治疗技术一样，我们如何进行解释取决于来访者是否准备就绪，及其开放或防御水平。有时，来访者仅仅与共情的倾听者谈论问题（或事件）就能幡然省悟。有时，治疗师的一点提示、建议或非言语交流就会引起来访者的停顿和思考。有时，治疗师会帮助来访者整合事情发生的经过，并建立行为、情绪、反应和结果之间的联系。有时，治疗师需要对来访者加以提示，即运用引导和问题帮助他们以不同的方式看待事件。在有些情况下，治疗师应该更具指导性，以使来访者关注自身潜在的模式、动机及根本原因。

最常见的解释方式是帮助来访者把情景（或事件）与它们的反应联系起来。这种解释的主要内容通常是应激反应、对问题的预期、适应或防御需要以及那些影响反应的心理状态。在形成解释并使来访者获得领悟时，治疗师需要考虑一些问题（或想法），即考虑建构一种“当你，然后你”的模式。

处理移情与反移情

关于治疗中的移情与反移情，有各种不同的理论观点，感兴趣的学者会发现阅读与此相关的资料需要好几年。我们谈到这个广泛的主题时，首先要了解移情和反移情的一些基本观点，这非常重要。移情和反移情都建立在人际关系上，并将影响咨询关系。

移情是指来访者对治疗师的情感和想法，它重现了早年的关系。这些情感和想法，无论是否准确，都将对治疗的进展产生积极和消极的影响。治疗师从来访者的某些行为（例如，来访者如何改变自己的观念或对治疗师的反应做何行动）中可以看到一些最简单的移情方式。一个希望得到尊重的来访者可能会想“我是有价值的，这个治疗师看起来比较尊重我。”这就是治疗师需要小心谨慎，或者避免强势性提出建议或者告诉来访者做什么的原因之一。

那些体验到负性移情的来访者更有可能中止治疗，所以治疗师需要注意来访者对治疗的感受。他们对治疗师有所期望吗？他们对治疗有什么感受？治疗有用吗？他们在治疗关系中感到舒服吗？如果治疗关系充满压力，在会谈中处理治疗关系就很重要。

治疗师应该对治疗关系的变化保持敏感，并且能够关注治疗关系中的压力，因为这将在某些方面直接影响来访者，比如他们是否愿意挑战不良的人际关系模式，以及勇于在人际交往中提出心理需求（Bachelor & Horvath，1999）。

在以下对话中，注意沙尔夫（Scharff）如何处理来访者对自己问题的不安（Carlson & Kjos，2000）。

治疗师：嗯。尽管你很不合群，但我猜想你实际上是要求自己必须成为令人满意的优等生［噢，是的。］，以得到奖励，就是你指的奖学金，对吗?

来访者：是的。我得了两次奖学金，并获得了各种奖励，如“国家学者”，我也不知道它们是什么。过去两个学期，我都被评为“优秀”。

治疗师：你说你不知道它们是什么，这是什么意思?

来访者：就像是，嗯，我两次被评为“优秀”。我曾经，两次获奖学金……

治疗师：什么奖学金?

来访者：我所申请的现金奖学金。

治疗师：嗯，是目前所学课程的还是将来的?

来访者：目前的。就是说，嗯，我申请并得到了，我满足了……

治疗师：获奖资格?

来访者：是的，获奖资格，包括年级平均成绩［是的。］、经济需要，我申请了。然后，我符合这两种要求，并获得了奖学金，有一些其他奖项我记不得了，我得到了一块匾额，上面的内容表明学校所有学生都申请了这个奖项，但只有我获奖。

治疗师：上面写的什么?

来访者：我只是说说。我不记得了。

治疗师：噢，我对此很感兴趣。你不记得了。

来访者：国家优秀学生奖。我不知道。总共有四五个，其中两个是“优秀奖”，还有两个是奖学金，可能另外还有两个……有一个或者两个。全美优秀学生奖，不是国家优秀学生奖，我不知道。

治疗师：很有意思，你忘记是什么了。

来访者：好像是……

治疗师：也许，你不明白这个奖有多么重要，或者你不想知道它有多么重要。

来访者：不，它很重要。它很酷的。

治疗师：听起来好像是对我很重要。

来访者：是啊。

治疗师：但我觉得你好像有点嫌弃它们，就像对此不太感兴趣一样。［啊。］你认为听起来我很像你母亲吗？

来访者：不。

治疗师：想了解自己的成功吗？

这种方法导致他们开展更加深入的交流，并使来访者探讨自己和母亲的关系，以及这种关系如何影响并将持续影响其生活。

反移情泛指在治疗中由来访者引起的情感。反移情能为治疗师提供和来访者问题有关的重要线索。在治疗中，直觉的闪现通常基于反移情。当治疗师留意到心里出现某种特定的感受、记忆或情绪，而来访者正以相同的方式和自己谈论或分享这种内容时，这种直觉就会跳出来。对于那些能向来访者完全呈现反移情的治疗师来说，这些感受是最易获得的资源。

反移情也为治疗师提供了和自身有关的信息。因此，反移情问题通常是督导的主题。比如，这位来访者看起来很烦，令人讨厌，是因为他（或她）是急躁、不讨人喜欢的人吗，还是因为来访者使治疗师想起了别人才令其感到烦躁和厌倦？

即时化（immediacy）是治疗师对移情和反移情做出反应的一种方法。即时化是指当访谈中呈现某件事时，治疗师对它做出的反应。正如这一术语的含义，即时化关注的是此时此地。科米尔（Cormier，1998）定义了三种即时化：

当治疗师在治疗中运用即时化时，需要对当时的几个方面做出反应，如：（1）治疗师的思维、情感或行为；（2）来访者的思维、情感或行为；（3）治疗关系中的某些部分。

如果运用得恰当，即时化将会增进治疗关系，并且还能促使来访者获得领悟。下面，请注意艾维（Ivey）在总结对罗宾的访谈时，是如何运用即时化的（Carlson & Kjos，2000e）。

治疗师：那么，现在访谈确实该结束了，我想知道，罗宾，对于我们之间的交谈，你能否给我一点反馈意见，以及你从中有何认识。

来访者：我想，我确实需要对某些场景进行审视，这也许会有用。我可以好好想想家里的每个人，了解哪些优点和弱点是他们给我的，并了解自己的不足与能力，学会从优势中汲取力量，而非关注自己的弱点。

治疗师：我非常喜欢“三人行，必有我师”这样的观点，并为此兴奋。我喜欢那种笑容。那是产生影响的源泉，但是影响并不伴有……

来访者：嗯，有时我会想去了解儿子何时会第三次将牛奶洒在地板上，你知道的。

治疗师：在此，我不想施加任何影响，喜欢让它顺其自然。挑战将始终存在。其他的想法（如坚持不懈、产生影响、利用优势及了解我的想法）甚至可能使你对自己的不完美感到高兴。

来访者：是的。换句话说，不要打击自己，因为我就是我。

治疗师：我有一种施洗者的形象，这与你完全不同。我说，嗨，我喜欢令人发笑的主意。我的教会……

练习8.3　实践即时化

选择两位小组成员，轮流向对方提出以下问题，其他成员在旁观察：

1. 你发现（或认为会发现）来访者的哪些行为最令人讨厌？
2. 你发现（或认为会发现）治疗师的哪些行为最令人讨厌？
3. 你观察到我的哪些行为能帮助你了解我的情感或想法？
4. 观察者对互动过程中所观察到的东西给出两方面的反馈。
5. 其他小组成员重复以上练习。

总结

治疗师常运用心理动力学干预来帮助来访者获得领悟，从而导致变化的发生。心理动力学干预主要关注咨询的此时此地，这两者都以治疗关系为基础，并对促进治疗关系起重要作用。这些干预方法的基础不仅在于来访者说什么，还在于来访者怎么说，以及治疗师观察到什么表面现象与内心活动。

表8.4　心理动力学的技术、描述和效果

技术	描述	效果
总结	关注重要问题，了解其意义。	来访者感到被倾听，可能获得新的觉察力。
开放性言语和温和的指令	引导来访者进行深入的思考和交流。	来访者进行自我探索。
澄清遗漏、歪曲和泛化	注意不完整的、歪曲的或含糊的谈话内容。	来访者产生清晰的观念并加深自我认识。
建立联系	帮助来访者将情绪、内心冲突、思维和行为进行联系（“当你……然后你……”）。	来访者认识行为如何影响结果。
面质差异、不一致和破坏性行为	帮助来访者认识差异、不一致性和破坏性行为。	促使来访者探讨内心冲突。

续表

技术	描述	效果
了解移情和反移情	鼓励来访者理解人际交往行为及其动机。	促进来访者与治疗师的关系。
即时化	关注此时此地或会谈。	来访者获得更高的自我认识。

参考文献

Bachelor, A. & Horvath, A. (1999). The therapeutic relationship. In M. A. Hubble, B. L. Duncan, & S. D. Miller, (Eds.). The heart and soul of change: What works in therapy (pp. 133-178). Washington,DC: American Psychological Association.

Bandler, R. & Grinder, J. (1975). The structure of magic, I. A book about language and therapy. PaloAlto,CA: Science and Behavior Books.

Carlson, J. & Kjos, D. (1999). A case of domestic abuse: Brief character change demonstrated by Leigh McCullough, Ph.D. Brief Therapy Inside-Out Video. Phoenix: Zeig, Tucker & Co.

Carlson, J. & Kjos, D. (2000a). Adlerian therapy with Dr. James Bitter (Reprint): Family Therapy with the Experts Video. Boston: Allyn & Bacon.

Carlson, J. & Kjos, D. (2000b). Adlerian therapy with Dr. Jon Carlson (Reprint): Psychotherapy with the Experts Video. Boston: Allyn & Bacon.

Carlson, J. & Kjos, D. (2000c). Bowenian therapy with Dr. Phil Guerin (Reprint): Family Therapy with the Experts Video. Boston: Allyn & Bacon.

Carlson, J. & Kjos, D. (2000d). Integrative therapy with Dr. Allen E. Ivey (Reprint): Psychotherapy with the Experts Video. Boston: Allyn & Bacon.

第九章
干预性会谈和解决重点问题性干预

治疗性和干预性会谈：概述

传统上，临床会谈可分为两个阶段：诊断性会谈阶段和治疗性会谈阶段。诊断性会谈的目的是通过“4W1H”（Who-What-When-Where-How）的提问引出重要资料，治疗性会谈的目的则是帮助来访者获得内省力，并促使其信念和行为发生改变。临床治疗师在与来访者的前几次访谈中通常致力于诊断，他们基于收集到的诊断信息，对案例形成系统化概念并制订治疗计划。之后，正式的心理咨询或心理治疗才得以进行。在正式的治疗阶段，治疗性访谈成为主要的干预手段。简言之，诊断性会谈在前，并且是和治疗性会谈有所区分的。

目前，诊断性会谈和治疗性会谈之间的界线模糊不清（Sperry，1997）。这反映了当前治疗受制于治疗成本的现状，因此，短程治疗——甚至是单次治疗——变得合乎规范了（Hoyt，1995；Johnson，1995）。治疗性会谈包含的范围很广，有治疗性面质、解释、认知行为干预和各种各样的系统性和策略性干预。第七章聚焦于认知行为干预，第八章描述了解释和治疗性面质的技术。在第九章，我们将聚焦于干预性会谈，而在第十章将描述其他系统性和策略性干预。

本章内容概要

1. 什么是干预性会谈；干预性会谈的起源。

2. 干预性会谈在治疗过程中所产生的重要影响。

3. 干预性会谈的10个关键问题——包括等级评定问题，它可能是干预性会谈中最常用的问题。

4. 如何和何时使用这些问题。

5. 干预性会谈与个体和夫妻（家庭）治疗有什么联系。

干预性会谈的起源

1987年，加拿大精神科医生和家庭治疗师卡尔·汤米（Karl Tonun）博士提出了干预性会谈（interventive interviewing）的概念。它被用来描述治疗师如何利用会谈探寻来访者的资料或信息，也被用来描述治疗师如何影响来访者对信息的加工。汤米指出，这种会谈是一种强有力的干预手段，其目的远比诊断性会谈更广泛。他把干预性会谈定义为"会谈者所做的和所说的、没做的和没说的每一件事都以干预为导向，而这样的干预实际上可以是治疗性、非治疗性或反治疗性的。"（Tomm，1987a）。

简言之，汤米认为临床提问的目的应该具有双重性：既为了推动患者对问题本身进行认知加工，也为了引出具体而满意的回答（Tomm，1987a）。换言之，治疗性改变和诊断性信息的收集能够且应该是同时发生的。

怀特（White）和爱普斯顿（Epston）已经在叙述性治疗观中简要描述了干预性会谈。人类的体验，可以被概括为受到构成个人或家庭生活的主要经历和信念的影响。基于这个观点，心理治疗应聚焦于引出来访者的主要体验，并用能够解决实际问题的更为有效的体验来代替。

几乎在汤米、怀特和爱普斯顿描述他们方法的同时，密尔沃基短程治疗中心（the Brief Therapy Center）提出了干预性会谈的另一个概念。史蒂夫·德·沙泽尔（Stevede Shazer，1985，1988，1991）、茵素·伯格（Insoo Berg）和斯科特·米勒（Scott Miller）描述了解决重点问题性干预的几种形式，这显然也属于干预性会谈策略（Berg & Miller，1992）。他们所描述的提问策略能够强有力地使来访者重新认识困扰和问题，包括排除性问题（exception questions）、目标问题（outcome questions）、应对问题（coping questions）和积极描述问题（positive de-scription questions），但他们最重要的贡献可能是等级评定问题。

这里所描述的干预性会谈是一种独特的会谈技巧。在50多年前，阿德勒心理学（又称个体心理学）的创始人阿德勒博士在他1932年的经典论文《治疗技术》（Techniques of Treatment）中所描述的诊断和治疗问题的会谈协议，和当今所谓的干预性会谈策略有着惊人的相似之处，尽管阿德勒并没有如此命名（Adler，1956；1964）。当阿德勒首先提出这种会谈技巧时，像汤米、怀特、伯格、德·沙泽尔、米勒等临床理论学家已经在考虑充实和确定这种有效而独特的干预策略和技巧了（Sperry，1997）。

本章主要描述这种干预的临床使用方法及价值，然后深入探讨10个通用的干预问题，并围绕抑郁这一主题进行举例，为读者理解和说明各个问题提供参考。

干预性会谈或提问技巧：临床使用方法及价值

从根本上讲，治疗是一个促进改变的过程。干预性会谈通过设定问题，不仅可以引出有用的信息（如有助于诊断的相关问题），而且当来访者对干预问题进行加工并做出反应时，可以激起来访者心理和情感世界的变化（Tomm，1987a）。在回答临床问题的过程中，来访者内心将产生各种变化，比如用循环问题（circular questions）扩大或改变其思维的参照系统；用效能问题（empowering questions）使其获得自我效能感；或用返回性问题（reflextive questions）发动其解决问题的技巧。

干预性提问的价值是多方面的。在前一两次的会谈中，治疗师进行信息搜集式的提问，搜集大量具有预测意义的诊断性信息，形成个案概念化并制订治疗计划，并在接下来的会谈中，提出治疗性问题并进行干预，这样形成会谈的短程回路。在一两个诊断性问题以后，治疗师紧接着使用激发改变的问题进行干预。这样，在治疗师和来访者之间的第一次会谈中，就可能发生治疗性改变。事实上，这正是期望之中的事，也意味着来访者没有必要花费一次或更多的会谈时间复述他们的经历。

而且，有些类型的干预性提问，譬如针对治疗目标和等级评定的问题，能使治疗过程更加聚焦，这在应对夸夸其谈的来访者方面特别有效。等级评定问题可能是用来澄清临床医生和来访者之间互动关系的最常用的干预方法。等级评定能够使来访者和治疗师对他们所谈论的双方都不太确信的共同现实变得更为清晰。譬如："在1—10分的量表中，1分表示情绪最坏，10分表示最好。你最近一周的情绪是多少分？"（来访者："4分。"）"你能够做些什么使之增加到5分或6分？"此类提问能够引导一个非常具体的讨论而非泛泛而谈。例如，治疗师问："你最近情绪怎么样？"（来访者："极差。"）"你认为为什么会这样呢？”（来访者：“我也不知道。”）

而且，干预性提问在个体、夫妻和系统家庭治疗等各种治疗方法中都极其重要。显然，干预性会谈是在系统家庭治疗、策略治疗、叙述治疗和解决重点问题治疗中逐渐形成并发展的。干预性提问不仅为这些治疗方法提供了一个创新的领域，而且为个体治疗和夫妻治疗及家庭治疗之间搭建了一座便利的桥梁。时至今日，专业的夫妻治疗和家庭治疗已经逐渐游离于个体心理治疗之外了。一直以来，家庭治疗师接受专门的训练。有趣的是，经过这种专门训练的家庭治疗师往往是多才多艺的。他不仅能够进行夫妻治疗和家庭治疗，还可以进行个体治疗。而很多接受个体心理治疗培训的治疗师很少参加正规的夫妻和家庭治疗培训，因此，他们通常只擅长个体治疗。当然，卫生保健系统，特别是行为卫生保健管理的改革，大大改变了当今大多数临床治疗师的从业之路。无论治疗师最初的培训情况如何，管理机构都期望治疗师只处理个体来访者的需要，不管这些需要是否包括工作、人际关系或家庭问题在内。事实上，许多管理机构想招募更多精于简短治疗，特别是系统和问题解决治疗的治疗师来提供心理治疗服务。因此受过传统个体心理治疗培训的治疗师需要提升技术，这样才能够扩大所治疗的来访者群体，他们特别要熟知干预性会谈的方法，如在个体治疗和家庭治疗中都有重大价值的等级评定问题。

诊断相关问题

在描述10个干预问题之前，把它们与诊断相关问题（Diagnostic-Linear Questions）做对照是很有用的。诊断性会谈是以询问诊断相关问题为特征的，倾向于信息搜集而不是激发改变（Tomm，1987a）。干预性问题则被定义为主要用来激发改变的问题。

描述　诊断相关问题基本是资料汇总和信息搜集类问题，特点是以“谁—

什么—何时—哪里”的格式和顺序出现，是基于对本质的相关假设。例如，A导致或引起B。大多数临床会谈至少始于一些相关性提问，因为这些问题对形成事件的时间顺序尤其有用。因此，在大多数临床会谈中，许多临床治疗师对这种类型的问题情有独钟就不足为奇了。

目的　诊断相关问题的目的是引导临床治疗师进入临床情境、收集资料、建立事件的时间顺序。相关的问题有：是什么事情促使你前来咨询？你的症状始于什么时候？你的抑郁状态持续多久了？你认为是什么原因引起的？什么情况下会有好转？什么情况下会更糟？

临床治疗师的意图　在使用这类提问的过程中，临床治疗师就像一个侦探，通过询问明确聚焦的问题，试着随着一个线索追根寻源。临床治疗师询问相关问题的目的是搜集信息，使自己最终能够对来访者的症状或症状恶化的原因和结果形成系统而确切的推断。例如，在对一些有抑郁特征的来访者的临床会谈中，可能要询问一系列基于诊断标准的问题（DSM-Ⅳ关于重性抑郁症的诊断标准）。对照六或九条诊断标准，他们可以得出结论：该来访者患有严重的抑郁症，其发病原因在很大程度上是由生物因素引起的。

下面有一些相关问题的例子。

• 个体治疗情境

收集总体资料的问题：“是什么原因促使你前来治疗的？症状始于什么时候？你的抑郁状态持续多久了？你认为是什么原因引起的？什么情况下会有好转？什么情况下会更糟？”

排列相关顺序形成诊断：“你说你最近情绪不好，持续多久了？睡眠怎样？入睡困难或早醒吗？胃口怎样？能注意力集中吗？”

• 夫妻治疗情境

“你如何描述你妻子最近的情绪？她的情绪对你有影响吗？你能为此做些什么？”

临床治疗师的意图与问题的类型

有必要说明：问题的类型不单单受问题本身语义和语法的影响。它主要依赖于提问时临床治疗师的意图和假设。有趣的是，汤米（1988）举例说明了同样顺序的词语是如何组成相关诊断性、策略性、循环性或返回性问题的。例如，一位临床治疗师正在进行家庭治疗，他询问处于青春期的儿子：“当你爸爸回到家里，却错过了吃饭时间时，你妈妈正在干什么？”如果这是一个单独设计的问题，那么就可以考虑它是诊断相关问题。如果它被作为一系列设计好的用来探索父母之间相互关系问题中的一部分提出来，那么它就是循环问题。如果最初的提问是为了促进父母成为自己行为的观察者，并促使他们意识到要改变自己的行为，那么它就是返回性问题。如果这个问题是因临床治疗师预测这个青少年所要说的内容而提出的，并且其目的是对质父母中的一方不能容忍的行为，并公开这些行为，它就成为策略性问题。

10类干预性会谈问题

聚焦于干预的问题类型多种多样，这一章集中讨论10种临床治疗师在培训中容易掌握的，并且通常可以在临床上被有效运用的问题类型。表9.1提供了这10种问题的概要。

1. 循环问题

描述　循环问题（circular questions）对于理解和描绘来访者的人际关系情况十分有用。这种问题基于循环而非基于相关的现实观或因果观。例如，在相关因果原则中，事件A影响事件B，但反之则不成立。然而，在循环的因果观中，我们可以认为事件A影响事件B，但同时事件B也影响事件A。

表9.1　10种干预性会谈的问题类型

问题类型	问题目的	临床治疗师的角色（意图）	举例
循环	扩展人们在特定情境中的视野	获得新发现的探索者	你妻子认为你抑郁的根本原因是什么?
返回	推动人们自己解决问题	激发来访者自身资源的引导者或教练	假如你想象自己不再抑郁，会是怎样的?
策略	面质或引导个人进行行动	建议如何行动的督察者	你何时会停止如此消极地谈论你的将来?
外化	把一个人的问题、症状与自我感受分开	处理紧急事件、使人脱离困境的技术人员	当你的生活不被抑郁情绪所控制时，你会怎样?
效能	引出一个人的自我效能感	提升个人力量的促进者	在你不抑郁的时候，你都想些什么和做些什么?
等级评定	评估问题的强度或解决方法的有效程度	做出精确评估的科学家	假设明天你的情绪在1—10分量表上的得分是4，你会做些什么使之上升到5分或6分?
假设	聚焦于未被注意到的成功的努力	进行全面调查的侦探	你情绪好时会有什么不同，你会仔细思考这些不同吗?
积极描述	用积极目标替代消极目标	激发动机的演说家	除了感到抑郁和沮丧外，你还将做些什么?
结果	引出改变的目标或终点	澄清结果的战略计划者	你如何知道你最终战胜了抑郁?
应对	探索应对策略（过去成功的策略）	在事情没指望时发现希望的促进者	为了防止抑郁变得更糟，你会做些什么?

目的　循环问题对引出与个人相关的关系模式最有帮助（Tomm，1987a）。它们是关于比较或差异的问题，并且是形成重构特定的生活环境和情感的基础。一般在临床治疗师进行循环提问的过程中，来访者以前在消极建构的情境下形成的视野会得到扩展。

临床治疗师的意图　在运用循环提问的过程中，临床治疗师的角色可以被比喻为一个准备发现新领域的探索者，或者是一个寻找慢性疾病的病因学基础的医疗研究者。临床治疗师的意图是促进来访者用新的方式重新审视不良的人际关系或症状。简要而有技巧的运用循环提问，能够促进来访者扩大视野。

举例　下面是一些表述循环问题的例子。注意这些来访者是如何被要求旁观自身、比较、鉴别并形成新的认识的。

- 个体治疗情境

“除你之外，还有其他人担心你女儿的抑郁吗？你和你的丈夫，谁更担心？你女儿什么时候抑郁？你的反应如何？你是如何应对她的反应的？你丈夫是如何应对的？”

- 夫妻治疗情境

“你是什么时候开始使用那种语气谈话的？你的配偶如何反应？你是如何应对她的反应的？”（对配偶说）“你体验到他说话的语气了吗？当你开始变得平静，你的配偶和你更亲密了还是更疏远了？你当时是用这样的方式还是不同的方式来理解的呢？”

2. 返回性问题

描述　像循环问题一样，返回性问题（reflextive questions）是基于对现实的循环假设。返回性让倾听者根据人物、地点或时间的不同而转换不同的参考点，因此，它们有助于来访者产生新的观点和建立新的联系。

目的　返回性问题是用非指导性的或非特定的方式影响来访者、夫妻或家庭（Tomm，1987b；1988），其目的是促使倾听者解决自身的问题。返回性促使倾听者重构意义或转换背景。这类问题鼓励倾听者思考他们当前的感觉或行为的意义，并考虑改变。

临床治疗师的意图　在运用返回性问题的过程中，临床治疗师的角色可以被比喻为一个促进和引导演员进行更高水平表演的导演。在治疗中，临床治疗师通过熟练运用返回性问题，引导来访者发动自身的智力或情感资源来解决以前未解决的问题。

举例　下面是一些表述返回性问题的例子。注意倾听者、来访者是如何被促进并发动他们自身的资源，并改变以前不相信自己会成功地得到治疗或征服抑郁的观点的。

- 个体治疗情境

“假设这次治疗成功了，将来有一天你重新思考这次治疗，你认为转折点是什么？”

“假设你想象自己不再抑郁，情况将会怎样？”

- 夫妻治疗情境

“假设你告诉他你是如何为他的抑郁而担忧，你认为他会怎么想和怎么做？”

“假设他对家庭充满怨恨，却不敢启齿，你认为他谈论这一点会感到安全吗？”

3. 策略问题

描述 策略问题（strategic questions）不仅是策略治疗的主要方法（Haley，1963），而且是干预性会谈的重要组成部分。策略问题从本质上来说是指导性的，目的是向来访者、夫妻或家庭提供改变的方向。临床治疗师的这种指导通常能被很好地掩饰，因为改变的方向常常包含在提问的形式中（Tomm，1988）。一些来访者在被以这种类型的问题询问时可能会很恼怒，另一些人则会发现这些问题和他们的人际模式的类型十分吻合。与表9.1中的其他9个类型的问题相比，策略问题实质上是事件相关问题。

目的 策略问题的目的是在治疗性指导下改变个人的行为。这种类型的问题基于因果的相关假设，因此，依据这种假设，当临床治疗师发现来访者功能异常时，应能够纠正它或使之发生改变。策略问题是直接或潜移默化地影响个人、夫妻或家庭的有效模式。

临床治疗师的意图 在运用策略提问时，临床治疗师扮演了一个法官的角色，建议被告应该怎样做，或者建议律师在交互讯问中如何询问证人。在治疗情境中，临床治疗师常常通过运用策略问题，以非指导的方式，面质来访者的阻抗。

举例 下面是一些向个人或夫妻表述策略问题的例子。

- 个体治疗情境

“你何时会停止如此悲观地谈论你的将来？”

“你何时能够驾驭自己的生活，并开始找工作？”

“你习惯于为逃避尝试新事物寻找借口吗？”

• 夫妻治疗情境

“为什么不把自己的担忧告诉妻子，而是告诉女儿？”

“如果下周你建议她每天早上做早饭，而不是在床上一直躺到中午，会怎样？”

“如果你不再做出一点努力让她起床走动，她会怎样呢？”

“你是愿意确保让她每天早上都起床呢，还是愿意整天担心她可能用药过量呢？”

4. 外化问题

描述 外化问题（externalizing questions）是促使来访者体验问题，或者体验问题的产生环境，把问题看作自身外部的事情。将问题外化是降低来访者觉察无助感或困窘感的一种有效手段（White & Epston，1990）。外化问题可以帮助来访者认清他们的症状或困境，并把它们与自我分开。

目的 外化问题的主要目的是把个人的自我感觉与现实问题、症状或功能损害分开，以使他不会因感到绝望、无助、挫败、失控或负罪感，而无法制订计划、执行计划或做出改变。

临床治疗师的意图 运用外化问题的临床治疗师可以被比喻成一名处理紧急事故的技术员，用生命技术的手段使事故的当事人免于灾难。临床治疗师运用外化问题能够解除来访者以前的无助、内疚或无望感对其自身的禁锢，使他们开始确信事情将可能出现转机。

举例 下面是一些向个人或夫妻表述外化问题的例子。

• 个体治疗情境

“当你摆脱抑郁的控制时，你会怎样？”

“你感觉自己在多大程度上受抑郁控制？你感觉自己可以在多大程度上控制抑郁？”

“在抑郁状态下，你能够用什么方式规划你想要的生活？”

- **夫妻治疗情境**

“最初，何种征象使你知道你父亲对待你母亲的方式正渗透到你和你配偶的关系中？”

“当你决定摆脱配偶的苛责对你的影响时，这种苛责又如何使你欲罢不能？”

5. 效能问题

描述　效能问题（empowering questions）对于提升来访者的力量和强化他们以往所获得的任何成功都格外有用。塔尔蒙（Talmon，1990）、怀特和爱普斯顿（1990）已经说明了几种增强效能和重构自我的问题类型，一旦来访者或家庭认清了他们的问题，并以某种方式把问题与他们自身分开，效能问题的应用就尤为重要。在这一点上，效能问题和外化问题的作用相似。

目的　效能问题的主要目的是，通过利用来访者以前的知识、经历和在其他生活领域的成功经验，为即将到来的治疗任务做好准备，引出他们的自我效能感。

临床治疗师的意图　运用效能问题的临床治疗师可以被比作一个组织的顾问，通过提升团队中每一个成员的个人力量与专长，以及对团队的忠诚，促进团队建设。临床治疗师通过使用效能问题，提升了来访者的力量和自我效能感，以使他们开始相信他们能战胜艰难困苦。

举例　下面是一些向个人或夫妻表述效能问题的例子。

• 个体治疗情境

“当你偶尔不抑郁时，你会想些什么？”

“当你拒绝抑郁的生活模式时，你会如何评价自己？”

“想象你正在看一个水晶球，你能够看到自己将来不再抑郁吗？你会用什么迥然不同的方式对待自己的生命？你会如何努力使之成为现实？”

• 夫妻治疗情境

“你能想象一下你已经完全掌控你儿子的行为吗？这对于你来说会有什么不同？”

“如果你在正确的方向迈出很小却很重要的一步，为你的婚姻驶入正轨带来一线希望，这一小步应该是什么？”

6. 等级评定问题

描述　此类问题要求用量化的比喻进行描述。临床经验表明，个体如果用渐变的而不是非黑即白的方式看待自己的问题，会有所裨益。

目的　等级评定问题（scaling questions）帮助个体和临床治疗师描绘出各方面问题的强度，或解决的程度（de Shazer，1991）。此类问题大体的形式是：“在从1到10的等比量表中，10代表你问题最多，1代表最少，你目前的问题的等级是多少？”

临床治疗师的意图　运用等级评定问题的临床治疗师可以被比作一个天气预报员，仔细追踪一段时间飓风的强度，预报飓风将造成的破坏性影响。临床治疗师运用等级评定问题能够更精确地评估来访者因症状所带来的烦恼和其对损害的感知，使他们对所发生的变化有所觉察。

举例　下面是一些向个人和夫妻表述等级评定问题的例子。

• 个体治疗情境

“在从1到10的等比量表中，10表示‘我将处理问题所引起的一切麻烦’，1表示‘我对此无动于衷’，今天你准备解决问题的状态的等级是多少？”

“你怎样能够让你的准备状态上升1个等级或下降1个等级？”

• 夫妻治疗情境

“如果我（临床治疗师）问你的妻子，你为改变所准备的状态的等级是多少，她会说是多少？和你自己的评分有何不同？”

“在从1到10的量表上，10表示你们完全实现夫妻治疗的目标，1表示根本就没有起色，今天你们自评的等级是多少？”（回答说：“4。”）“你们需要做些什么才能从4达到5？”

运用等级评定问题，以来访者为中心

最后，我们将提到运用等级评定问题的另一个重要价值。等级评定问题确实能够促使治疗过程接近真正以“来访者的理想为中心”或以“来访者的理想为导向”，真正尊重来访者（Berg，Sperry & Carlson，1999）。因为等级评定问题评估的是来访者的理想——而不是临床治疗师的理想——这一理想是由充分解决他们所呈现的问题所组成的。因为来访者是根据自己的体验评估等级的，而不是根据治疗师的愿望进行评估。临床治疗师可以说：“你甘愿忍受自己水平5的情绪吗？”如果来访者说“是的，现在只能这样”，临床治疗师没有必要因为来访者设置的终点未达到治疗师所期望的7或8的水平而感到失望。

另外，作为一种有效的干预方法，这种问题体现出对来访者的尊重。治疗师可以这样对来访者说：“我知道你很清楚自己需要什么，什么对你有益处，因此你也许可以把这些告诉我。”临床治疗师没有必要越俎代庖，一定要为问

题提出恰当的解决方法，或给来访者正确的答案，因此，很多责任又被返还给来访者。如果说“我知道什么对你有益处，把你的情绪提升到7或8”，则常常会弄巧成拙。

7. 假设问题

描述　这种类型的问题可以用于有时来访者的问题和症状都不存在的情况，通过尝试这种假设情境，看其能否成为进一步改变的基础。这种类型的问题强调来访者没有认识到的成功行为，这些行为常常可以有效促进治疗的进展。

目的　假设问题（exception questions）的目的是把注意力集中于来访者没有认识到的成功方面（Berg & Miller，1992）。假设问题设想来访者能够而且确实能够改变自己，只是他对自己的改变视而不见，必须经医生的指点才能醒悟，并假设重要的改变能够发生，甚至在第一次会谈之前就可能发生。

临床治疗师的意图　使用假设问题的临床治疗师可以被比作一个侦探，他需要在一个案例诉讼中仔细调查，发现一些别人忽略的关键性证据。临床治疗师运用假设问题强调来访者忽略的成功，无论这样的成功有多微小，它们仍是鼓励来访者在艰涩的治疗道路上继续前行的关键因素。

举例　下面是一些向个人和夫妻表述假设问题的例子。

- 个体治疗情境

“如果你的症状不是如此严重或明显，会有什么不同？是什么原因导致了这种假设情况？怎样使之发生？”

“你何时已经做了一些为完成目标所需要的事情？”

“在上周，有没有时候问题不曾出现的时刻？”

“当问题发生时，你曾经成功处理过吗？”

• 夫妻治疗情境

“有时候，伴侣两人会注意到，他们从电话预约到第一次会谈之间发生了一些变化。你注意到你们之间有什么变化吗？”

“你们说自从上次我们见面以来，你们在争吵和打架方面没有变化，那你们做了些什么使情况没有变得更糟呢？”

8. 积极描述问题

描述　尤其是在治疗初期，来访者倾向于使用消极语言来描述他们的目标和愿望（Tomm，1987b）。例如，当他们讲述事物时，他们只描述事情缺憾的方面。他们会称，如果他们能够戒烟，他们将不会再抑郁，或者老婆将不会再吹毛求疵。问题是这些来访者所设立的消极目标和行为并没有使他们真正体验到自己独特的自我感，只是使他们暂时逃离压力和束缚。因此，使用积极的描述性语言重构目标和行为是一项重要的治疗工作。要让来访者积极地描述问题，表达积极的、可完成的目标和行为的可能性，而不是消极地叙述目标、计划和行为。

目的　积极描述问题（positive description questions）的目的是促进来访者用积极的目标和计划替代消极的目标和计划（Berg & Miller，1992）。

临床治疗师的意图　使用积极描述问题的临床治疗师可以被比作一个激发动机的演说家。在公司营销会议上，他是如此慷慨激昂，充满活力，使以前萎靡不振的营销队伍重新焕发活力，从而使他们预测下个季度的市场份额在目前的基础上会提高10%。临床治疗师要使用积极描述问题促使来访者的语言变得更主动、积极。因此，对现实的可完成的治疗目标和结果的消极语言描述，要被更积极的语言描述所替代。

举例　下面是一些向个人和夫妻表述积极描述问题的例子。

- 个体治疗情境

“除了服药，今晚你还能够做到哪些？”

“除了那些无望感和抑郁感，你还有哪些感觉？”

- 夫妻治疗情境

“当你的财务人员只是不同意你的主张时，她怎样表述才不会使你认为她在羞辱你？”

“当你开始对你的人际关系有更多积极的想法时，你会做什么？”

9. 结果问题

描述　来访者从治疗中脱落的原因之一是对治疗不满意。通常，这意味着临床治疗师和来访者有不同的治疗目标。当治疗目标没有被讨论和具体化时，临床治疗师和来访者之间很难建立治疗联盟，治疗就不会成功和令人满意。

目的　结果问题（outcome questions）的目的是引出并具体化来访者的目标或改变的终点（Berg & Miller，1992）。

临床治疗师的意图　使用结果问题的临床治疗师可以被比作一个组织的顾问，他要领导一个战略性策划的会谈，并帮助销售经理澄清他们一年、三年和五年的销售目标，以及他们所期望的市场份额。同样，运用结果问题的临床治疗师要帮助来访者澄清并具体化他们对心理治疗的期望。

举例　下面是一些向个人和夫妻表述结果问题的例子。

- 个体治疗情境

“如果你不告诉别人，谁能注意到你在心理治疗中的进步？他们会注意到什么？”

“假设在午夜，奇迹发生了，使你前来治疗的问题解决了。但因为当时你还在睡觉，你浑然不知。第二天你醒来，你如何知道问题已经被解决？最初的标志是什么？”这也可以被称为奇迹问题（miraclequestion）。

• 夫妻治疗情境

“你们如何知道你们已经从夫妻治疗中获益？”

“如果我们有摄像机，能够录下你们关系融洽的任何时刻，我们会看到你们双方都做了什么呢？”

10. 应对问题

描述 在心理治疗过程中，有少数来访者会感到如此的无望以至于他们甚至不能想象治疗的积极结果，或不能对目标问题做出任何反应。相反，来访者会诉说一些自杀的想法或计划。当事情的进展看起来不是很顺利，或者来访者的状况变得每况愈下时，治疗师应探索来访者的应对策略。在此过程中，治疗师要用间接的方式重构来访者生活中应对外部事物的能力（Berg & Miller，1992）。

目的 应对问题的目的是探索来访者在面对个人改变时的应对策略和过去的成功经验。

临床治疗师的意图 使用应对问题的临床治疗师可以被比作乐观的劳务中介者，当在协商中双方的目标相去甚远，事情即将要告吹时，他要使双方重获希望。同样，运用应对问题的临床治疗师，要帮助来访者探索阻止他们成功改变的时刻，并且运用自我管理、问题解决和人际关系技巧使来访者处之泰然。

举例 下面是一些向个人和夫妻表述应对问题的例子。

• 个体治疗情境

“你如何阻止抑郁情绪使你变得沮丧？”

“你好像是作茧自缚，你怎样才能冲出樊笼呢？”

“你做过哪些努力来抗争要伤害自己的想法？”

“你怎样努力阻止事情变得更糟？”

• 夫妻治疗情境

“你们如此担心女儿的癌症，你们是怎样做到维持日常生活的呢？”

“面对这些经济和孩子的问题，你们是如何一起努力维持你们的婚姻的呢？”

如何和何时使用干预性问题：一个治疗的图谱

在心理咨询和心理治疗实践中，临床治疗师如何使用干预性会谈问题呢？这受到很多因素影响，如来访者的需要、性情、时间。在什么阶段使用干预性会谈合适呢，是在治疗过程中的第一次会谈还是在治疗的中间阶段？我们建议使用下列策略。

在初始访谈阶段

1. 以一两个开放性问题开始第一次访谈。例如：“是什么原因使你前来咨询？”

2. 为了具体化症状和损伤的类型、突发事件的顺序、因果关系和人际关系等，治疗师接下来要使用一些资料收集的问题或相关问题。例如：“你是什么时候第一次注意到自己的这些抑郁感受的？”

3. 用等级评定问题具体化紧张和损伤水平。例如："在1—10的等比量表上，1表示你能想象的最差的感觉，10表示最好的感觉，你现在的情绪处于哪个等级？在过去的两个月中，你最糟糕的情绪处于哪个等级？最好的情绪呢？"

4. 然后，治疗师使用结果问题。例如："你认为多长时间你能好转？你如何知道自己战胜了抑郁？"

5. 接下来，治疗师根据来访者对结果问题的反应，可以转移到积极描述性问题、循环问题、假设问题等，目的是帮助来访者朝向他们的最终目标。

在随后的访谈中

在随后的访谈中，使用干预性访谈法意味着你要有针对性地制订问题策略，或拟定草案，从鼓励或支持到探询或面质——使治疗朝向来访者并完成他们的治疗目标。各种干预性问题可能交互出现，也包括相关问题、资料收集问题等。这些问题要适合当时的情境。我们建议你要熟悉表9.1中10种类型的问题、每种问题的目的，及临床治疗师的角色和意图。你可以根据情况选择适合情境的问题。例如：

1. 当来访者感到十分沮丧和无助时，应对、效能和积极描述问题特别有效。

2. 当来访者害怕改变或举棋不定时，外化和假设问题可能是基本的。

3. 当来访者在通向最后目标的过程中受阻或阻抗时，特别是当治疗性面质和临床解释不是特别有效时（见第八章），策略问题可能卓有成效。

4. 当来访者需要获得洞察或改变参考系时，循环问题和返回性问题特别有效。

5. 最后，等级评定问题能够被运用到治疗过程中的任何时候，用来评估来访者对症状、损伤、动机和准备改变状态的觉察，以及朝向最终目标的进展情况。

总结

近来，随着对临床治疗师效能和成本效益分析的要求的不断提高，以及人们在心理咨询和心理治疗领域取得的令人振奋的新进展，当今的心理咨询和心理治疗的方式已经发生了重大变化。变化之一是治疗师在治疗过程中，甚至在治疗一开始就使用干预性会谈策略。本章描述了过去60年来干预性会谈的创立和发展。干预性会谈是推动来访者发生改变和获得信息的重要策略。它和传统的通过诊断性探询、强调数据收集的诊断性会淡存在明显区别。当临床治疗师需要使用治疗杠杆帮助来访者达成一致的治疗目标或结果时，干预性会谈也是个体心理治疗和夫妻、家庭心理治疗之间的纽带或桥梁。本章已经描述和说明了10种类型的问题，并提供了在治疗全程中，运用这种会谈策略的具体原则。

参考文献

Adler, A. （1956）. The individual psychology of Alfred Adler. H.L. Ansbacher & R.R. Ansbacher （Eds.）. New York: Harper & Row.

Adler, A. （1964）. Superiority and social interest. H.L. Ansbacher & R.R. Ansbacher （Eds.）. Evanston, IL: Northwestern University Press.

Berg, I. &Miller, S. （1992）. Working with the problem drinker. New York: Norton.

Berg, I., Sperry, L., &Carlson, J. （1998）. Intimacy and culture: A solution-focused perspective—interview. In J. Carlson & L. Sperry （Eds.） The intimate couple （pp.33-40）. New York: Brunner/Mazel.

de Shazer, S. （1985）. Keys to solutions in brief therapy. New York: Norton.

de Shazer, S. （1988）. Clues: Investigating solutions in brief therapy. New York: Norton.

de Shazer, S. （1991）. Putting differences to work. New York : Norton.

Haley, J. （1963）. Strategies of psychotherapy. New York: Grune & Stratton.

Hoyt, M. （1995）. Brief therapy and managed care. San Francisco: Jossey-Bass.

Johnson, L. （1997）. Psychotherapy in the age of accountability. New York: Norton.

Sperry, L. （1997）. The rediscovery of interviewing. In J. Carlson & S. Slavik （Eds）. Techniques in Adlerian Psychology （pp.107－110）. Washington. DC: Accelerated Development/Taylor & Francis.

Talmon, M. （1990）. Single-Session Therapy. San Francisco: Jossey-Bass.

Tomm, K （1987a）. Interventive interviewing: Part Ⅰ.Strategizing as a fourth guideline for the therapist. Family Process, 26: 3-13.

Tomm, K （1987b）. Interventive interviewing: Part Ⅱ. Reflexive questioning as a means to enable self-healing. Family Process, 26: 167-183.

Tomm, K （1988）. Interventive interviewing: Part Ⅲ.Intending to ask lineal, circular, strategic, or reflective questions? Family Process, 27: 1-16.

White, M. & Epston, D. （1990）. Narrative means to therapeutic ends. New York: Norton.

第十章
系统干预和心理教育

本章内容概要

1. 理解结构化技术如何能够改变系统。
2. 学习如何运用系统和结构化技术打破平衡。
3. 如何改变来访者对现实的态度，引发变化。
4. 如何通过心理教育和改变原有模式来产生不同的行为。

概述

干预可以通过改变来访者目前的反应模式或外界环境而实施，这包括改变一个家庭的等级结构、界线、联盟和联系。治疗师要有目的地创造一种情境，挑战并打破原有的外界环境的平衡。干预会增加原有系统的冲突，并开创一条改变系统结构的道路。

我们生活的结构会对我们产生或好或坏的影响。例如，一些家庭具有清晰的等级模式，便于家庭成员互相联系；另一些家庭中却几乎没有结构，家庭成员之间很少进行有意义的接触。根据米纽庆（Minuchin，1974）所言，在两种情境中，发展性或突发性事件会增加家庭的压力，使家庭行动僵化、混乱和功能不良，从而使整个家庭陷入危机。这类事件的例子有，孩子的出生、失业、搬家或孩子离家上大学。

我们最好把一个人的症状放在家庭反应模式的背景中去理解。治疗师应把家庭或系统作为一个完整的来访者对待，希望通过构建或重构系统，使家庭的所有成员或家庭本身变得更加强大（Minuchin，1974）。因此，为了产生持续的改变，治疗师必须调整家庭的平衡和联盟，以便于使家庭成员之间的新的联系方式成为现实。

使用结构化策略能够促使组织或结构发生改变。人际关系子系统中的位置、权力、角色、忠诚和边界是这些变化的核心。阿尔弗雷德·阿德勒促进了由谢尔曼和丁克迈耶（1987）提出的位置心理学（place psychology）的发展。位置心理学关注来访者如何主观地感知他们在系统和社会中的位置，以及与这一感知相关的人的行为有怎样的功能。根据谢尔曼和弗雷德曼（1986）的观点，检验位置感的重要性显而易见，位置感影响许多相互关系，也受许多相互关系的影响。

1. 文化、伦理、种族、地域和其他社会经济学的因素。
2. 个人在家里的出生顺序。
3. 对家庭的忠诚感、家庭成员之间的个性化和独立的程度。
4. 权力的分配以及决策权。
5. 系统中的角色（和事佬、保护者、倡导者、幽默家、无助者等）。
6. 家庭成员之间的联盟与勾结，以二元关系为基础的三角关系。
7. 身体或情感的亲密程度，成员之间的距离（Hoffman，1981）。

当这些因素中的任何一个发生改变时，整个系统都会受到影响和发生改变，这是运用结构化策略的一个重要假设。另一个重要假设是人们的每一个行为都是有目的的，因此，每一个人的位置感和角色在系统中都执行着有效的功能。治疗师在选择合适的策略或技术时，需要理解这些功能的本质。

当治疗师和家庭在进行互动时，他需要口头或非口头评估组织的模式和每个人的位置。例如：谁挨着谁坐，距离有多远，看着谁，向谁倾斜或远离谁；谁跑题了，何时跑题，其他人的反应如何；谁从谁的身上转移注意力，何时转移了注意力。治疗师能够干预并改变具有保持症状功能的模式。

结构化技术在治疗的开始阶段非常重要。每一位治疗师在这一阶段的一个重要策略是参与到来访者当中，而不是依附于他们的系统之上。无论你是否把这种参与叫作亲善、参与、调解或移情，治疗师必须找到一个恰当的位置和来访者共处。实质上，就是要产生一个新的系统——一个治疗系统，包括治疗组织结构（新的游戏规则）、共情以及达成包括治疗师在内的新的工作小组的协议。治疗师要让来访者知道，他们在这一系统中是被倾听、理解和重视的。

结构化技术的目标是通过让每一位家庭成员从一个位置移动到另一个位置，从一个角色转变成另一个角色，建立和强化系统中位置之间的恰当界线，来使系统本身发生重组，使系统发生改变。

结构化策略有很多用途：

1. 产生移动。来访者常常感到陷入困境，不知道如何挣脱。结构的移动可以立刻引起转变。

2. 改变观念。使来访者用新的角色和规则，为自己设想一个新的位置或立场，激励来访者用不同的方式观察事物，对同样的事产生不同的理解。

3. 改变权力的分配。为了克服不公平或打破对抗的僵局，治疗师通过与某个子系统联合，能够增加某个人在系统中的重要性。

4. 瓦解勾结。有时两个人或更多的人联合起来对抗第三个人。

5. 形成新的联盟。通过合作和共同工作，使人们齐心协力。

6. 澄清子系统之间的边界。谁、何时、以怎样的方式加入，在其中发挥什么作用；谁对什么负责；治疗中认识到的代与代之间的区别；减少僵化、增加分享和合作的界线等，都是治疗中应加以注意的内容。

7. 发现自身新的方面。通过变换位置，人们有机会尝试新行为，发现自己的新的方面。

8. 把来访者在特定位置的经历正常化。人们有时因为自己在系统中的特定位置，认为自己糟糕、没用或无能。此时，治疗师可以用诸如“如果我在你的位置上，我也会抑郁”“在你这样位置的人都会做相似的事情，或有类似的感受”或“这个位置的好处是什么？”之类的话来帮助他们认识。

9. 重构在一个特定位置的意义。一位来访者抱怨作为老大的负担。治疗师回答：“是的，的确如此。作为一个最大的孩子确实会发生那样的事情。但这也培养你在社会上的领导能力，并且其他人会很仰慕作为老大所带来的这些好处。”

10. 通过对一个人进行干预改变家庭系统。当一个人的位置发生改变时，系统必然会出现重组，治疗师可以鼓励和支持单个来访者去设想在系统中的新角色，迫使其他人做出调整。

打破平衡的技术

建立事件的新顺序

角色扮演（enactment）可以让治疗师观察家庭成员之间的真实互动。治疗师在互动的过程中确定问题行为的位置。角色扮演也是一个中介，通过它，治疗师可以引入瓦解原有交互作用模式的方法，迫使家庭调整和发展新的规则和功能良好的角色。变化的发生常常是通过解决问题而不是讨论问题产生的。

角色扮演的目的是给家庭成员一种不同的现实体验。家庭成员对自己和其他成员行为的解释，对家庭中受尊重的地位和功能的看法，对他们的问题的实质的思考，和如何为问题的解决做出努力的想法，以及他们相互之间的态度，都能够通过治疗师的筹划被活生生地带入现场中来。角色扮演可能是很生动而微妙的，其真正的功效不是来自情境中的情感，而是来自家庭成员在相互关系中，用不同的方式互动的事实。通过描述和控制互动，治疗师应能控制关键要领，即规范谁应该和谁、为何、何时、如何相互作用的规则（Minuchin，1974）。

划定边界（boundary marking）是角色扮演的一个特例。治疗师限定相互作用的领域，使之对特定成员开放，但对其他成员关闭。划定边界的方法也被称为模块化（blocking）。这是一种重构技术，因为它改变了游戏规则。它可能在口头上通过阻止一个人或帮助另一个人来完成，也可能在空间上通过改变在治疗中就座的位置来完成。令人惊奇的是，划定边界经常能使那些口头干预无效的模式发生改变。治疗师可以运用以下方法划定边界：

1. 重新安排座位。例如，治疗师可以通过改变座位来阻止经常打破规则的小孩捣乱。

2. 重构问题。可以通过让家庭成员用不同的方式看待问题来完成。例如，观察一个小孩如何以现实行动尽力撮合父母。

3. 使交互作用的模式模块化。可以通过让某些家庭成员离得更近些，或举手示意停止互动，或给出一个指令来划定边界。

建立新的现实观

重构（reframing） 重构是一种把现实问题放在新的观点中的策略。事实不容改变，人们却可以从一种新的角度来看待。将一件事或一种情境放在新的背景中来解释，其原有意义可能会发生改变。原先家庭成员认为好像没有可行的解决问题的方法，并且习惯成自然地用这样的方式看待问题。当他们使用新的方式或从新的视角看待问题时，新的观点可以使家庭成员有效地解决问题。这经常涉及对消极行为赋予积极的意义。重构是一种重要的人际技巧，因为每一种行为都有优点和缺点。通过接受这些行为的优点可以减少行为的负面影响。

重构不改变情境，但“意义的改变会引发改变的可能”（Piercy & Sprenkle，1986）。例如，当配偶默不作声时，他可能正深思熟虑；经常被指责为唠叨的母亲可以被治疗师重构为，她是一个对别人特别感兴趣和特别关心他人的人。治疗师用不同的、积极的参照体系对行为模式做出反馈，以便来访者用不同的方式看待问题，通过使其用另一种视角看待目前的情境，促使他们用新的方式思考和感受，这可能会提高他们产生新的行动方式的动机。

重贴标签（relabeling） 在许多功能不良的家庭中，存在着过多责备。以一个积极的形容词代替一个消极的形容词，这被称为重贴标签。例如，妻子说丈夫“控制”，治疗师重贴标签说丈夫是“负担过度”，这便将丈夫的行为重新贴标签为家庭结构的一部分。治疗师可以帮助家庭用一种更公平的方式划分家庭的责任。这种策略类似于重构。

标点法（punctuation） 标点法是由系统论者创造的一个专业术语，用来描述每个成员对其他成员的问题造成的影响。这一概念是交互因果关系的中心，与线性的因果论相悖。交互影响的发生是因为每一个交流的参与者都使用他们自己的标点，每一个人都相信他们所做的事是由其他人所说的或所做的事引起的。例如，丈夫解释说，他的疏远是由于妻子的唠叨，而妻子解释说，她唠叨是因为丈夫的疏远。只要相互作用被以这样的方式加上标点以后，就很少有改变的机会。为了发展更健康的生活方式，这些冗余的交流模式必须被识别出来，并被重新修改标点。

打破平衡（unbalancing） 它可以用来形容治疗师的绝大部分行为。基本的策略是产生不平衡。在治疗期间，打破平衡是指治疗师利用他们的权威或力量，通过支持冲突中的一个人来打破僵局。平衡不能被随意打破，治疗师只能在准确挑战一些陷入对与错、好与坏的困境中的家庭时使用这种方法。打破平衡这一手段挑战的是系统而不是个人。

这种策略的具体做法是改变子系统中成员的关系。很多治疗师运用这一手段时会有困难，因为它实际上是使治疗师有所偏颇，而这会与治疗师所要求的中立原则相悖。但重要的是，治疗师没有评判谁对谁错，而是打破不健康的僵局。

治疗师可以使用以下方法打破家庭系统原先的平衡。

1. 联合力量最小的家庭成员。治疗师联合一个家庭成员不是因为他必须和这一成员的立场保持一致，而是因为可以助这位成员一臂之力来调整家庭的结构。治疗师可以说：“我能够理解你为什么会那样感觉”或者“她需要你解释你的立场”。

2. 拒绝承认一个家庭成员。这种技术的力量极其强大，因为它挑战被拒绝的家庭成员的归属需要。一个疏离的、对抗的或控制的家庭成员可能会与治疗师斗争，以夺回原来的位置。由于治疗师控制了这种交互模式，治疗师决定着一个家庭成员如何参与家庭的活动，因此，这种成员的重新加入的代价可能是参与、忍受或任何促进系统改善的方式（Hanna & Brown，1999）。

重构边界（boundary restructuring） 这种方法被用来重新调整家庭成员的边界，或者增加他们的亲密度或者增加他们的距离感。功能不良的家庭边界的特征是要么过度严格要么过于松散。在非常亲密或高度牵绊的家庭中，治疗师要加强子系统之间的力量，并试图增加家庭成员的独立性。例如，鼓励家庭成员为他们自己辩护，制止任何试图打扰他们的人。这种情况常常发生在治疗师帮助父母制止孩子干扰父母对话的行为。

有些家庭成员为避免冲突而与家人疏远或脱离家庭，尽量不相往来。治疗师必须阻止这些逃避或回避行为，并帮助这样的家庭成员学会面对家中其他成员，这包括先学习直接表达自己的感受，然后融入这种积极的互动之中。

悖论（paradoxes） 悖论是挫败或迷惑家庭成员寻找改变目前情境的一种认知构建。这种技术之所以是悖论，是因为人们为了达到目标，偶尔必须要做一些与他们的目标明显对立的事情。例如允许家庭或家庭成员维持某种习惯行为，其目的是消除或降低阻抗。

哈利（Haley，1976）是拥护这种技术的领袖之一，他认为悖论有很多形式，包括使用限制、描述和重新定义。

1. 在限制（restraining）技术中，治疗师告诉家庭成员，除了现在的行为习惯，他们没有能力做任何新的尝试。例如，治疗师可以说："你除了保持现在的所作所为，我想不出你还能做些什么。"

2. 在描述（prescribing）技术中，治疗师要求家庭成员在治疗师面前重演一个棘手的功能不良的行为。例如，可以要求父母展示他们为了他们16岁的孩子何时做家庭作业或打扫房间而争执不休，他们可以持续争吵到他们通常所花费的时间，出现同样的僵持局面。

3. 重新定义（refining）是把症状或恼人的行为归因于积极的含义。这种观点认为症状对于生病的人来说具有一定的意义，无论这种意义是合乎逻辑的还是不合逻辑的。就一个付诸行动的儿童来说，治疗师可能会重新界定儿童的行为是设法把父母对婚姻的注意力全部集中在自己身上的一种尝试。

莫兹齐尔兹（Mozdzierz）等人（1976）把这个列表扩展到12种技术。下面是对这12种悖论技术的简要描述。

1. 对令人恼怒的评论做出中立的反应而非激起愤怒或防御性的反应。

2. 允许来访者在他们需要且渴望的时候维持其症状。

3. 鼓励来访者推迟他们的决定，以延长和加重危机情境。

4. 禁止来访者做他们一直以来为了避免伤害而不去做的事情。

5. 告知来访者症状会卷土重来。

6. 夸大来访者的症状，甚至比他们所诉说的还要严重。

7. 保留症状产生的原因，使症状维持。

8. 从消极到积极，重新定义症状。

9. 在治疗师的指导、控制和合作下，描述消极行为的持续。

10. 鼓励来访者产生更多的症状，并促进其产生的熟练程度。

11. 把症状看作一种有价值的技术，并要求来访者把这些症状教给治疗师。

12. 激发来访者把他的一个消极行为同自己一个相反的行为配对，或者与他自己满意的或引以为豪的特质配对。他怎样才能做这样的事情?

只要治疗师选择正确的情境和适当的时间来运用悖论，它就能非常有用。悖论总是需要通过真诚的态度才能起效。

建立新的行为

大多数治疗都始于打破原先维持问题的模式，但是一旦原有模式被打破，治疗师就需要创造出新的模式。来访者经常没有创造或维持新模式所必需的技巧，因此，治疗师需要为来访者提供这方面的教育（Berger & Hannah，1999；Carlson & Dinkmeyer，2002）。

实际上，治疗师需要帮助来访者去做一些新的尝试。通过改变行为，而不是通过改变系统的规则，治疗师创造了被称为“第一步的改变”。治疗师需要创造第二步或永久的改变，这包括一个真实的行为的改变。这种变化改变了系统本身，也改变了驾驭这种系统的规则。例如，可能一位来访者分享他们以前从来没有表达过的情感，并感到宣泄后的舒畅，然而，如果没有一个安全的环境，保持这种表达简直是不可能的。在这种情况下，第一步的改变就是宣泄，第二步的改变是创造一个鼓励和支持真诚表达的环境。

交流经常被看作问题或病理的基本来源。不恰当的或不清晰的交流会导致不准确或不完全的反馈，系统常常不能自行纠正这类错误（改变自身的规则），还会出现对改变反应过度或反应不足。治疗师需要教会来访者有效的交流技巧，以及其他能使他们以健康的方式与人建立联系的技巧。

交流技术（Communication）好像是大多数治疗方法的核心。这种教育通常包括模仿和指导有效交流。模仿经常是教导交流技巧的第一步。治疗师必须充分相信交流对于来访者日常生活的重要性。治疗师需要示范的技能有：倾听、表达赞美、表达欣赏、请求帮助、做出反馈和表达情感。把每一个技巧分成细微步骤是很重要的，这样便于来访者循序渐进。每一个来访者需要不同的技巧，例如，在别人需要高谈阔论时，一些人需要沉默；在别人需要谈话时，一些人需要倾听；还有些人，当别人需要迁就时，他们却需要坚持己见。

学会解决冲突和协调问题

问题解决过程的核心是识别出尽可能多的选择。这一过程基于这样的假设，即有许多可能的处理问题的方式，当人们意识到这些解决问题的方式时，就会增加选择最佳解决方式的机会。治疗师知道，自己选择解决问题方法的来访者更可能去实施这些解决方法。

创造可能的解决方法的基本策略是头脑风暴法（brainstorming）。这种方法的原则是认识到所有解决方案都是可以被接受的，可以被改进的，应该想出尽可能多的解决方案。治疗师可以使用下列陈述：

“让我们来思考一些你处理这种情境的方法。”

“你可以试着运用哪些想法呢？”

“你还能想出另外的建议吗？”

治疗师常需要对来访者一直努力去做的事情和他们认为没有效果的想法产生兴趣。治疗师和来访者一起工作，形成缓解问题的解决方案。问题不必被看作失败的标志，而应被看作“成功之母”。和来访者分享这种哲学思想有助于把问题正常化。

有时来访者很难理解任何一种解决方案。以解决问题为导向的治疗师可以帮助来访者识别目前模式的任何假想的情况，帮助其寻找问题不存在或不太严重的时间。这种方法的假设是，只要他们有问题不存在的时候，他们就能够学会如何再创造这样的情境。

治疗师问来访者：“你曾经有过不这样（所述的问题）的时候吗？”来访者通常能够回想起这样的情境，即使这发生在很多年前。治疗师帮助来访者看到他们在那时的行为有何不同，尤其需要看到他们是如何回避冲突或问题的。从这个讨论中，来访者几乎总是能够识别出一些他们能够尝试的行为。

选择与问题解决

来访者总是在做选择，只是有些人能意识到，有些人意识不到。并不是所有选择都是重要的，人们经常可以让别人为自己做选择。当来访者糊里糊涂，弄不清楚是随意的还是刻意的选择时，时常会陷入困境。甚至当来访者意识到自己应该有意做出选择时，他们仍会发现做出选择是多么困难的事。

治疗师需要帮助来访者理解做选择的过程（Glasser，1998）。来访者经常感到害怕和不确定，不能做出能够具体化的、驾驭他们生活的选择。要使来访者认识到，他们避免做出最后的选择，意味着他们正在选择保持现状，回避即接受，不做选择他们就失去了积极改变的机会。

做出选择的过程始于意识到生活中有许多新的领域，我们有机会在这些领域中选择。研究表明，我们说什么、如何感受、想什么和怎样行动都是选择的结果。对来访者而言，真正有希望的是使他们认识到他们能够做出新的选择。

清楚我们所能选择的领域，学会识别我们能够有力量做出选择的时刻，是很重要的。如果我们没有意识到我们选择的时刻，我们会出于习惯做出反应，而不会考虑到我们选择后的结果。紧接着，每一个情境或刺激，都有一个我们做出决定的时刻。通过学习，我们识别出可能做出决定的时刻，才能够做出与目标一致的选择。许多人会认为他们不能做出即刻的判断，他们认为“我不能控制愤怒”或者“在这样的情境下我总是惊惶失措”。治疗师通过询问他们在教室里或者在警官面前是否能够控制自己的愤怒，来帮助他们重新思考这些问题。一旦他们相信识别出选择的时刻是可能的，他们就能开始控制他们生活的方向。

当你需要发展新的选择时，可以使用下列选择指南。

1. 你有可能在需要选择的时候，识别出选择时刻。

2. 清楚地认识到你想要完成的目标。

3. 认识到你的选择，评估潜在的收获和丧失，养成自问的习惯。比如问自己“我的选择是什么？我已经看到了所有可能的选择了吗？”或者“如果有人给我1 000 000美元让我去寻找其他解决方案，我能找到吗？”。

4. 做出扬长避短的选择。

5. 意识到你的选择如何影响他人，又如何受他人的影响？你的选择对你的人际关系是有害的还是有益的？

6. 做出自己的选择，并对自己所做的选择负责。

7. 记住，选择是能够被改变的。

布置作业

给来访者布置任务或家庭作业来改变他们生活中互动的顺序。治疗师可以用这些家庭作业来帮助来访者变得更条理化，形成可操作的界线，建立规则，或树立家庭目标（Madanes，1981）。这些任务包括：（1）忠告；（2）解释或建议；（3）改变家庭互动顺序的指导（Papp，1980）。这些任务有可能因为来访者心有余而力不足失败。在治疗师如何使来访者遵嘱完成家庭作业方面，哈利（1976）提出了几点建议：

1. 讨论来访者已经尽力为解决问题所做的每一件事。通过这样做，治疗师能够避免总是在尽力给来访者建议。治疗师应该引导来访者总结那些他们已经尽力去做但没有效果的事情，这时，治疗师的立场是提供解决问题的其他途径。

2. 让来访者讨论如果他们的问题没有得到处理会造成的消极结果（如，“如果问题没有被解决会怎样？”）。在这种情境下，结果会因人而异，然而，对于每个人来说，评价消极结果可以强调问题的重要性。

3. 布置合理但易于完成的家庭作业。帮助来访者在会谈时间段练习如何完成会谈外的任务。治疗师可以训练来访者，提供任何必要的指导。

4. 布置适合来访者能力和行为水平的任务，以使这项任务能被顺利完成。

5. 利用权威让来访者遵嘱完成家庭作业。有时可以由来访者决定如何完成作业，有时治疗师应该利用自己的权威性。治疗师被来访者看作一个专家，治疗师可以说“以我的经验来看……”或“就我的情况而言，我认为……”。

6. 给来访者一个清晰的指导，需要讲清楚责任并清楚地指出其中的责任。需要问来访者是否有什么事情会干扰他们完成任务，任何相关的困难都应该被讨论和解决。

按照这些建议，治疗师可以帮助来访者改变他们生活的结构和环境。

总结

系统化和结构化技术对于中止无效的行为模式是非常有效的。治疗师运用这些策略来帮助来访者创造对现实的不同观点，并发展出新的行为模式。这些观点经常看起来好像过于简单化，但事实并非如此。在治疗师全部的干预技能中，这些技能是最有力量的干预策略之一。

参考文献

Berger, R. & Hannah, M.T. （1999）. Preventive approaches in couples therapy. Philadelphia: Brunner/Mazel.

Carlson, J & Dinkmeyer, D. （2002）. Time for a better marriage. Atascadero, CA: Impact Publishers.

Glasser, W. （1998）. Choice theory: A new psychology of personal freedom. New York: Harper Collins.

Haley, J. （1976） Problem-solving therapy. San Francisco: Jossey-Bass.

Hanna, S.M. & Brown, J. H. （1999）. The practice of family therapy: Key elements across medels. Pacific Grove, CA : Brooks Cole/Wadsworth.

Hoffman, L. （1981）. Foundations of family therapy. New York: Basic Books.

Madanes, C. （1981）. Strategic family therapy. San Francisco: Jossey-Bass.

Minuchin, S. （1974）. Families and family therapy. Cambridge, MA: Harvard University Press.

Mozdzierz, G. J., Macchitelli, F.J., & Lisecki, J. (1976). The paradox in psychotherapy: An Adlerian perspective. Journal of Individual Psychology, 32(2), 169-184.

Papp, P. (1980). The use of fantasy in a couple's group. In M. Andolfi & I. Zwerling (Eds.). Dimensions of family therapy (pp. 73-90). New York: Guilford.

Piercy, F. & Sprenkle, D. (1986). Family therapy sourcebook. New York: Guilford.

Sherman, R. & Fredman, N. (1986). Handbook of structured techniques in marriage and family therapy. New York: Brunner/Mazel.

Sherman, R. & Dinkmeyer, D. (1987). Systems of family therapy: An Adierian integration. New York:Brunner/Mazel.

第五部分
维持与终止

第十一章
维持疗效、预防复发与终止治疗

本章内容概要

1. 维持疗效的策略。

2. 什么是预防复发以及如何预防复发。

3. 如何有效地终止治疗以及安排后续治疗。

通常，治疗师惯于去识别、诊断及治疗精神病理学范围内的全部问题（Sperry & Carlson，1996）。虽然治疗师帮助来访者改善了状况，获得了初步成功，但随访研究表明，这些疗效很少得以维持。来访者全部完成、坚持，或者有计划地维持康复治疗的依从性是非常低的。造成这一现象的主要原因是来访者不能持之以恒，虽然治疗师常常否认或非常惊讶于这种现象如此普遍。

治疗师常常十分重视对心理障碍的识别、诊断及治疗，但对维持疗效和预防复发常常缺乏足够的重视。治疗师不仅需要对如何帮助来访者解决困难有清楚的认识，也要对如何巩固疗效加以关注。越来越引起人们重视的是，终止治疗并不意味着治疗的结束，治疗变化也不一定只发生在治疗期。

治疗师遇到的最大的挑战是预测疗效和维持疗效。有些治疗可能疗效持续时间较长，有一些可能十分短暂。为了提高长期疗效、预防复发或者防止死灰复燃，治疗师应该做些什么呢？在成功干预后，疗效能维持多久呢？复发的可能性有多大呢？怎样区分能维持疗效的来访者和可能复发的来访者？是什么促使或导致复发呢？复发能被预防吗？本章分别探讨这些问题，并描述治疗师该如何提高来访者的治疗依从性，降低复发的可能性。

依从或维持治疗

没有一套提高依从性的方法能适用于所有人群。20多年前，爱普斯坦（Epstein）和马塞克（Masek）将30多种有用的、可以提高病人医疗依从性的技术列成目录。部分如下：

1. 特定的治疗时间；
2. 使用提醒物（信件、电话）；
3. 说明并一起讨论前次失约的原因；
4. 让来访者参与设计并执行治疗计划；
5. 治疗计划因人而异；
6. 阐明治疗目标；
7. 进行心理学知识教育并核查来访者的理解程度；
8. 预计可能出现的不良结果；
9. 受理任何负性反馈；
10. 传授自我管理技巧；
11. 循序渐进；
12. 让重要他人参与治疗；
13. 适时使用角色扮演和悖论技术；
14. 使用整合的方法而不是单一的策略。

我们发现，治疗师必须依据来访者的不同特征和具体情境，识别和评估来访者依从不良的原因，灵活地制订有针对性的步骤。例如，一对夫妇在复诊时表示，上次访谈时治疗师布置的每天进行十分钟对话的任务，他们只完成了一天。这对夫妇被要求谈谈他们为什么没有按嘱完成布置的作业。在每个人做出解释后，治疗师做出了一个更详细的布置，明确了他们要在一天中的某个特定的时间对话，并将频率改为隔天对话一次。这对夫妇欣然从之，因为他们确实需要改变现在的行为方式。

治疗依从的方针

正如我们前面讨论过的，治疗师需要先进行全面的评估，然后开始治疗。治疗师不仅需要对来访者做出临床诊断，也需要识别或评估来访者依从性不良的可能原因。治疗师必须评估来访者依从性的既往史、看法、期望与可能出现的依从不良。

以下的8项指导方针可以帮助治疗师评估来访者的依从性（引自Meichenbaum & Turk，1987）。

1. 预计依从不良的可能性

治疗师在治疗开始时便需要考虑来访者是否依从，尤其当来访者是被转介而来时。治疗师必须仔细衡量所有信息，特别是那些关于治疗、问题持续时间、责任心以及问题的范围等。很多来访者对治疗过程感到迷惑和误解。以下提问方式常被用于治疗的开端：

a. 为什么来接受心理治疗？

b. 关于心理治疗，你听说过什么？

c. 在治疗期间，你期待发生什么?

d. 你希望治疗后发生哪些变化?

治疗师也需要对那些可能促进或妨碍治疗的因素——比如治疗关系、转变的准备度以及承担责任的意愿等——做出评估。

治疗师需要特别评估以下因素：

a. 来访者对治疗寄予的期望。（如果治疗是成功的，你能从哪方面看出来？情况会有什么不同？）

b. 对存在问题的原因、严重性及症状的信念与误解。（你能否对你存在的问题给出自己的解释并描述你认为改变这种解释的可能性有多大？）

c. 治疗的目标。（通过治疗，你想要实现什么？）

d. 来访者对治疗的决心。（你想改变的愿望有多迫切？在以1为最低、10为最高的1—10的等级中，转变对你来说有多重要？）

e. 目前的技能水平。

f. 无助感与无望感，控制感与自我效能感。（你在多大程度上相信情况能有所转变？按从1—10的等级标出你的级别。你是否曾在生活中的其他方面有过转变？）

g. 教育或生理方面的局限。

h. 可能影响依从性的生活环境。（例如有限的时间和有限的经济来源。有哪些东西阻止你踏上成功转变之路？）

治疗师通常通过直接或间接提问的方式在初次访谈时收集这些信息。这些信息用于根据具体情况制订合适方案，增强依从性。如果治疗师预计在治疗中可能发生依从不良的情况，治疗师常常需对方案进行调整，最大限度地提高来访者的依从性。

2. 从来访者的角度考虑治疗

治疗师不应假定自己对事情的理解与来访者是一致的。来访者是带着某种态度、信念、期待和信息资源来接受治疗的，治疗师应当进入来访者的内心（Minuchin，1974）。在这一过程中，治疗师要适应来访者的交流方式和理解力。

来访者的人格类型影响着来访者的行为和习惯。这些信念使来访者形成一种固定的解释模式，影响来访者理解问题和看待事物的方法：他们如何对事情做出反应，他们怎样描述已经发生的事情，以及他们怎样处理此种情形。这种模式也影响来访者对治疗的期待——包括治疗结果和参与程度。治疗师必须理解来访者的解释模式以发展有效的干预治疗。

此外，治疗师需意识到来访者还有其他的利益、要求及生活环境，这使问题不易解决，来访者维持着他们存在的问题以使他们能在他们的社会圈里生活。我们不能想当然地认为某个人存在问题并将问题交予治疗师寻求解决，他们便会依从治疗。

3. 促进基于协商的合作关系

关于治疗，一个明智的治疗师知道，使来访者参与决定过程常常能避免来访者的阻抗，一个恰当的可接受的治疗计划远比一个好高骛远的方案要好得多。治疗师必须乐意与来访者进行合理的协商。

治疗师在形成治疗计划的过程中必须使用来访者的语气、理念和解释模式。计划必须来自来访者，并使用如下陈述方式，如“听起来你好像想……”“看起来你好像想……以这样的方式发生……”，或者“你看起来有点需要……”

4. 以来访者为主（理解来访者的观点和解释模式）

对于存在的问题和采取的治疗方式，来访者的理解是什么？有何期待？以及他们懂得哪些知识？他们是否相信自己能够坚持接受治疗？他们是否相信治疗将确实起作用？他们感觉治疗有多重要？来访者预想到有哪些困难将阻碍治疗？来访者认为怎么做可使他们更容易坚持下去？

不仅倾听来访者所说的非常重要，而且倾听来访者那些没有言表的内容也很重要。来访者对某些问题避而不答通常表明他们的不合作，他们将不会遵循此治疗计划。

5. 治疗因人而异

正如我们已经讨论过的，对于不同的来访者，不存在标准的治疗方法。在推荐治疗方法时，治疗师必须考虑调整和修正方案以适应不同的来访者。

作为一般的规则，治疗计划应当是有效、简明、便捷、副作用最小以及对日常活动影响最小的。只要有可能，治疗师就应使来访者的治疗依从性与其日常生活轨迹，比如就餐、睡觉、觉醒等相适应。治疗师需帮助来访者在他们的生活轨迹中融入治疗的新要求。举个例子来说，与每天白天交谈10分钟相比，让来访者每晚睡觉前交谈10分钟，他更有可能坚持下去。

6. 获得家庭支持

一般来说，为了确保来访者和其他重要的人理解治疗计划和目标，治疗师需要不停地问这样的问题："请再次告诉我你需要做哪些，你实际上做了没有。"

7. 提供一套可持续和易接近的系统

来访者需被告知治疗过程可能是终身的，因此，治疗师对于来访者来说是可随时接近的。治疗师应当是这样的同盟——易于接近的、不加评判的、尊重的，并有与来访者合作的诚挚意愿。开放式治疗模式（open-cnded）是一种来访者在生活的各个不同时期均可利用的治疗方式（Lebow，1995）。

8. 不言放弃

许多治疗师将不依从治疗看作系统阻抗。这使他们责怪来访者，以使自己逃脱干系。即使有阻抗，有经验的治疗师也应该因势利导，针对不同来访者制订不同的治疗计划。一项精心设计的治疗计划将增进治疗合作并使治疗得以维系。治疗任务越艰辛，治疗回报也越大。

什么是复发预防?

复发预防（RP）是一项用以教导那些试图改变自身行为的来访者怎样去预料和处理复发问题的自控方案。确切地讲，复发指的就是试图修正行为以及坚持治疗的不成功或者说是失败。基于社会学习理论（Bandura，1977），复发预防是一项心理教育方案，它将行为技巧训练方法和认知调节技能与系统性思维相结合。

复发预防模式最初被用于对习惯性陋习治疗的行为维持（Marlatt & Gordon，1985）。在成瘾的情况下，治疗的目标或者是完全抑制目标行为（例如，戒除药物滥用），或者是调整、限制和控制行为的发生频率（比如，通过节食控制食物摄入）。

今天，复发预防的概念已经成为健康心理学和行为医学研究与实践的焦点。因为来访者对治疗的不依从——早先被称为不合作——已高达30%～80%的比例（Sperry，1986），所以临床学家正想方设法扭转这种现象。在大多数状况下，复发往往指个体康复之后，重新出现问题行为的现象。最新版的《新韦氏大学生词典》（*Webster's New Collegiate Dictionary*）指出，复发既指结果也指过程。对“复发”（relapse）一词的使用反映在结果方面指的是“症状在得到一段时期的控制后重新出现了”，在过程方面指“行为的退步或症状的加重”。过程的概念表明，出现已经出现过的一些情况并不等于复发。

无论是复发的过程定义还是结果定义，它们都明确地指出了症状的复现。将复发理解成过程而不是结果，表明在此过程中治疗师与来访者都有机会进行干预（Ludgate，1995）。马拉特（Marlatt）和戈登（Gordon）把偏离和复发区分开来。他们认为偏离是在某一环境下可能最终导致复发的一种暂时状态。来访者怎样对最初的偏离做出反应，将决定彻底的复发是否会发生。对复发进行预测和预防是合乎需要的，这已得到普遍承认，因为行为问题的复现将会降低来访者的生活质量，并且会制约来访者对治疗目标的追求。只有来访者充分理解复发和复发预防方案，才能够确保他们坚持治疗。

复发预防研究

不幸的是，大多数研究衡量的是结果而不是治疗效果的持续性或有效性。与原始研究中的治疗结果相比，人们对治疗过程中复发预防特性的识别要滞后一些。尽管如此，还是有一些研究机构可以帮助我们理解复发预防的重要性。

博格纳与格林巴赫·科宁（Zielenbach-Coenen）的研究（1984）表明，延长最后治疗阶段的间隔时间确实使夫妇来访者更容易从婚姻治疗中受益，无论是短期来看还是长期来看。

韦斯曼（Whisman，1991）对复发预防进行增补治疗的效果进行了调查。这组来访者在治疗结束后的三个月和六个月分别使用了两次强制的增补治疗，并且在此六个月期间，这组来访者还可选择参加另三次增补治疗。结果，来访者的情况在统计上差异不明显。然而，这些发现似乎表明，增补治疗值得进一步关注和改良，尽管他们并不明确地支持增补治疗的疗效。韦斯曼概述了几种能够提高增补治疗疗效的方法，其中包括启用有经验的治疗师、增加增补治疗的内容、在治疗后三个月内制订增补治疗计划以及延长增补治疗的时限。

特鲁克斯（Truax）与雅各布森（Jacobson）觉得，现在虽然没有什么治疗差异能够通过研究来观察得到，但是一些治疗特征表明，治疗的适切性和针对性与疗效差异似乎有关。传统的"一法万用"治疗方式的疗效似乎并不能维持很长时间。

以下是出现在他们研究中的五个治疗特征。

1. 治疗内容的灵活性

尽管来访者的问题存在许多相似之处，但是每个来访者都是与众不同的。因此，治疗必须有针对性。治疗的内容可以根据具体情况集中在思维、行为、情感、过去、现在、将来等方面。

2. 治疗计划的变通性

治疗师需要根据治疗的互动和目标来安排疗程的长短和治疗间隔。例如，传统的每周一小时治疗就不适用于疗程的初期或技能训练。

3. 识别与修正主要行为（外表的、情感的、认知的）

对来访者功能有一个完整的整体概念很重要。通常，治疗师与来访者在导致就诊的问题消失后即停止治疗，或在问题消失后维持短期治疗。

4. 适当改变行为

许多行为的转变可能暂时地提高了来访者的满意度，但很可能不会维持很长时间。将重点放在那些能够维持的行为上很重要。比如，如果一个来访者被引导参加一个可以增进理解和引起自发拥抱的互动活动，那么，这样的互动很可能被保留下来。

5. 有效地将治疗归纳、转变为来访者的世界观

这可能是复发预防最大的挑战。除本书所讨论的理念之外，治疗师还必须能够设计干预方案以使来访者易于从治疗环境回到日常生活中去。特鲁克斯斯与雅各布森（1992）介绍了促进回归生活的几个步骤：

a. 将来访者自然的强化潜力最大化；

b. 在整个治疗过程中都布置家庭作业；

c. 在治疗结束期延长治疗间隔；

d. 加入增补治疗；

e. 预测应激事件。

来访者为什么会复发

从本质上说，复发是顺理成章的，因为来访者的一种惯常行为经一段时间治疗后即戛然而止是不太现实的。复发常常被视为“治疗失败”的同义词，即来访者在一段时期的获益或改变后重新出现先前的行为，这种情况往往被看成事态变化的终结状态，其实这种全或无的理解通常没能考虑到复发是有效转变

的一个组成成分。在转变过程中，治疗出现失误和偏离是常有之事。如果在治疗过程中留有部分失误（复发）的空间，我们就有可能理解所谓“波动效应”（oscillation effect），就不会对复发要么惊慌失措，要么置若罔闻。当复发成为预期并为之做好准备时，对治疗中出现的失误，我们在情感和认知方面的反应将变得相对不那么强烈，也能很快地恢复治疗方案。症状复发持续时间长短通常取决于治疗双方对事态的期待。因此，与其说复发是进了死胡同，倒不如说它是到了路的一个分岔口，一条路将通往旧的模式，另一条将通向崭新的前方。

许多人认为放弃一种行为模式必须一蹴而就，一旦在这个过程中出错，他们就认为错误会一发不可收拾，干预也不起作用。许多人将复发的原因归结于个人或家庭的缺点或不足，例如意志力的缺乏、性格上的弱点或者家庭成员有问题，而不是归结于任务的难度或在转变过程中对失误缺乏预见。人们通常认为完全康复才算康复，这种信念应受到挑战，人们需要了解康复转变过程的渐进连续性，理解目前状态与理想状态之间的差距。

治疗师必须认识到“高风险”情境、缺乏应付技能以及消极的期待均会增加复发的可能性。“高风险”情境会对个体的自控感构成威胁，从而增加潜在复发的风险。下列三类最常见的“高风险”情境常伴随高复发率（Marlatt & Gordon，1985）：（1）负性情绪状态；（2）人际冲突；（3）社会压力。我们或许还应加上第（4）点——引发高度紧张的周年纪念日。与来访者一起制订计划，确定怎样应付这些具有挑战性的情况常有助于预防复发，简要地讨论高风险情境、增强意识能力也是简便、有效的方法。

如果来访者学会了在这些高风险情境下做出妥善的反应，那么复发的可能性将被减少。同时，这样能促进个体对控制或掌控的理解的发展，形成自我效能感（Bandura，1977）——来访者由于能够处理生活中的问题而产生理解和自信。班杜拉的研究表明，如果一个人能够成功地处理某种情形，这将增加他成功处理其他情形的可能性。

阿尔弗雷德·阿德勒把追求卓越与获得成就和克服无助联系起来。他的治疗方法旨在帮助来访者尝试更有效地控制他们的环境。按照阿德勒的观点，对自卑的来访者，“各种方法汇聚成一点——他们必须通过他们自己精神和身体的力量来获得信心……一个人必须通过他自己的方式来完成任务，通过这种成功，他能获得对自己的信心”（Ansbacher & Ansbacher，1956）。要使来访者能够保持治疗性的获益，重要的是让他们充满力量或感到被鼓舞。

一个人常常通过成功的体验来获得掌控感，当然，其中需要与个人成就自我意象相联系的认知加工。换句话说，成功的体验对来访者来说必须是有意义的和可信的。这种意义，或者说成就和自尊之间的联系，由几种变量控制，它们包括来访者的背景和目前状况、任务的重要性、任务难度、成就归因以及重要他人的态度。因此，我们不难理解，治疗的首要目标是帮助来访者获得自我控制感以及改变他们的自我意象——从自我贬低到自我掌控。对自己的行为、想法和情感具有掌控感的来访者比较愿意尝试去面对他们以前回避的情境。通过不断增加的胜任感，来访者产生了越来越多的正性的期望。

来访者认为“复发是会出现的”这一点是预测复发比较有用的指针，因此，成功的复发预防必须改变来访者的信念结构。负性期望必须被追求质量目标的正性期望所替代，给家庭提供一种能够预防复发的新思路和新见解也尤为重要（O’Hanlon，1999）。

复发预防

复发预防是一种具体技巧与认知策略相结合的干预手段，它可使来访者依照方案预先处理不可避免的波动或复发（Marlatt & Gordon，1985）。复发预防的早期研究是用在戒断治疗方面的。这种治疗的复发率相对较高。复发预防的原理也应用在戒烟、控制疼痛、控制体重、睡眠障碍、坚持锻炼和其他促进健康的领域（Sperry，Lewis，Carlson，& Englar-Carlson，2003）。戴利（Daley，1989）描述了5种不同的复发预防的模式，其中马拉特（Marlatt）和戈登（Gor-don）的模式（1985）是最著名的和被研究得最多的。这种认知—行为模式强调了以下几点：

1. 个人高风险情境的识别；

2. 对高风险情境的应对技巧；

3. 处理复发的实践；

4. 制订复发出现即可使用的认知应对策略。

马拉特注意到大多数复发者都存在面对冲突或社会压力这类应激性情境。他强调，把复发当作一次失误而非客观错误或者道德缺憾是重要的预防性手段，它能帮助个体回到正常的思维轨道并且从体验中学到经验。复发预防帮助个体运用刹车机制，以便当出现小小的反复时不致全军覆没。

威尔逊（1992）提出了几种不同类型的复发预防策略，它们适用于不同的问题行为。这些策略包括：

1. 增补治疗；

2. 制订治疗计划时将复发预防策略整合到初始治疗中；

3. 保持与来访者接触，比如定期的提醒信件、电话或提供治疗相关的定期刊物。

问题行为被看作一系列由认知、体验过程控制的后天习得的模式，在这些过程中，先前事件、信念、期望、以前的学习经历以及行为后果扮演着重要的角色。治疗的维持阶段即当来访者面对似曾相识的情境、事件、心境、信念时，以新习得的行为代替以前的无效行为。

据威尔逊（1992）的观点，复发是指任何治疗阶段出现症状反复的现象；有时，有效的治疗不一定导致可被来访者意识到的控制感或自我效能感。来访者可能不能对高风险情境做出合适的识别和反应，他们可能不能发展出合适的应对手段，并且可能在将来的情境中仍对使用有效策略持消极的期望。来访者可能使用无效的反应，或者对以前屡屡失败的旧有应对策略耿耿于怀，也可能对复发的原因做错误的归因。

复发预防计划的主要内容是识别出高风险情境，并将其用来自我监测、评定自我效能以及详细分析过去的复发经历。这样做的目的是增加治疗师对可能导致复发因素的了解以及增加来访者对这些因素运作机制的了解。

在整个治疗期间，应通过布置每周家庭作业、逐渐增强自然强化来替代治疗师的强化作用，从而使治疗效果能够被普及到日常生活中去。根据个体的具体情况，治疗师可布置针对性较强的家庭作业。为了提高来访者持续积极解决问题的类似行为，治疗师必须找到一种能够结合来访者自然解决问题的风格的模式。举例来说，一些来访者最初就能接受遇到问题先冷静分析的建议，而其他来访者可能急不可耐需要立即解决问题，因此，治疗师需因势利导，根据每个来访者的具体情况，制订出切合实际的治疗方法。

治疗焦点的改变

传统的治疗策略侧重减少消极行为，却相对轻视增加积极行为。有关研究显示，伴有悲伤情绪的来访者会做出更多消极行为，较少悲伤情绪的来访者会做出更多积极行为。虽然这些发现并不令人惊奇，但这可能表明仅仅减少消极行为而不增加积极行为对改变悲伤情绪并无助益。

研究人员（Baucom & Hoffman，1986；Gottman，1994a；Truax & Jacobson，1992）相信，疗效的持续性可以通过识别并且创造积极的体验来延长。不幸的是，目前大多数治疗还都聚焦于去除消极行为。

通常，学习沟通技巧的目标是解决问题。因此，一些阻碍问题解决的不良沟通反而经常被强化。有意思的是，许多积极的沟通必须自发地产生于个人对同伴或主题的内在想法或情感，而缺乏有效沟通常常使问题无法被有效解决（Baucom & Hoffman，1986）。

通过改变治疗的焦点来增加积极的行为，来访者就能学会根据现实目标来理解治疗进程。因此，这样做也许更明智，即帮助来访者利用解决问题的过程来增加积极行为而不是只关注解决问题本身（从常理上来说，问题常常是解决不了的）。

有研究结果支持以下说法：来访者维持疗效的能力在很大程度上受自己满意度的影响（Whisman，1991）。因此，来访者应把焦点集中在合理的、可行的行为改变上。不幸的是，治疗师经常会承诺太多，这样一来，当来访者尝试着解决那些无法解决的冲突时，他们可能会陷入更深的绝望中。其实治疗师应该首先把焦点放在帮助来访者理解他们内心的体验上，而不是急于求成。治疗师需要特别留意那些在治疗内外对来访者具有自然强化作用的行为。

面对复发，人们的典型反应是增加治疗干预的次数，目的是使治疗产生更深远的影响力。这种反应是因为偏信“多就是好”“治疗内容越多，效果持续时间越长”这些说法。然而，有证据表明，治疗师在治疗中应用的技术和程序越多，来访者的依从性就越差。另外，大多数干预技术的目标是产生行为改变，而不是维持被改变的行为。产生和维持过程最主要的区别在于：产生改变的技术通常由治疗师授予，而维持过程大部分是依靠自我获得的（一个明显的例外是增补治疗的使用）。

开放式治疗

对治疗师来说，考虑来访者需要终身治疗并非无稽之谈。通过一段时间的会谈就能对贯穿终生的问题给出永久性的结论，那才是无稽之谈。应该把问题看作存在于整个生命的不同时期，把治疗看作随时用来解决这些困难的资源。因此，治疗师被看作一种资源，类似于消除病痛的医务人员。以这种方式来看待治疗，我们就能很好地理解应如何处理复发问题。

在治疗的初期，治疗师以一种开放的观点来呈现治疗终止的概念。治疗师应同来访者谈论按计划终止的好处，同时也应讨论持续治疗的价值。其实，每次会谈都是使治疗朝向终止迈进的一步。

莱博（Lebow，1995）总结了大多数家庭治疗结束时的10项主要任务。

1. 追踪治疗进程来决定结束治疗的合适时间。这项任务包括定期评估来访者的治疗进展。

2. 回顾治疗过程。让来访者回顾治疗过程中的变化和事件。

3. 强调得到的获益以及来访者在其中所起的作用。经常来访者不是很清楚改变的内容，也不大清楚他们在改变中所起的作用。很重要的是帮助来访者体验到那种胜任感和自信心，这一点可以通过理解自己在成功改变中所起的作用而获得。

4. 提炼出治疗中所学习到的东西以及了解以后如何应用这些东西。治疗师帮助来访者理解他们所形成的行为、情感和认知，以及将来问题出现时它们应如何被使用。

5. 内化治疗师。来访者需要学会如何把治疗师留在他们身边，不是作为他们生活中一名现实的成员或参与者，而是一名内化的成员。家庭成员经常被鼓励发展一种想象的技巧，即想象在一个特定的时刻，治疗师会说些什么或建议些什么。

6. 透过生活中其他事件的结束来预测治疗结束。治疗师应该理解每位来访者有关结束的独特理解。一些来访者会觉得依依不舍，也有一些来访者觉得水到渠成。

7. 告别时表达感激或交换情感。

8. 讨论重续治疗的条件。增补治疗被用来增加改变的持续性。这种增补治疗被安排在常规治疗的间隔期，用以更新技巧和领悟力。

9. 转介。有时，和一位治疗师的告别是与另一位治疗师工作的开始，比如来访者治疗结束后参加一些自助小组或教育课程。在一些案例中，当来访者被转介给另一位具有不同技巧的专业人员时，来访者和前一位治疗师的治疗关系就终止了。

10. 说明后续治疗的可及性。

复发预防的步骤

复发预防对治疗来说有许多用处，其中最明显的应用是给来访者提供持续的治疗（即开放式治疗）。因此，治疗师不仅要预测复发，而且要为来访者的复发准备预防性的干预措施。有5个步骤可以用来预防复发。

1. 创建治疗联盟

有效的干预包括让来访者参与治疗过程，通过帮助他们提高对家庭作业的依从性来促使他们积极地、合作地参与治疗。成功基于来访者参与和坚持治疗的水平。研究人员均发现来访者的参与水平和治疗结果相关（Holtzworth-Munroe，Jacobson，DeKlyen，& Whisman，1989）。来访者与治疗师在治疗过程中的积极合作可以被定义为治疗联盟。

2. 治疗因人而异

为了产生有效的持续的治疗性改变，需要来访者保持高度的参与或投入水平。那么为何来访者维持参与水平会产生永久的治疗改变呢？要使来访者有效地参与治疗过程，治疗师要有对每位特定的来访者提供适合他们需要的个体化治疗的能力。另外，就像我们也提到过的，给每位特定的来访者匹配干预策略也是不容忽视的。对不同来访者使用千篇一律的治疗方法，常常不能与为来访者量身定做的治疗方法相媲美。根据特定的来访者伴随的悲伤情绪来匹配治疗措施，将会在很大程度上增加来访者积极行为的持久性。

虽然很多治疗师在理论上提倡匹配和量身定做的治疗方法，但是实践表明，治疗师仍是以基本相同的方法来治疗所有来访者的。治疗师这样做就好比想当然地认为他们的想法和干预策略适合所有人一样。雅各布森、施马林和霍尔茨沃思–门罗（1987）曾报道因人而异和灵活转换的治疗计划能够在很大程度上减少复发。

3. 管理压力

另外，治疗师需要预测来访者外在的应激源。这些应激源经常和生活的阶段有关，并且是可以预测的。研究表明，在控制刺激方面（Sperry & Carlson，1993），进行增补的治疗和培训是非常有帮助的。我们必须记住，单独使用增补治疗还不足以预防复发。治疗师应该在治疗的早期阶段就开始实施复发预防的计划并持之以恒，而不是在复发时临时抱佛脚。

4. 增加积极的互动和鼓励

对生活满足的人生活在积极的人际关系中。戈特曼（1994a；1994b）得出结论：5件积极事件对1件消极事件的比率是保持积极心态的关键。一些美好的时刻，比如激情、幽默、支持、友好和宽容应多于那些糟糕的时刻，比如抱怨、批评、愤怒、厌恶、鄙视、防御和冷漠。当来访者学会了自我鼓励的技巧（Dinkmeyer & Losoncy，1980），他们也就提高了维持他们治疗获益的可能性。

5. 技巧训练

治疗中是否存在有效的技巧训练，以及在面对应激情形时，这些技巧是否适合来访者的需要，可能是复发最重要的决定性因素。

提高复发预防最大的挑战是能否设计出使治疗效果普及到来访者日常生活中去的技巧和干预措施。除非来访者的自我足够强大并且能够经常被强化，否则常见的情况是，一旦治疗师离去，治疗就会失败。就像前面提到过的，研究人员使用几个步骤来提高治疗效果的普及程度：（1）最大化来访者自然强化的潜能；（2）在治疗的整个过程中布置家庭作业；（3）在最后的治疗阶段延长治疗间隔；（4）预测应激性的生活事件（Truax & Jacobson，1992）。

终止治疗

每种治疗方法都有独特的结束方式。一般是当来访者和治疗师都认为治疗任务已基本完成的，就不再需要进一步的治疗了。然而，我们都不认为治疗会永远结束。实际上，结束只是暂时的，只是对目前的情况来说，治疗已经不再被需要。但只要我们活着，我们就会遇到问题和困境。任何时候，只要治疗的需要再次出现，我们就应鼓励来访者重新回到治疗中来。

有时，治疗师通过一个故事或一个比喻来结束治疗，最普通的是腿骨折的故事。想象一个人遭受意外致使腿骨骨折需要手术，现在腿治好了，来访者可以过上正常的生活了，但是必须小心避免某些运动的风险或者危险，因为很有可能有一天，比如说雨天，这条腿会痛或比较敏感。来访者不需要再一次进行手术，但是他可能会被建议找内科医生做一次检查——当然他也有可能再次遭受意外，需要再一次手术。

终止治疗的类型

1. 建议终止治疗。治疗师向来访者建议——他认为来访者已经取得了重大进展，基本已接近治疗目标。治疗师认为，如果接下来几个星期的治疗没有新的问题出现，治疗就可以宣告结束。来访者被给予机会考虑他们的观点是否和治疗师的一致，并且讨论是否同意终止治疗。

2. 被迫终止治疗。治疗师认为进一步的治疗和来访者最大的利益相违背。当来访者在治疗中逐渐恶化或看上去和治疗师不适宜的时候，治疗师就要使用这种方式来终止治疗。当来访者把治疗与生活混同时，治疗师也要使用这种结束方式。一些来访者会用现实生活中的关系来代替治疗关系。

3. 情境性终止治疗。当来访者由于就业而搬家或保险公司不再支付进一步的治疗费用时，治疗就会终止。这种类型的终止主要受到外在情境的影响而不是出于对来访者最大利益的考虑。这会使来访者感到愤怒、使治疗师感到内疚。治疗师可能会发现比较有帮助的是协助来访者识别在治疗时段内已获得了什么，以及认识生活中的大多数事情都有局限。治疗师应尽量把来访者转介到另一个治疗场所。

4. 脱落。在治疗效果尚未达成之前，来访者就过早地停止治疗，这就发生了脱落。来访者常常不打招呼就悄然脱落，且没有任何预兆。有效的治疗师常常能注意到一些脱落的迹象，比如对家庭作业的不合作、在治疗中不愿意暴露或在治疗时失约。治疗师有必要尝试和来访者接触，确认发生了什么，确保来访者不是被抛弃的。

终止治疗的方法和过程

终止治疗的方法包括逐渐终止治疗或减少治疗次数、治疗时间以及直接终止治疗，每一种方法都有其目的。减少治疗次数可以在任何来访者和治疗师均感觉舒服的水平操作。减少治疗时间可使来访者还能和治疗师保持接触。直接终止治疗主要取决于来访者，看他们是否能够处理突然的结束。治疗师需要仔细考虑对来访者来说最有效地终止治疗的方式。

治疗师需要考虑以下问题：

1. 终止治疗会如何影响来访者？

2. 来访者曾经经历过的分离是什么？来访者可能会退行吗？

3. 来访者对终止治疗的反应或观点是什么？他们能积极地看待治疗的终止吗？

总之，终止治疗意味着在一个特定的时刻，来访者或治疗师认为继续治疗的获益很小或者较之时间、金钱或治疗中一些其他的负性方面弊多利少。终止不应该被看作来访者已经永久治愈或他们现在将能处理所有生活问题，而应该被认为是来访者现在能够利用他们自己内在的资源、朋友或其他形式的帮助独立处理自己的问题。

总结

本章聚焦于如何在维持治疗中产生的获益、预防复发以及有效地终止治疗。这些步骤经常在培训和治疗中被忽略。有一些具体的步骤可用来增加维持有效治疗获益的可能性。治疗师需要对这些策略加以警觉并利用它们，使自己成为一名有责任感的治疗提供者。

参考文献

Ansbacher, H. & Ansbacher, R. R. (Eds.) (1956). The individual psychology of Alfred Adler. New York:Basic Books.

Bandura, A. (1977). Social learning theory. Englewood Cliffs, NJ: Prentice-Hall.

Baucom, D. H. & Hoffman, J. A. (1986). The effectiveness of marital therapy: Current status and application to the clinical setting. In N. S. Jacobson & A. S. Gurman (Eds.). Clinical handbook of marital therapy (pp. 597-620). New York: Guilford Press.

Bognar, I. & Zielenbach-Coenen, H. (1984). On maintaining change in behavioral marital therapy. In K.Hahlweg & N. S. Jacobson (Eds). Marital interaction: Analysis and modification (pp. 27-35). New York: Guilford.

Daley, D. C. (1989). Relapse prevention: Treatment alternatives and counseling aids. Blaze Ridge Summit, PA: TAB Books.

Dinkmeyer, D. & Losoncy, L. (1980). The encouragement book. Englewood Cliffs, NJ: Prentice-Hall.

Epstein, L. H. & Masek, B. J. (1978). Behavioral control of medicine compliance. Journal of Applied Behavioral Analysis, 11, 1-9.

Gottman, J. (1994a). What predicts divorce: The relationship between marital processes and marital outcomes. Hillside, NJ: Lawrence Erlbaum Associates.

Gottman, J. (1994b). Why marriages succeed or fail. New York: Simon & Schuster.

Holtzworth-Munroe, A., Jacobson, N. S., DeKlyen, M. & Whisman, M. A. (1989). Relationship between behavioral marital therapy outcome and process variables. Journal of Consulting and Clinical Psychology, 57(5), 658-662.

Jacobson, N. S., Schmaling, K. B. & Holtzworth-Munroe, A. (1987). Component analysis of behavioral marital therapy: Two-year follow-up and prediction of relapse. Journal of Marital and Family Therapy, 13, 187-195.

Lebow, J. (1995). Open-ended therapy: Termination in marital and family therapy. In R. H. Mikesell, D.Lusterman, S. H. McDaniel (Eds.). Integrating family therapy: Handbook of family psychology and systems theory (pp. 73-86). Washington, D.C.: American Psychological Association.

Ludgate, J. W. (1995). Maximizing psychotherapeutic gains and preventing relapse in emotionally distressed clients. Sarasota, FL: Professional Resource Press.

Marlatt, G. A. & Gordon, J. R. (1985). Relapse prevention: Maintenance and strategies in the treatment of addictive behaviors. New York: Guilford Press.

Meichenbaum, D. & Turk, D. C. (1987). Facilitating treatment adherence: A practitioner's guide. New York: Plenum.

Minuchin, S. (1974). Families and family therapy. Cambridge, MA: Harvard University Press.

O'Hanlon, B. (1999). Do one thing different. New York: Morrow.

Sperry, L. (1986). Contemporary approaches to family therapy: A comparative and meta-analysis. Journal of Individual Psychology, 42, 591-601.

Sperry, L. & Carlson, J. (1993). Basics of stress management. Coral Springs, FL: CMTI Press.

Sperry, L. & Carlson, J. (1996). Psychopathology and psychotherapy (2nd ed.). Philadelphia: Taylor and Francis.

Sperry, L., Lewis, J., Carlson, J. & Englar-Carlson, M. (2003). Health promotion and wellness counseling. Boston: Allyn & Bacon.

Truax, P. & Jacobson, N. S. (1992). Marital distress. In P. H. Wilson (Ed.). Principles and practice of relapse prevention (pp. 290-321). New York: Guilford Press.

Whisman, M. A. (1991). The use of booster maintenance sessions in behavioral marital therapy. Unpublished doctoral dissertation. University of Washington, Seattle.

White, M. & Epston, D. (1990). Narrative means to therapeutic ends. New York: W. W. Norton.

Wilson, P. H. (Ed.) (1992). Principles and practice of relapse prevention. New York: Guilford Press.

第六部分

有效的心理咨询和心理治疗

（实务篇）

第十二章
实践中出现的问题和道德两难情境

本章内容概要

1. 与来访者进行首次接触、接诊以及进行首次咨询与治疗。
2. 处理咨询过程中经常出现的法律和道德问题。
3. 划分治疗与治疗之外的“界线”。
4. 有效利用督导、咨询以及转诊等资源。
5. 使因特网资源为咨询所用。

实践中出现的问题和道德两难情境：概述

我需要从来访者那里获取哪些信息？如果某位来访者几乎天天给我打电话，我该如何应对？哪些信息是可以让来访者的配偶知道的？未曾接受过儿童心理咨询训练的治疗师能否进行儿童心理咨询？如果宴会中有人向我打听她的一位朋友——同时也是我的一位来访者的情况，我该如何处理？当我的督导让我向来访者收取未付的咨询费用，或因为费用问题而终止对某位来访者的咨询时，我该如何处理？在取得执业资格后，我是否仍然需要督导？

无论是新治疗师，还是经验丰富的老治疗师，在提供咨询的过程中，都会遇到一系列现实的问题以及道德两难情境。这些现实的问题包括：我们需要获得关于来访者的哪些方面的信息？如何处理付费方面的问题？作为治疗师，我们如何进行自我保护和实现自我成长？本章中，我们将探究并力求解决一些问题，或为你解决这些实践和伦理问题提供建议。毫无疑问，通过本章的学习，你会发现我们积极主张治疗师本身的持续成长和不断发展。我们希望你能够将这种学习视作职业生涯中毕生奋斗和探索的良好开端。

专业人员的显著特征之一就是从业人员都遵从一套职业道德规范和行为守则。职业治疗师应熟悉该领域内的道德规范和行为守则，并不断学习新出台的法律和伦理学规范。当前，为了保持与学科的同步发展，治疗师主要通过：订阅专业刊物、参加专业组织（例如美国心理咨询协会，American Counseling Association，简称ACA）或专业组织的活动，抓住各种职业发展的契机（包括各种全国性的咨询机构所举办的研讨会和工作坊），或利用互联网所提供的咨询相关的信息服务（欲订阅美国心理咨询协会的电子新闻，请登录http：//www.counseling.org）。

随着互联网技术的不断发展，许多专业机构，包括美国心理咨询协会、美国心理协会（American Psychological Association，简称APA）、美国学校咨询学会（American School Counseling Association，ASCA）以及美国注册治疗师国家委员会（National Board for Certified Counselors，NBCC）纷纷在互联网上发布了它们的道德宣言，为新老治疗师提供职业指导。此外，美国心理咨询协会和美国心理协会还分别针对心理咨询工作和研究工作制订了一系列行为准则。随着互联网的不断发展，美国心理咨询协会和美国心理协会还进一步就网络咨询服务制订了专门的行业标准和道德规范。

心理治疗师在咨询过程中不可避免地会遇到各种实践和道德问题。德保（DePauw，1986）将咨询过程分成三个阶段——前咨询阶段、咨询阶段

（提供服务阶段）以及后咨询阶段（终止咨询阶段），并列举出了各阶段中需要关注的职业道德重点。在前咨询阶段，他提出了四个重点：前咨询考察（precounseling consideration）、服务协议（service provision issues）以及获取（来访者签字的）知情同意书和危险情境（包括伤害自己或他人，以及虐待儿童和老人）。咨询阶段的重点包括保密性、会诊、督导以及记录的保存。在后咨询阶段，治疗师需要关注以下两个重点：效果评估和转诊。

前咨询阶段

前咨询阶段的重心之一是治疗机构以及个体治疗师与公众的沟通。与沟通效果有关的因素包括：咨询机构的公众形象、电话服务或面谈服务的方式，以及咨询机构或个体治疗师与公众的互动。

在学校或专业咨询机构任职的治疗师往往忙于满足学生或来访者的咨询事务，无暇顾及对咨询服务的宣传和推广。然而，无论是在学校、公立的咨询机构还是私人诊所，治疗师都需要确保所有与其业务有关的广告宣传和公共信息符合道德规范。可利用的宣传方式有很多，例如业内人士的转诊、媒体广告（包括互联网、邮寄宣传品、或在社区内或向公众就各种话题提供专题讲座或召开研讨会等）等。在与公众的沟通中，专业的治疗师应注意准确表现其专业素养和丰富的临床经验，使公众知晓其专业特长以及获得的许可和资质等情况。

经营私人诊所的治疗师，以及在多个单位兼职的治疗师（如既在学校任职，又经营私人诊所或在私人咨询机构任职）必须注意，不应随意使用挂靠单位的头衔。

萨姆，是一位私人执业的心理治疗师。他同时受聘于当地的一所大学，接替一位生病的教授讲授心理咨询理论课程。在向学生做自我介绍时，他宣称自己在经营私人诊所，同时承诺对于学生所转诊或推荐的病人，在收费上给予一定的折扣。

在上例中，如果萨姆仅仅告诉学生他经营私人诊所，并乐于回答学生提出的关于个体治疗师职业生涯等问题是没有错的。但萨姆利用老师的身份招揽客户，或以收费折扣来提供优惠的做法是不适合的。试想，如果萨姆真的这样做，会产生怎样的后果?

来访者需要有获知治疗师在心理卫生、咨询以及其他心理服务等方面的资质以及专业水平的简便途径。尽管治疗师有很多宣传途径，但在刊登广告以及与公众接触的过程中，治疗师仍然需要时刻谨记并遵从职业道德规范。

汤姆在学校管理领域取得了博士学位。退休后，他重返校园，继续攻读咨询方向的硕士学位。在以前任职的机构中，他一直被称作汤姆博士，这种称呼往往会使他的来访者误以为他是咨询或心理学领域的博士。

虽然对于治疗师刊登的广告并没有具体的限制，而且，在美国的绝大多数州，对执业治疗师的服务对象也没有限制，但治疗师对于自身的资质情况以及专业领域必须要有清醒的认识。非咨询方向的学位，以及由非正规培训项目获得的学位是不可以在业务活动中或进行广告宣传时使用的。

治疗师只能在其专业领域内提供咨询。如果想进一步扩大服务范围，职业治疗师必须首先修满必要的课程，并完成规定时间的督导。

玛丽新近通过了其所在州举办的执业资格考试，决定开设私人诊所，提供心理咨询服务。她所接受的专业训练主要集中在个体咨询方面，且从来没有儿童心理咨询方面的从业经验，但是她觉得如果仅仅提供个体咨询，业务范围未免过于狭窄。因此，在刊登电话簿黄页广告时，她将自己描述成一位专攻婚姻、家庭、儿童和个体心理咨询的专业治疗师。

接受咨询并对咨询的效果感到满意的来访者会介绍更多的人前来咨询，而对咨询效果感到不满意的来访者则会成为治疗师拓展业务的绊脚石。这本身也许是一个很好的提示：为什么治疗师不应在其所不熟悉或未曾接受过专业训练的领域内提供服务。

在很大程度上，治疗师也是宣传者。心理咨询的基础之一就是公众教育，治疗师可以利用其专业知识和技能为社区的居民们提供工作坊或者各种培训课程。例如，举办父母培训班、婚姻拓展课程，或者举办关于子女教养、婚姻、恋爱或其他专题的工作坊都可以帮助治疗师提高在社区内的知名度。

作为对教会的服务，珍妮特定期对教区内人群提供积极的子女教养课程。由于课程本身的影响力，以及它在教会和社区内所产生的广泛影响，珍妮特在家庭咨询方面的业务量一直保持着稳定的增长。

首次接触、接诊以及首次咨询

与来访者的首次接触、接诊以及首次咨询是决定咨询成败的关键。咨询机构工作人员对待来访者的态度将直接影响来访者接受咨询的意愿，或鼓励或打消其继续接受咨询的积极性。来访者的希望或期望是促成咨询成功的有益因素之一（Lambert，1992），而首次接触时咨询机构中某人或机构本身对来访者的这种期望将起决定性的作用。

来访者寻求咨询服务的决定可能出于多方面的原因：不满现状、焦虑、抑郁、重大的丧失或无望感。有些时候，首次接触工作是由治疗师的助手承担的，他负责采集来访者的姓名、地址、电话号码等信息，并负责安排来访者与接诊人员的会面。负责接听电话的工作人员必须对可能发生的危机保持高度警觉，他需要考虑以下三个关键的问题：（1）来访者为什么要来寻求咨询？

（2）为什么选择这个时候？（3）为什么选择这个机构或治疗师？

作为治疗师，你与来访者之间咨询关系的建立始于首次接触，而首次接触有可能是电话询问，也可能是面谈。与陌生人接触时，我们往往会关注他的外表、言语及言语外的信息、说话的方式以及待人接物的方式。在你的工作室，如果来访者的首次接触是与录音电话或与助手接触，那么治疗师的印象就会部分地受到这种首次接触的影响。例如，如果一位来访者通过电话预约咨询，等候了很久却一直无人搭理，那他就会感觉被怠慢了。换位思考一下，如果是你进行电话预约，你想问哪些问题：停车或交通问题？是否有必要事先了解一下初次咨询大概需要多长时间，或治疗师何时能够安排会面？收费情况如何？

在首次面谈中，要注意自己与来访者的互动。你传递给来访者的非言语信息有哪些？你的行为、表情或礼节传递给来访者哪些信息？你坐的位置离来访者有多远？你看上去是充满自信的还是迟疑不决的？焦虑的还是放松的？厌烦的还是饶有兴趣的？你的语调是怎样的？这些都会对你与来访者的互动产生影响，也会对来访者的倾诉以及倾诉的意愿产生影响。

在与来访者的首次访谈中，一项非常重要的任务就是判断并识别出危险情境，诸如自杀意念或自杀行为、药物滥用、个人安全以及性方面的问题等，这一点非常重要。有时，一项或多项危机的存在往往表明有必要对来访者进行进一步评估或推荐其转诊。

知情同意书

来访者需要了解咨询过程，并知晓通过接受咨询，他将可能获得什么。鉴于信息的特性，来访者总是倾向于让治疗师提供书面的说明材料。然而，即使提供了书面的材料，治疗师还是应该在咨询初期，用足够的时间向来访者申明这些信息，并确保来访者知晓。治疗师需要考虑提供以下方面的情况：

1. 保护来访者的个人隐私和保密原则的不适用条件。

2. 预计咨询过程的次数和频率。

3. 紧急情况的处理。

4. 收费标准、付款方式，以及保险的覆盖范围。

5. 失约或迟到的处理，如何取消预约。

6. 来访者终止咨询的权利。

7. 来访者选择其他治疗师的权利。

8. 治疗师的培训和工作经历，以及所属的理论流派。

9. 治疗的督导和会诊。

10. 咨询与治疗可能带来的收益和风险。

治疗环境

提到治疗环境，你往往会联想到电视或电影里所描绘的：舒适的靠背椅，幽幽的灯光。事实上，治疗环境并非如此。卡拉苏（Karasu）将治疗环境描绘成“远离日常生活的避风港”。虽然远离喧嚣尘世的静谧环境可能令人向往，但是避风港的真正内涵在于治疗师与来访者之间的关系。它包括治疗师对来访者问题的洞若观火和对治疗的胸有成竹。这适用于任何治疗情境，而与座位的摆放、灯光效果以及治疗室的装潢无关。

一系列针对治疗初期建立治疗联盟的研究已清晰地表明，早期的治疗联盟（如从第三次到第五次治疗）是疗效良莠的重要预测指标——研究表明，积极的医患关系从治疗伊始就至为关键——因此，治疗师应该特别关注早期医患关系的建立和发展，努力消除早期医患关系建立和发展过程中的各种显而易见的阻碍（Bachelor & Horvath，1999）。

在治疗关系的建立过程中，我们需要特别关注文化因素以及个体特征。你能够利用什么样的视觉信息来帮助你们建立治疗关系呢？例如，有些人在与你目光接触时会感觉不自在；然而，对于有些人来说，如果你不直视他们的眼睛，他们就会认为你居心叵测。衣着和外在的修饰也同样重要。对一些来访者来说，专业、精干的外表很重要；但对于另一些来访者来说，休闲、随意的风格可能更好。你自身的穿着风格和舒适程度也是需要重点考虑的方面。作为治疗师，如果你感到太冷或太热，或者衣着不舒适时，你是很难将注意力集中到来访者身上的。

以轻松的话题进入治疗，将来访者视为平等的个体，如此即可建立一种适切且充满关爱的医患关系。这有助于治疗师整合各方面的信息，从而抓住问题的实质，这种做法本身就是对治疗有益的。

怎样的听觉信息、口头问候、语调以及动作（例如，握手或其他形式的接触）才是最合时宜的？治疗师常常很容易形成习惯性的问候方式，但关键在于要充分考虑来访者的个体差异，并关注来访者在接受问候时所反馈的各种信息。

初始的寒暄也能够反映出你和来访者之间关系的性质和发展的前景。你们之间是专家和门外汉的关系？你们是否打算成为日常生活中的朋友？你喜欢何种形式的关系？如何开始？在与来访者初次会面时，应称呼对方的姓名并做自我介绍，如有必要，应指定来访者的座位。在访谈开始前，应简单介绍一下访谈的目的，以及访谈的持续时间。如果要做笔录，则需要事先征得同意并明示笔录的保密性。最后，还要核对一下，以确保来访者对上述安排感到合适。

首次咨询或治疗接近结束时，要提醒来访者访谈即将结束。此时，你应对当天的咨询进行简要的总结，陈述咨询可能达到的目标和结果，并与来访者就以后的咨询达成一定的共识。最后，还要询问来访者，是否还有什么问题要问。

练习12.1　问候

练习各种问候的方式。注意眼神的交流，你该怎么说，怎么做。想象你是治疗师或来访者，哪种问候方式使你感觉最舒服？考虑到视觉、听觉以及行动等方面的因素，在问候方式的偏好上，存在怎样的个体差异或文化背景的差异？对于不同年龄和性别的来访者，你的问候方式是否也存在差异？

缓解焦虑

作为一名新手治疗师，初次面对来访者，你可能会感到一定程度的焦虑。同样，来访者到来时，也带着一定程度的焦虑。事实上，正是由于某些问题或事件引起的焦虑，来访者才会到你这里来寻求帮助。

"我担心……"

"我在……方面遇到了困难。"

"我怕……"

"我多希望能够……"

"当我……时，似乎总是事与愿违。"

"我不知道该怎么做……"

"我不知道我想要什么。"

治疗师很容易将来访者的焦虑转加到自己身上。焦虑会反映在我们的肢体语言、情绪以及我们的思维模式中。如果你总是担心能不能帮助来访者，或担心会忘记从来访者那里获取某些重要信息，你就会感到焦虑，有时还会感到有些头疼或胃部不适，此时，经验不足的新手治疗师就会试图去减轻来访者的焦虑或给予某些建议。

这种画蛇添足会使陷入紧张情绪中的来访者更加焦虑："这位治疗师一定是认为我真的蠢极了。这又不是什么非常严重的问题，我有必要来吗？我感到非常不舒服，还是尽快结束的好。"因此，识别出来访者的焦虑和你（治疗师）的焦虑，就显得很重要。此外，你还应理解这种正常的反应，治疗师适度的焦虑会让你的来访者感到你对他问题的关注。为能做到这一点，我们需要暂时把我们"能不能做好"或"是否获得了所有有效信息"等顾虑都抛在一边。治疗师在咨询开始前，应平心静气，集中注意力，例如，自然就座，关注自己的呼吸。科特勒（Kottler，1986）是这样描述理性的治疗师的：

"……她对自身感到满意。她看起来温和、宽容、真诚、安详、平静且自信。这种平静的自信来源于对生活的激情。她由内而外绽放出激奋、豪情，她极具感染力和号召力。"

你只有对自身的焦虑有了一定的控制力后，才可以帮助来访者克服焦虑。专业的职业定位、共情以及中立的态度都有助于帮助来访者建立安全感，从而使得沟通更加顺畅。有时，仅仅是对来访者问题的几句简单的总结——"这对你而言的确是个问题"或者"你想找出解决问题的办法"——就能让来访者体会到你对他们的问题明察秋毫。

基本信息需求

在"首轮接触中，治疗师需要从来访者那里获取哪些信息以及多少信息"的问题上，人们的观点存在着许多分歧。除了一些基本信息（如姓名、地址、联系电话、适合的治疗或咨询时间、付款方式）外，治疗师还需要获取以下重要信息：来访者为什么来寻求治疗？为什么选择这个时候？在某种程度上，治疗师的理论取向将对他或她所摄取和关注的信息的类型产生一定影响。因此，有些治疗师可能特别关注来访者的肢体语言，有些则对特定问题的细节或症状等更为关注。

在有些咨询或治疗机构，在治疗师接诊前，会有一位专职人员与来访者进行一次访谈，然后再根据访谈的情况，将来访者转至相应的治疗师那里接受首次治疗。然而，在许多时候，治疗师更倾向于亲自做接诊前访谈。其实，无论是哪种模式，接诊前访谈都应实现以下两项功能：收集具体的信息，以及在来访者心中播下希望。举例来说，如果访谈中提及的都是封闭式的问题时，来访者会感觉治疗师将通过提问的方式来实现治疗。如果负责接诊的工作人员或治疗师给人感觉很仓促或精神不集中，来访者会感觉该机构并不真正对他们感兴趣。

谢伊（Shea，1988）归纳出首次评估访谈的6个目标：

1. 帮助来访者积极投入，建立治疗联盟；

2. 收集有效信息；

3. 形成对来访者情况的不断发展的、富有同情心的理解；

4. 对来访者进行评估，为形成初步诊断提供依据；

5. 制订适合的处理和治疗方案；

6. 缓解来访者的焦虑水平。

新手治疗师经常要面临的问题之一就是来访者总是将问题的根源归结于外部因素，如老板、配偶、婆婆、子女等。然而，通过选择性的提问和反馈，治疗师将帮助来访者把视线转回到自己身上，并帮助其集齐必要的资源以实现自身的转变。

比较以下两例医患对话。第一例是虚构的，第二例是来自约翰·克朗伯兹（John Krumboltz）的一段真实的咨询记录。

第一例

来访者：我和我母亲之间有些意见不合。她整天盯着我，总想知道我在干什么，要去哪里，花了多少钱。她有一把我公寓的钥匙。我知道，她总是趁我不在的时候，溜进来四处窥探一番。我不想惹她生气，但我总要对这做出点反应呀。

治疗师：你母亲多大年纪？

来访者：噢，她的年纪倒不是很大。只是以前她把所有的兴趣都放在我父亲身上，现在，我父亲去世了，我猜她有些不知所措。哎，我父亲生前把她照顾得太好了。

治疗师：你父亲什么时候去世的？

来访者：大约两年前，是在一次车祸中丧生的，但那不是他的错。那天，雪下得很大，地上积着厚厚的冰，根本看不清前面。你可能听说过这个事故吧，有7个人在这次事故中丧生。

从上述对话中，你能看出治疗师是如何错将来访者的注意力引向来访者自身之外的其他人的吗？对这一来访者，在开始时，该如何提问，效果才会更好？

第二例

来访者：（笑）我猜，我在某些方面的确存在一些问题，哎，人与人之间的关系还真是复杂。现在，我与公婆之间的关系出现了一些问题，我知道，这种问题很普遍，就像你经常会听到的婆媳之间的笑话一样。但我真的不知道我的底线在哪里，我该退让到什么程度，还要承受多少东西。我到底该不该在乎，还是任由它继续困扰我？

治疗师：然而它的确困扰了你。

来访者：是的。

治疗师：是啊。

来访者：它在很大程度上困扰着我。

治疗师：是的，我听出来了。

在上述摘录中，克朗伯兹（Carlson & Kjos，2000a）针对罗宾所陈述的问题进行了回应，克朗伯兹的回应鼓励罗宾继续谈论婆媳关系对她产生的影响。随后，克朗伯兹传授了她与婆婆（以及其他相处有困难的人群）的相处之道。

访谈笔录

在访谈中，尤其是在首次访谈中，许多治疗师都希望能够做一些笔录，以便对来访者的情况做一个记录。在下面的互动中，丽诺尔·沃克(Lenore Walker）为做笔录而征求来访者的同意，从而为与来访者建立一种平等的关系打下了基础。

治疗师：如果有时候我做一些笔录，你觉得怎么样呢?

来访者：可以啊，没关系。

治疗师：如果不方便的话，可以直接告诉我，有时我可以不做笔录的。

来访者：也就是说，如果你不做笔录的话，我也不必感到受了伤害。

治疗师：但这并不意味着我不在听。

来访者：好的，这样就可以了。

无论是现场记录的笔记，还是访谈后听录音完成的笔记，或者两者兼有，它们的功能都一样。作为来访者资料的一部分，它们是在咨询与治疗过程中关于来访者信息的一种记录，也可以作为访谈前对以往访谈内容的回顾。同时，如果基于某些原因，涉及转诊时，访谈笔录也是非常有用的资料。对于治疗师来说，笔录能够帮助我们掌握与来访者的咨询进程。而且，通过回顾以往的访谈笔录，我们将对来访者的情况有个更清晰的认识。

首次访谈结束时，无论是治疗师，还是来访者都已获得了一定的重要信息。就治疗师而言，他所收集的资料应该足够：（1）对来访者做一个初步的诊断；（2）与来访者就治疗所要达到的目标达成一定的共识；（3）制订出治疗方案；（4）预测治疗目标、治疗时间以及次数。

治疗师需要告知来访者有关治疗过程和治疗关系等方面的情况，其中包括：（1）整个治疗过程将持续的时间和经历的次数；（2）来访者的隐私权；（3）治疗过程中将使用何种干预模式（如团体干预、个体干预、家庭干预）；（4）就来访者的案例，治疗师可能会接受的督导；（5）费用的支付问题；等等。最后需要提及的是，如果你需要对治疗过程进行录像或录音，或当督导过程需要现场观察时，你必须首先取得来访者签字的知情同意。

如果你是独立开业的，你就需要考虑诸如付款以及费用减负等问题。治疗师每年都会考虑从事一些公益性的工作，或减免部分费用，如减免来访者保险公司所规定的自费部分。从咨询机构的角度来看，机构需要重点关注来访者所提供的费用支付方式或支付比例，还需要判断来访者保险（如果参保的话）所涵盖的支付范围，并告知来访者在支付范围内可供选择的治疗项目。并非所有保险公司都对心理咨询或治疗进行偿付。许多保险公司要求治疗师提供医生的推荐信，而且有些保险机构只认可持有博士学位的治疗师。有时，为了获得保险机构的认可，治疗师需要首先获得执业许可。美国除5个州外（加利福尼亚州、夏威夷州、明尼苏达州、内华达州以及纽约州）都发放咨询职业许可证书。

首次访谈结束时，治疗师会就访谈的内容做一个言简意赅的总结。此时，治疗师需谨记避免使用专业术语，选择来访者可以接受的表述方式。最后，治疗师询问来访者是否还有疑问或还要说什么，并向来访者表示感谢。

以下摘录的是吉尔·谢夫（Jill Sharff）与菲尔（Phil）访谈（Carlson & Kjos，2000d）的结尾部分。从中你注意到哪些要点？

治疗师：好，今天的访谈到这里就要结束了。你是否觉得让我深入了解你的内心使你感到拘谨和难以启齿呢？

来访者：今天啊，好像有点。

治疗师：好的。那你是否想知道原因呢？

来访者：嗯，我想如果今天谈论的不是这些话题，可能会轻松一点。

治疗师：那是因为你感觉有压力。

来访者：我不知道，我只觉得谈论其他的事情会相对容易些。

治疗师：是的，那总是比较容易的。但在你承受的压力之下可能隐藏着一些东西，虽然它现在还不至于影响你的生活。在你内心可能有一些令自己不开心的因素，因此需要获得帮助。如果坚持继续访谈，你会发现自己离某些东西越来越近，而这些东西正是你想挖掘并向他人倾诉的，正如今天对我倾诉一样。也许下次你会感觉轻松一点吧！

来访者：我每次都很尽力。［是的。］我知道自己来就是想感觉好一些，所以虽然有时可能不太愿意谈论某些东西，但还是谈了。可能有时候也回避，但是我的确感觉对你无所保留。

治疗师：是的，我注意到了，有些事情我没问，你就说了。但我还是有一点被拒在门外的感觉，当然，是以一种非常优雅的方式。

来访者：谢谢。我不知道这是不是恭维，也许不是。但是，你所说的“优雅的方式”到底指什么？

治疗师：比如，你时常微笑，也非常投入，你与工作室的同事们相处也是差不多像这样的吧。但是，与我谈论那些私密的事情，很自然会遭遇一些抵触。原因很简单，其一，你我之间并无私交；其二，治疗结束后，你我也不会再碰面。我们的交往使我好像感觉到你产生了一种潜在的被入侵的感觉，一个像我这样的人正在步步走进你的心灵深处，你接着做的就是回击。例如当问及你所获得的荣誉时，你以一种很优雅的方式对我说，“我也不知道都有什么”。我现在这样说是因为你避而不答，不希望我靠近。也许你觉得被我发现，原来你对自己一直以来所取得的成绩是非常引以为傲的，会让你感到非常不舒服。你为自己的成绩引以为豪，但又想避骄傲之嫌。因此，你表现出自己也惊讶于自己所取得的成绩的样子。

来访者：是的，有时候我的确如此。

治疗师：我想我们也要结束了。谢谢你和我聊了这么多。

来访者：谢谢你。

制订治疗方案

基于来访者症状而制订的治疗方案中包含治疗目标和治疗方法。来访者有权参与制订对自己的治疗方案，包括治疗目标的设定、方法的选择以及效果的预测。这样做，有以下三个理由：首先，对治疗师来说，合理的目标对来访者未必就具有吸引力或可行性；其次，也是更重要的一点，来访者有权做出自己的决定；最后，来访者对哪些方法对其有效有自己的见解。因此，如果治疗方案中涉及的一些行为或方法是来访者已经尝试并证明无效的，那我们就有理由相信，该治疗方案很可能是失败的。作为治疗师，如果我们在制订治疗方案和确定治疗目标时，不听取来访者的意见，那么我们有理由相信，治疗将会是不成功的。另一方面，来访者的目标与治疗实际所能取得的效果可能是不一致的，因此我们需要与来访者进行沟通，达成一定的共识。许多治疗师都发现，定期与来访者就治疗的目标和效果进行回顾和讨论，并适时进行调整，是大有裨益的。

提供服务的范围

简是提供职业咨询的治疗师。一天，她接到一位来访者汤姆的电话，他预约前来进行职业咨询。在和汤姆的电话沟通中，简得知他正被一段失败的婚姻和不稳定的工作所困扰，遭受着焦虑的折磨，已经接受了三个月的心理咨询。他打电话给简，是因为他的一位朋友建议说简可以帮助他找到一份更好的工作。简该如何处理汤姆的请求？她该接受汤姆前来接受职业咨询吗？

苏珊，单身，打电话给心理卫生机构，预约咨询她的抑郁情绪和无价值感。该机构目前没有个体咨询的空档，却有一个针对个体的团体咨询课程。该机构该如何答复苏珊的请求？

在提供咨询服务时，治疗师总是试图为来访者寻找最好的咨询方式。哪种咨询方式会使来访者收益最大呢，个体咨询、团体咨询、职业咨询，还是个别辅导？是否该邀请来访者的配偶或家庭的其他成员一起来接受家庭咨询呢？让来访者先加入团体咨询并等候个体咨询的空档，会有怎样的后果（得或失）？如果前来咨询的人员过多，机构该如何应对？如果来访者已同时在别处接受着咨询，又该如何处理？

要想让来访者接收到最好的服务，以上都是可能需要认真处理的问题。为了做到这一点，治疗师和治疗机构需要知晓本社区内的各种可用的资源，并建构一套可转诊或推荐的资源网络。此外，如果暂时无法接受新的预约，他们需要告知来访者预计的等候时间，或向其推荐其他的机构或治疗师。

专业的治疗师总是想尽可能给每位来访者提供最好的服务。要做到这一点，他们必须谨慎地仅在自己驾轻就熟的专业领域内提供咨询；当自身陷入困境或迷茫焦躁状态时，应主动寻求督导的帮助；当发现有更好的治疗师时，应适时转诊或邀请其他专家进行会诊。绝大多数机构都开设了督导课程，供治疗师分享案例和共同探讨问题。然而，有的治疗师是私人开业、独立工作或与人合租诊所的，因此，接受足够的案例督导，无论对于来访者还是治疗师本人的心理健康而言都是非常重要的。有时，参加个体咨询的来访者如果改选其他咨询模式，如婚姻或家庭咨询，团体咨询或职业咨询，效果可能会更好。有时，来访者的情况可能需要综合运用多种咨询模式，例如，如果夫妻间的问题是因一方对目前的工作不满意引起的，可能就需要同时运用婚姻咨询和职业咨询两种模式。因此，来访者可能就需要同时参加两项咨询。在这种情况下，出于合作的考虑，需要事先征得来访者的同意，以便治疗师彼此间分享相关的信息。

培训和督导

督导一直被视为治疗培训的必要内容，执业治疗师在毕业后，仍然需要有足够的督导和咨询作为保证。有效的督导能够帮助治疗师提炼和提高专业技术，为解决难题提供支持和指导，以及防止治疗师自身的精神耗竭。许多治疗师都发现，同级督导和咨询是提升自我效能和促进职业成长的有效途径之一。督导如果需要进行现场观察，或对访谈过程进行录音或录像，治疗师需要首先取得来访者书面签字的同意。

很多时候，为了保持执业资格和执业许可，治疗师常被要求参加继续教育活动。其实，不光为了迎合从业资质的硬性规定，参加继续教育也能够帮助治疗师保持先进的视角、获取新的知识和明确的方向感。继续教育的主要途径是加入专业组织。在美国，治疗师的保护组织——美国心理咨询协会（ACA）除了提供在线课程外，每年还召开一次年会。ACA由代表不同咨询方向（如职业咨询方向、婚姻和家庭咨询方向、戒毒方向、学校以及团体咨询方向等）的多个分支机构组成，其中的一些机构还独立召开该专业的全国性会议，或就各自领域内的问题提供继续教育活动。美国的绝大多数州都设立有该协会的分支机构。它们中的许多还有召开例会的传统。有时候，几个州的分支机构还会聚集起来，召开区域会议。

欲知ACA和其他提供继续教育课程的专业咨询机构的相关信息，请登录：http://www.counseling.org。

双重关系

治疗师与来访者之间应该不掺杂任何利益关系。因此，专业治疗师或未来的专业治疗师总是尽量避免产生双重关系。专业咨询机构的道德规范中有关于“双重关系”的论述。ACA的道德规范是这样表述的：

> 治疗师应该知道他们对来访者的影响力，应该避免滥用来访者对其的信任和依赖。治疗师应尽力避免双重关系的产生，从而避免专业判断力降低或对来访者造成伤害的可能性。（双重关系包括诸如家庭关系、社交关系、财务或商业关系，以及亲密的私人友谊等。）

担当亲人、朋友、上级或同事的治疗师是不符合道德规范要求的。不这样做对于很多治疗师来说或许是一种解脱。作为一名心理咨询专业的学生，你可能曾经从自己的亲戚和朋友那里获得过一些有趣的反应。许多学生发现，他们的亲戚和朋友认为他们能分析他人的心理，并神奇地读出他人的思想。有时，可能有人会向你咨询个人问题。也许，这也是激发你学习心理咨询的动机之一。然而，有过给亲朋提供建议的经历并不意味着你一定会成为一名好的治疗师。事实上，心理咨询和心理治疗远比提供建议或解决方案复杂得多。治疗师的目标就是帮助来访者找到解决自身问题的途径，继而朝向目标做出必要的调整和改变。

道德规范对来访者的范围进行了界定，同时，这也提示我们，在社交或商业场合偶遇以前或当前的来访者时，该如何谨慎应对。

练习12.2　以前的来访者

简的女儿苏打电话邀请简前来与她新结识的一位朋友共进午餐。“妈妈，我真的很想把她介绍给你认识，相信你也一定会喜欢她的。”到达餐厅时，简发现玛吉——她的一位长期的来访者——走在她前面。简为玛吉提供咨询已经有一段时间了，起因是玛吉在儿童期时曾经被人性虐待过。很快，简就意识到玛吉就是苏的新朋友。此时，她该如何处理呢？

结束单次治疗

治疗师：时间快到了。还有什么要说的吗？

来访者：天哪，时间过得可真快。

治疗师：还有什么想要对我说吗？

来访者：是的，我要谢谢你。

治疗师：你太客气了，女士。

来访者：还是要感谢你的治疗。我想我真的需要反思，［嗯。］我乐意这样做。

治疗师：对吉娜要有耐心。

来访者：哦，是的。不能急于求成，要三思而行。另外，也不应要求她样样都去完成。

治疗师：不，要比今晚我们谈到的那样更好，要耐心倾听。

来访者：学会欣赏自己和倾听自己内心的想法。因为有时候，我会把自己封闭起来。

治疗师：然后就会摆出脸色给别人看。

来访者：是的，是的（笑）。

治疗师：是的，也许生气的时候，你应该去照照镜子。

来访者：是的，我的确应该这样做。因为所有人都看得到我的脸色，唯独我自己还浑然不觉。是的，我会反思的。天哪，这真是太好了，谢谢你。

治疗师：客气，祝你好运！

来访者：非常感谢。（Carlson & Kjos，2000c）

心理咨询有时会激发来访者内心强烈的情感体验使来访者欲罢不能。有时，来访者会将某个重要的问题拖延至最后一刻才肯暴露。然而，治疗时间总会耗尽，治疗也将结束，而外面另一位来访者已在等待，你将如何处理？如果来访者在治疗结束后仍然频繁地找你倾诉，又该如何处理？

在治疗过程中，来访者所体验到的安全感部分地来自治疗师所制订的规定和限制，包括时间、地点、每次治疗的时间以及费用的支付方式等。对治疗师而言，对来访者的某些行为（例如习惯性迟到、要求延时，或在咨询间隔期间频繁打电话给治疗师等）做出适切的回应是非常重要的。严格的限制能给来访者带来安全感。总是试图违反规定往往反映出这些人缺乏安全感。

结束治疗和后续追踪

在理想情况下，当治疗目标实现，或约定的治疗次数完成时，治疗（咨询）也就宣告结束。然而，总会出现一些意外的因素，阻碍治疗的顺利结束。同理，如果治疗提前结束，原因也是多方面的，包括治疗过程本身及其之外的因素。来访者是否坚持治疗的关键之一在于治疗师与来访者之间的关系（治疗关系）。在治疗关系中，来访者会觉察到治疗师情感的变化过程：冷淡的——沉默的——中立的——关心的。有时，来访者会将治疗师表露出的特征与其父母、老师或兄弟姐妹相比照。有些时候，来访者甚至会希望治疗师能够超越治疗的范围，扮演起其父母、朋友或爱人的角色。

有时，来访者会发现自身的问题过于复杂或强大，以致无法面对。此时，治疗师就需要有能力减缓来访者的紧张程度，给予来访者足够的时间和空间，让他以自身可以接受的速度来处理这些敏感的问题。然而，有些时候，来访者也需要暂时的喘息，如停止对某一敏感问题的讨论，转而谈论其他无关的内容。

同时，外部因素也可能对来访者产生影响，使之做出停止或结束治疗的决定。这些外部因素包括工作或家庭的压力、搬迁的需要、（自己或其他成员的）身体疾病等。有些时候，由于保险偿付范围或费用支付问题的限制，来访者会感到有必要提前结束治疗。然而，不管结束治疗的动机为何，治疗师们都需要告知来访者，如有需要，可随时回来继续治疗。

效果评估

每次咨询或治疗结束，我们也许都会问：“今天实现了既定的目标了吗？”那些感到咨询或治疗无味或没有进展的来访者会萌生停止咨询或治疗的念头。此时，有同感的治疗师也会有一种如释重负的感觉。对于治疗师而言，倾听来访者的倾诉，与来访者分享治疗方案，为实现来访者的目标而共同努力是重要的，但经常性地与来访者确认治疗的长短期目标的实现也非常重要。正如，对治疗过程的评估是重要的，在治疗结束时对来访者的所得进行评估也同样重要。评估过程中需要关注：

- 来访者保持咨询或治疗所取得的成果的能力。
- 来访者能运用哪些资源来维护咨询或治疗所取得的成果。
- 来访者的改变对其家人或周围的其他人会产生怎样的影响？

使互联网资源为心理咨询业服务

随着互联网技术的发展，治疗师找到了一种全新且令人鼓舞的信息源。许多网站满足了人们对专业咨询人士的需求，也为来访者提供了有益的信息。这本身就是对治疗师提出的一项真正的挑战，因为有些熟悉网络的来访者可能会掌握一些治疗师都不知道的信息。然而，和任何其他信息源一样，并不是所有发布在网上的信息都是正确无误的；同时，无论信息本身是对是错，来访者都有可能对信息产生曲解。

鉴于此，治疗师需要知晓网络上所提供的各种信息，并有效地对之加以运用。表12.1列举了与咨询相关的网站。了解这些信息无论对于治疗师还是来访者来说，均是有益的。

表12.1 部分提供咨询相关信息的网站

核心内容	网址
学校咨询、职业咨询	http://www.educationworld.com/counseling
职业咨询、求职信息	http://ncda.org/membersonly/links.html
诊断、治疗	http://www.mentalhealth.com/

搜索

互联网上有很多搜索引擎，每个搜索引擎都提供操作指南。虽然搜索程序的逻辑是相同的，但不同搜索引擎在具体操作上还是存在一定的差异。或许你早已确定了自己最钟爱的搜索引擎，但有时尝试使用其他的搜索引擎进行搜索也是很有意思的。

网页评估

输入“咨询”（Counseling）进行搜索，你会发现有成千上万的相关网站。如何确定哪些网站对你和你的来访者而言是有用的呢？在对与咨询相关的网站或网络资源进行评估时，你需要考虑多方面的因素，包括信息的权威性以及可信度、网站设立的目的、信息的客观性和即时性、与需求的吻合程度以及搜索的可操作性等。

在对网站信息的可信程度进行判断时，我们主要考察以下几个方面：作者或发表者是谁？作者或发表者是否提供个人的资质和执业资格？是否留有联系方式？如果留有联系方式，是否可以联系或联系的方便程度如何？网站设立的初衷是什么？该初衷与我的需要是否匹配？网站的资助商或运营商是谁？有时网站会提供运营商的相关信息，例如，以“edu”结尾的网站说明该运营商是教育机构，而以“gov”结尾的网站则是由政府机构运营的。你能判断网站设立的目的或目标吗？网站使用了哪些资源？是否有足够的信息对这些资源进行审核？作者所要表达的观点是什么？网页是否只是以提供咨询为名的广告宣传页？

一旦确信网站所提供的信息是可信的，你就会考虑信息的时效性问题。网站的上次更新是在什么时候？链接是否有效？网站会定期更新吗？如果几次点击链接都发现链接无效，那该网站就有可能有一段时间未更新了。

最后，你还要考虑网站搜索的容易程度如何。能否找到你所需要的信息？能否在网站内轻松地进行网页切换？网络是否提供了清晰的网络资源导航图或信息列表？资料是否可以被下载或被打印？

随着互联网（貌似繁荣）的发展，几乎每天都会有新的网站诞生。好在也出现了一些专门对网站进行审查和筛选的组织。表12.1所列举的网站就对与咨询相关的网站进行了评论并提供了相应的链接。

参考文献

American Counseling Association. （1995）. Ethical standards. Alexandria, VA: Author.

Bachelor, A. & Horvath, A. （1999）.The therapeutic relationship. In M. A. Hubble, B.L.Duncan, & S.D. Miller （Eds.）. The heart and soul of change: What works in therapy （pp.133-178）. Washington,DC: American Psychological Association.

Carlson, J.& Kjos, D. （2000a）. Cognitive therapy with Dr.John Krumboltz （Reprint）: Psychotherapy with the Experts Viedo.Boston: Allyn & Bacon.

Carlson, J.& Kjos, D. （2000b）. Cognitive-behavioral feminist therapy with Dr. Lenore Walker （Reprint）: Psychotherapy with the Experts Video. Boston: Allyn & Bacon.

Carlson, J.& Kjos, D. （2000c）. Existential-humanistic therapy with Dr. James Bugental （Reprint）: Psychotherapy with the Experts Video. Boston: Allyn &Bacon.

Carlson, J.& Kjos, D. （2000d）. Object relations therapy with Dr. Jill Savege Scharff （Reprint）: Psychotherapy with the Experts Video. Boston: Allyn & Bacon.

Depauw, M.E （1986）. Avoiding ethical violations: A time line perspective for individual counseling. Journal of Counseling and Development, 64 （5）, 303-305.

Karasu, T.B. （1992）. Wisdom in the practice of psychotherapy. New York: Basic Books.

Kottler, J.A. （1986）. On being a therapist. New York. Jossey Bass.

Lambert, M.J. （1992）. Implications of outcome research for psychotherapy integration. In J.C. Norcross & M.R.Goldffried （Eds.）. Handbook of psychotherapy integration （pp.94-129）. New York: Basic Books.

McNeilly, R.B. （2000）.Healing the whole person. New York: John Wiley & Sons.

Shea, S.C. （1988）. Psychiatric interviewing: The art of understanding. Philadephia: W.B. Saunders.

第十三章
富有成效的治疗（案例）

本章内容概要

1. 治疗师会见来访者时，会想些什么？

2. 在对来访者进行评估和制订治疗方案时，治疗师需要考虑哪些因素？

3. 治疗的过程如何展开？

一位患有强迫症的来访者

5月8日　星期二

西尔维娅一早给我打了个电话，推荐了一位熟人——珍妮特——给我。珍妮特是她参加童子军活动时认识的，西尔维娅说珍妮特的强迫症很严重，让她感到很头痛。她让我对珍妮特温和一点，因为珍妮特不愿意来见我，不愿意见任何治疗师。她的话使我怀疑珍妮特是否会打电话给我，我是否该向西尔维亚询问关于珍妮特的更多信息。西尔维娅说的“强迫症”到底是什么意思？也许我应该让她举例说明一下，可惜她并不是治疗师。有时，我甚至怀疑她所知道的那些心理学和心理学名词反而会给他人带来危险。她上学期修了一门变态心

理学 课程，自那以后，她就一直试图给每个人都贴上标签。另外，我对她又心存感激，因为她为我推荐了来访者——即使她认为我的性格有时候也有些强迫性特征。

1. 你认为什么是强迫症？
2. 你认为治疗师是否该向西尔维娅询问更多信息？为什么？

当天下午，珍妮特给我打电话并做了预约（下周一，上午10点）。我简单询问了一下她的基本情况：已婚，有一个12岁的儿子和一个8岁的女儿；丈夫是一位企业家，开设有5家不同的企业；她在教育（儿童早期教育）方向取得过学位，但自从生了儿子以后，除了偶尔充当一下代课教师外，就没再出去工作了。她并没有谈到找我的真正原因，只说是西尔维娅介绍的。正当我准备挂电话时，她说："嗯，还有件事。我知道这听起来很愚蠢，但你的办公室是否真的安全？我不会在那里受到攻击或伤害，是吗？"我向她保证，我的办公室绝对安全，从来没有发生过任何事情。然后，她又问道："那你说几点？"我又说了一遍时间。我期待和她碰面，因为这听起来像是个有趣但并不容易的案例。首次面谈时，我将给她做一次全面的接诊前访谈。

5月14日　星期一

珍妮特准时到了。当我送走前一位来访者时，她正坐在休息室里阅读杂志。她给我的第一感觉是，她是个有点邋遢的人：中等个子，微胖，穿了条裙子，外面罩了件外套，裙边有些卷，皱皱巴巴的。她几乎没有化妆，头发用一根橡皮筋束在脑后。她看起来好像很疲倦，有些焦虑，然而，她笑起来很灿烂，握手也很有力。我几乎立刻喜欢上了她。

走进我的办公室后，她把接待员让她填写的基本信息表递给了我。她环顾了一下我的办公室，检查了挂在墙上的装饰和桌上的摆饰。她没有触碰任何东西，只是用眼睛扫视了我房间里的每一个角落，甚至还走到窗旁向外看了看。“没什么风景。”我对她说。她没有回答。最后，她在一张我认为最不舒服的椅子上坐了下来——那是一张无扶手的、硬靠背的椅子。她叹了口气，低下头看着她的手，然后抬起头，看着我。

3. 治疗师该建议来访者坐哪儿吗？
4. 你觉得珍妮特仔细检查整个办公室的背后隐藏着什么？
5. 你觉得珍妮特选择的椅子有什么特殊的意义吗？为什么？
6. 来访者所表现出来的行为方式有什么重要意义吗？

我简单浏览了一下信息表，问道：“你为什么来？”她回答说：“西尔维娅建议我来的。”我又问了一遍：“为什么西尔维娅要建议你来呢？”

她叹了口气，泪水涌上了她的眼眶。“嗯”，她停顿了一下，“我母亲一年前去世了，但我总是念念不忘。我猜西尔维娅认为我有强迫症，自从妈妈走了以后，我的这种忍不住胡思乱想的情况比以前更糟了。当然，以前我也经常出现这种情况，只是现在，即使和家人在一起，我也感觉孤零零的。我知道自己想得太多了。有些晚上，我真的睡不着，因为有些事情总是不停地在我脑海里打转。”

“能举个例子吗？”

她环顾了一下房间，低下头看了看她的手。“我事先开车经过这幢房子两次，以确保自己没有走错地方。然后，我停了车，提早来到了你的办公室门前，以确信自己不会错过访谈。这是不是就是强迫症？我总是很小心，但是最近，我不知道，我总是告诫自己不要担心，但仍然无法抑制。”她叹了口气接着说，“我睡眠不好，因此老是觉得累、烦躁或紧张，不是担心国防安全，就是不知道晚饭吃什么。”她自嘲地笑了笑，把头低了下去。她说话的时候一直在摆弄自己的手指，绕来绕去的。

我回应她说：“这些已经越来越多地影响到你的生活，并使你感到很不舒服。”她对我的话表示赞同，并接着向我讲述了她怎样试图与之抗争。她承认每当自己感到烦躁的时候，都会去喝杯酒，但喝酒似乎并不起什么作用，而且她也担心终有一天自己会像她父亲一样，沦落成酒鬼。

7. 你认为治疗师是否该回答来访者关于“强迫症”的问题？为什么？

8. 来访者提到她的父亲酗酒。对于这种情况，你该如何处理？

9. 此时你该询问来访者哪些问题？为什么？

我心里暗暗记着，下次访谈一定要探究一下她与父母之间的关系，而在当时，我让她多讲述一些她自己的事情，让她描述自己。她犹豫了一下，看了看四周，叹了口气，说：“我猜我也不知道该怎么回答。我想我应该是个好人，但有些时候，我又非常地烦躁和易怒，以致常说些事后感到后悔的话。而且，我也不是个好主妇，常常对孩子们咆哮。其实我就是一直替他们担心——怕他们在上学的路上被车撞了，怕他们被绑架或受到攻击，怕我不在他们身边时他们遭受不测。我受过良好的教育，但并没有能真正地运用它们。”她加快了语速，“我知道我应该更虔诚一点，但我几乎从不去教堂。我的丈夫似乎一直都对我不太满意，我对自己也感到很失望。我对孩子们喊叫，但又担心自己是在虐待或伤害他们。”她停住了。我问：“你说对自己失望是什么意思？”

和刚才一样，她以极快的语速向我讲述了她晚上睡不着，躺在床上，脑海里一遍遍重复着自己犯过的错误和失败的经历。她说，虽然有时候不知道自己到底哪里做错了，但每次看到别人脸上鄙夷或不悦的表情，她总感觉一定是自己惹别人生气了。她说因为感到出门游玩或邀人来家做客太费周折，她已经与所有的朋友失去往来。我开始对她产生了一种复杂的感觉：既同情，又对她的消极的一面感到有些不耐烦。

10. 此时，治疗师是否应该指出并帮助来访者纠正其消极的一面？为什么？如果要，该怎么做？

11. 珍妮特的抱怨有没有让你想起某个人？你自己是否曾经有过与珍妮特相似的体会？

12. 你是否已经开始形成对珍妮特的诊断了？

13. 要与珍妮特建立治疗关系，哪种方式最佳？

14. 如果你去治疗珍妮特，你会有什么样的感觉？

我试图以共情来代替对珍妮特的同情，并反馈道："听起来你好像的确过得很艰难。"我想起自己应该探寻她身上是否有思维障碍或精神异常的症状，以及自杀的意图等，因此，我接着又问她是否曾经有过不寻常的经历或自杀的念头。她显得很迷惑。这个问题可能问得太深了，因此我决定简单点问："你是否曾想到过自杀？"这次她的回答非常明确："没有。"（注释：询问自杀时宜直接。）

"什么是不寻常的经历或想法呢？"她似乎有点困惑。然后，她摇了摇头，"我不这么认为。""你的记忆力怎么样？"我问道。

她再次露出惊讶的神情，似乎在思考如何回答我的问题。后来，她叹了口气，说道："我不知道我是不是和别人不一样。有时候我的确有些困惑，好像总要提醒自己是谁或者应该做什么。”她接着解释道，她并不曾遗忘什么重要的事情，只是有时会感觉到不知所措或魂不守舍。我问产生这种感觉时她是怎么应对的。她回答说，她会停下手中的活，劝说自己平静下来，这样似乎挺有效的。她叹了口气，说道：“仅仅是维持正常的生活，对我来说都很费力。”

15. 你认为这个时候治疗师为什么选择共情？共情与同情有什么差别？

16. 你如何理解来访者有时“不知所措或魂不守舍”的感觉？

我需要知道她的成长经历，因此我让她向我简要讲述一下。她说，她是孩子中的老大，下面还有两个弟弟。接着她就开始谈论她最小的那个弟弟，说他“总是搞得一塌糊涂，是个捣蛋鬼”。我问这件事情对她的影响，她顿了顿，然后说道：“我想那是上帝的安排，我无能为力。”接着，在我的询问下，她提到她害怕终有一天她会染上毒瘾或酒瘾。“这个酒……”我刚开了个头就被她打断了。她说：“是的，我会成为一名真正的酒鬼。”接着她又告诉我，她父亲就是一名酒鬼。他是在一次车祸中丧生的，那一年她才8岁。听后，我心中不禁又多了一个疑问：“为什么现在她会担心染上酒瘾呢？”

我问了一下她的健康状况，她很快回答说：“很好啊。”我觉察到她有些不耐烦，但我需要核实一下，因此我做了一个快速的问卷调查。她承认有些腹泻和频繁的呕吐，并补充说一定是由于过敏，或者其他什么原因，因为她经常不太舒服，总感觉浑身乏力。我问她是否看过医生了，她回答说并不是很严重，不需要看医生。当问起有这种感觉多久了时，她说至少有一年了。

我发现访谈剩下的时间不多了，就问她是否还有什么想让我知道的重要事情。她没有立即回答，而是想了想，才说道：“我不知道。我想没有了吧。”然后，我问她有没有什么要问我。她深呼吸了一下，问道：“你觉得我疯吗？”我不知道该怎么回答，我俩也许对“疯”的定义有着不同的理解。我告诉她我认为她是一位坚强、能干的女人，能够直面困难，并适时地做出了寻找治疗的明智决定。我发现我很期待与她的下次访谈，并建议在接下来的六周内按计划每周进行一次访谈，以便我对她的状况做即时的评估。我还建议她和医生预约做一下体检，并让她一定要告诉医生她的睡眠问题，及伴有焦躁和紧张的情况。最后，我还建议她思考一下她在治疗中所期望达到的目标，以便下次访谈时讨论。

我注意到离访谈结束还有5分钟，便问她是否想学一种控制焦虑情绪的快捷方法。她同意了，我对她说：“呼吸。”她愣住了。“呼吸？”我花了几分钟的时间教她做深呼吸，然后建议她，每当感到焦虑时，一定要记住做深呼吸，即使无焦虑感，也要每天坚持做3—4次深呼吸。

17. 治疗师是否忘记了获取什么重要的信息？如果是你，你还会提哪些问题？

18. 你是否已获得了充分的信息，能够对来访者做出诊断了？如果还没有，还需要哪些信息？

19. 换作是你，你会如何回答珍妮特所提出的“我是否疯了”的问题？

20. 你认为治疗师为什么要让珍妮特做深呼吸？

21. 在整个访谈过程中，治疗师是怎样一步步引导来访者的？具体表现在哪些方面？

22. 根据第五章的指导，为来访者制订一套评估方案。

23. 你认为治疗师为什么让珍妮特思考治疗所需要达到的目标？这是个好主意吗？

24. 如果你是治疗师，你希望治疗达到怎样的目标？

25. 在与珍妮特的关系上，治疗师需要注意哪些问题？

5月21日　星期一

珍妮特走进我办公室说的第一句话就是“你一定对我很生气，因为我没有和医生预约做体检”。我反问她生气有用吗，她回答说：“不，没有用。”接下来，我们花了些时间讨论了这个问题。我想知道她为什么不去看医生，是怕医生说什么吗？还是有些其他的问题？她语速极快，连喘带说地告诉我，她认为我知道一些她所不知道的东西——或许她患了绝症，而这就是我让她去看医生的原因。她承认这并不合理，但她就是忍不住担心自己的身体出了什么问题。我们花了很多时间才解除了误解。这样访谈开始半小时后，我们才正式谈到治疗方案，并与她就治疗达成了一定的共识。我认为确认前次治疗效果的方法之一就是观察下次访谈开始时她的言行。我不知道我是否该因为她诚实地告诉我没有预约做体检而向她表示感谢。但我们的确实现了我的一个目标——讨论治疗所要达到的效果和目标。她说，她的确感到有些困难，她就是想不要那么担心，想感觉好一点，能够多做些事情（自我提示：细化要求，或许这会是一条有用的线索）。我们花了些时间对“可以接受的担心的程度”“感觉好一点”“多做些事情”进行了界定。她提出，“感觉好一点”就是她不必再那么自责。我让她说得再具体些，她说希望以后能够少自责一点。

“那你现在自责的频率是怎样的？”我问她。“每天都有，一天好几次。”她回答说。我提议她说说她可能每天只想自责几次——或许至多3次。当讨论到“多做些事情”时，她似乎找到了一个更好的解释，那就是她希望能够开心地去参加她儿子的足球比赛。

我启发她说，她可能希望自己能够找到焦虑的根源，降低焦虑发生的频率，增强对生活的控制力，学会更好地应对生活的压力（见表13.1）。

表13.1　治疗目标

我确定的治疗目标	珍妮特确定的治疗目标
1. 识别出焦虑源	1. 感觉好一点
2. 降低焦虑发生的频率	2. 不要那么担心
3. 增强对生活的控制力	3. 能够多做些事情
4. 有效应对生活的压力	

我们接下来讨论，当被焦虑侵袭时，她如何劝说自己，以及这些自我劝说的有效性问题。她说她从不劝说自己，她脑海里翻腾的全是她母亲对她的训诫。我问她母亲都说了些什么。“成熟点”“不要犯蠢了”“要像个大人一样”“你又干蠢事了”“你怎么这么幼稚……”“你让我恶心”，说这些话时，她的声音都变了。

她“母亲”说的每句话都带着嘲讽和苛责的味道。我发现自己对她的母亲感到很生气，我对珍妮特说：“我想如果我和你母亲相处，应该不会很愉快。”她听了后笑了，叹了口气，泪水迅速涌上了她的眼眶。我没有再说话，而是等她抽了张面纸，擦干了眼泪。她摇了摇头，说道：“据我所知，我母亲一直都很不开心。”

“也许她一直都感到非常恐惧。”我回答说。她沉默了片刻，点了点头，苦笑道：“我猜我受了她的遗传。”我向她保证说这更可能是后天习得的，因此也是可以摆脱或去除的。我接着又提醒她说，每条存储在她脑海中使她停滞不前的信息或许都还有其他积极的含义。我问她是否愿意就其中的某条信息进行研究，看看能否从中找出其他的意思。她看上去有些怀疑，但还是答应一试。我问她想先看哪条信息，她选择了“成熟一点”，她想知道“成熟点”到底指的是什么。我把这个问题又转回给她，“你自己认为呢？”我们围绕着这条信息展开了抗辩游戏：一个人想到的是“不要再嬉皮笑脸了”，另一个人想到的是“活泼一点”；一个人想的是“不要犯蠢了”，另一个想到的是“及时享受一下生活吧”。她喜欢上了这个游戏，并决定这周抽空就这些一直以来困扰她的负面信息进行抗辩游戏。我建议她对之进行记录或记日记，并说希望两周后再次碰面时能够分享她的一些想法和观点。她听了，显得有些担心，“两个星期？”我提醒她下周一是纪念日（美国阵亡将士纪念日，Memorial Day），并建议说如果她希望，我们可以提前到下周二，也就是29号碰面。她高兴地答应了。离开时，我再次提醒她应该和医生预约做个体检。

起身离开时，她停了一下，对我说：“我听了你的话，做了一次深呼吸——觉得真的有效，谢谢你！”

26. 请对治疗师所运用的干预方法进行归类。

27. 换作是你，此时你可能还会运用哪些干预方法？

28. 你觉得在治疗过程中，来访者是否投入？有哪些表现？

29. 治疗师说焦虑是习得的，你觉得对吗？

5月29日　星期二

珍妮特一踏进办公室就告诉我说她已经和医生做了预约。“我不知道自己为什么拖了这么久。”她接着告诉我说，她一直试图从她母亲的话语中寻找出积极的信息，但母亲仿佛总在她耳边咆哮，告诉她她有多么愚蠢、笨拙和丑陋。“这很难。”她告诉我。我问她是否愿意在治疗中多做些练习，她同意了。我们将治疗的前半段时间都用来回顾和修正这些信息。其中，我尤为关注她提到的“应该”“不应该”，或者“必须”“必须不”等表述，并帮助她学会用“我情愿”“如果……可能会更好”或者“如果……可能不是一个好主意”等结构来代替“应该”或“必须”等表述。

接着我转换了话题，让她多告诉我一些她小时候的事情。她说小时候因为身体不好，常常缺课。当被问到“身体不好”是什么意思时，她回答说她也不知道，只是每天早晨她妈妈都会替她量一下体温，然后决定她那天是否要去上学。她沉默了许久，像是在回忆什么。然后她问我是否记得一句谚语，“儿女不努力，父母徒悲伤”。我点头说知道。她又告诉我说，妈妈的这种照顾使她很担心如果某天妈妈出事，她会成为孤儿。“我想我是喜欢妈妈的悉心呵护的。我总是怕会有什么不好的事情发生，而她又不在我身边拯救我。”她说。

“她已经不在了。”我提醒她。泪水模糊了她的眼睛。她伸手抽了张面纸。我想她的焦虑无疑是从她焦虑的母亲那里学来的。现在，我必须提醒自己，不能像她母亲那样对待她。我还想到珍妮特自己的子女，她的焦虑会对他们产生怎样的影响呢。[①]在约定下周的访谈时，我让她签了一份授权书，以便我与她的医生进行沟通。我还提醒她坚持玩抗辩游戏，并建议下次碰面时，再次对这些信息及其有效性进行回顾。

30. 你认为治疗师为什么会对抗辩游戏中的措辞如此关注？“我不应该……”与“如果……会更好”之间存在哪些差异？

31. 治疗师问及珍妮特的儿童时代是想获得什么信息？

32. 你认为治疗师为什么要担心自己会像珍妮特的母亲那样对待珍妮特？

33. 你认为在今后的治疗中，还有哪些需要解决的问题？

34. 你能够判断出治疗师所属的理论流派吗？

---

① 我后来得知，她从来没有认为母亲的行为与自己的焦虑之间有什么关系。

6月4日　星期一

珍妮特今天早上看起来精神多了，情绪不再那么低落。她告诉我说已经去看过医生了，而且如她所述，医生也给她开了一种“当我开始感到焦虑时能让我平静下来”的药。虽然服药才短短3天，但据她自己说，她的担心已经好多了，至少睡眠比以前好。她接着说道：“我一直在思考抗辩游戏，我想我也向我的孩子们传递了负面的信息。我为什么要那样做呢？是因为焦虑，还是其他的什么原因？”我没说话，思考着该如何回答她。我该问“你自己怎么想”把问题转回给她呢，还是应该直接把我的想法告诉她呢？最后，我选择了简单的做法——问她自己的想法。

她沉默了片刻，说道：“我想不只是焦虑。”她顿了顿，然后继续笑着说道：“我曾经说过，当我还是个孩子的时候，我就会胡思乱想。”我鼓励她把想到的都说出来，她哭了。“我太孤单了。”她谈到她总是感觉和他人不一样，总是不如别人，谈到了她丈夫怎样对她的种种顾虑感到厌烦，谈到她怎样竭尽全力，但结果似乎总是一团糟。我对她说：“你希望与人平等相待，是吗？”她听后笑了。这里，我做了个注释：以后要讨论一下她和她丈夫之间的关系。

我问谁说她弄得一团糟的？她回答说，她就是感到自己会弄糟。我让她举例说明一下，希望能够从以前她提到的她母亲所传递的负面信息以及这些信息对她的影响中找到一些切入点，但她一直都在谈她自己的想法。最后，我问她怎么知道自己会搞得一团糟时，她回答说：“我就是知道。”于是，我追问了一句：“你就知道？”

她沉默了，神情明显在变化着，从迷惑到悲哀继而到憎恶。然后，她开始用一种低低的、近乎孩子般的口吻说道：“我就像是一只惊慌失措的猫——成天就是担心！”

我想到她曾经多次提到她的母亲——而且我必须承认，我对她的母亲是怀有敌意的。那她的父亲呢？这会不会是个新的切入点呢？珍妮特还在不停地讲着。她告诉我，她几岁上学的，她害怕独自上学，因此每天早晨她的母亲都会步行送她上学。她还谈到因为不敢独自穿越马路，不敢玩高的滑梯，或荡高的秋千，而被其他小朋友嘲笑。“没有什么是真正安全的，你知道。”她说。我觉得有必要对这句话提出质疑，因此就简单地问了句“真的没有吗？”她淡淡一笑，回答说：“我猜我是一个比较极端的人。”我想就这个话题深入探询，但时间已经不允许了，因此我让她列举出一些生活中不走极端的例子，下次访谈时讨论。同时，我还建议她邀请家人帮忙一起寻找这些例子。她希望我能举例说明一下，我即建议以家庭保洁为例。我注意到时间快到了，但很多需要关注的问题也浮出了水面，看来下次访谈会有很多事情要做了。

35. 你认为治疗师应该触及来访者的孤独感吗？为什么？

36. 你认为治疗师为什么要布置一项让来访者的家人都参与进来的工作？

37. 治疗师是否应该让来访者的家庭也参与进来？如果应该，怎样参与？

38. 换作是你，你想要解决哪些问题？

6月11日　星期一

珍妮特还没坐定就开始说了。她说，虽然服药后情况明显好转，医生也督促她继续接受治疗，但她对是否值得服药仍疑虑重重。我们就她想要达到的治疗目标展开了简短的讨论：她是想要感觉好一点，更好地控制自己的生活；如果能做到更好地控制自己的生活，她的生活与现在相比，会有怎样的不同。她对她需要更加努力表示同意。此时，我想到了上周布置的作业，就问她是否想到了一些生活中不走极端的例子。

她叹了口气，回答说："那很难。"她说她的确列举出了一些事情，但这似乎并不起什么作用，因此她丈夫就建议她说，早晨不一定要铺床，她不必吃完饭就马上清理餐桌。"我不知道他注意到了这些，"她说，"因此我建议他在我出现强迫行为的时候提醒我。"

我问她此刻在想什么，她说想聊聊她的母亲。她说她几乎每天晚上都会梦到她的母亲，脑中几乎都是她的指责。"我真的快疯了，我就是无法甩掉她的影子。"她停顿了一下，然后继续说道："这也许说明我还没有焦虑得不得空闲，所以还有时间想母亲。"

我问她是否觉得她母亲有话要说。她做了个鬼脸，说道："如果有，那也都是负面的。"例如，母亲会使她担心自己不可能好转，或这样做只是浪费时间和金钱等。"那你同意吗？"我问，她低着头，沉默了片刻，最后，她抬起头，我发现她哭了。我没说话，递给她一张面纸。她做了几下深呼吸，擦了擦眼泪，问道："我很难治疗，是吧？"

39. 如果是你，你会怎么回答？为什么？

a. 告诉她不是。

b. 告诉她她正在经历一段痛苦的时期。

c. 问她在想什么。

d. 不理会这个问题。

e. 其他。

40. 你认为治疗师是否应该对上述来访者的哭诉采取其他的反应？为什么？

我等了片刻，告诉她，她似乎已做出了努力，接着问她是否愿意告诉我她如何努力以及这些努力的结果。她告诉我说，她现在每天都想到她的母亲，脑子里总是她的声音。她说她还和母亲发生了争执，甚至对她咆哮了。她知道她母亲一直都不快乐，在大部分时间里，她都是很凄惨的。她说她曾回忆过与母亲在一起的快乐时光。“我猜我和孩子们一起的快乐时光也是很少的。是不是很可怕？我可不想跟我妈一样。”她说完就笑了，还告诉我我布置的作业成了她与她母亲之间沟通的桥梁。因为当她试着任碗碟堆放在桌上时，她就会想到如果她母亲看到了这一情景，会多么难过。

我思考着要不要讨论她的父亲——她根本没有真正地谈到过他，但后来我还是放弃了，而是试着帮助她定义快乐，并询问她是否因与孩子缺乏快乐的时光而感到不开心，因为她如此盼望能和孩子们快乐地在一起。她的第一反应是承认她想，但她说完就停住了，并说：“我想我是真想，因为我就是为此而担忧不已。我是不是给了他们正确的生活方式？和她们一起玩的时间充分吗？我教他们正确的事情了吗？如果他们长大以后，和我一样是失败的、病态的或疯狂的，该怎么办？”

我说：“看起来你花了很多精力和时间担心和自责，责备自己做错事情或不够完美。”她说是的。我又问道：“如果你不把所有的时间和精力都用于担心和使自己平复下来，又会做什么呢？”她沉默了片刻，反问道：“我还能够做些什么呢？”

我称赞道：“问得好。你将把这些时间和精力用来做什么呢？”接着我又让她比较了她自己被抚养的方式以及她对子女的抚养方式，看是否存在差异。她回答说：“是的，绝对的。”我们花了些时间比较了这些差异。当我问道，这些差异会对她的子女产生怎样的影响时，她说：“虽然我自己也很困惑，但我知道一件事情，那就是我和子女们在一起的快乐时光比和我母亲在一起的快乐时光多。”我告诉她她完全可能发现和子女、丈夫甚至自己独处的时候，也会比和母亲在一起时有更多的乐趣。她笑了，说："那就好了，真的好了。"

6月18日　星期一

珍妮特今天看起来几乎像换了个人。她告诉我说她的睡眠比以前好了，也不再像以前那样顾虑重重了。她花了几乎整周的时间在家里搞卫生，扔掉了很多属于她母亲的东西。"也许有一天我会后悔，"她说，"但现在我觉得这样做是对的，而且感觉也很好。"

我问她感觉是不是像在丢弃一些不快乐的回忆和感觉。她回答说："我没有那样想过。但我真的感觉轻松了，人也干净了。你知道我的意思吧！"我问"干净"是什么意思，她没有说话，像是在思考。我注意到她两颊泛起了红晕，而后又渐渐褪去。"我自己也不太清楚，"她说，"或许我是指自由了，我开始相信自己有能力把这些东西都抛在一边，不让自己老是陷在对过去的回忆里。"她接着告诉我说她原先清理出了一些照片，想带来给我看的，但后来改变了主意，把它们都收到盒子里去了。我对她主要运用共情、情感反应以及重复重要词句等技术。

后来，她开始谈论她的父亲。在这一过程中，她的感情始终在愤怒和悲伤之间徘徊着。她说他经常不在家，在家的时候常常都是在喝酒。她说他的脾气真的很坏，"有时还很粗暴，尤其是喝醉的时候"。说这些的时候，她的感情很平淡。有时候，她的声音太轻了以致我都无法听清楚，因此不得不让她重复一遍。我告诉她说，在某种程度上，她可能替她的母亲感到难过。她用"你怎么能这么说"的表情看了看我，然后答道："我从没那样想过。"

珍妮特走后，我思量着对她的治疗的内容以及治疗的方向，回头审视了最初制定的目标，决定下周碰面时和她一起再回顾一下这些目标。我知道，在某种程度上，每位来访者都会唤起我自身的一些情感，珍妮特唤起的就是我的共情。因此，我需要提醒自己不能为她做得过多，虽然我很欣赏她的毅力和决心。

41. 你觉得治疗师运用的治疗方法有哪些特点？

42. 来访者的平淡的情感意味着什么？

43. 换作是你，你又会怎么做呢？为什么？

6月25日　星期一

珍妮特今天几乎是蹦进来的。她告诉我说她现在感觉好极了，她不知道是否还需要继续接受治疗。我建议说今天是个很好的机会，可以共同回顾一下几周前曾经讨论过的治疗目标。我递给她一张列有我和她分别制订的治疗目标的表，请她用4个等级对这些目标的实现情况进行评定。其中，“1”表示极少或者没有进步，“2”表示有一定的进步，“3”表示有重大的进步，“4”表示目标实现。我也会对目标的实现情况进行评定，然后把我俩的评定情况进行比较（见表13.2和表13.3）。

表13.2　我的评定

我确定的治疗目标	评定	珍妮特确定的治疗目标	评定
1. 识别出焦虑源	3	1. 感觉好一点	3
2. 降低焦虑发生的频率	3	2. 不要那么担心	3
3. 增强对生活的控制力	3	3. 能够多做些事情	3
4. 有效应对生活的压力	2		

表13.3　珍妮特的评定

我确定的治疗目标	评定	珍妮特确定的治疗目标	评定
1. 识别出焦虑源	2	1. 感觉好一点	4
2. 降低焦虑发生的频率	3	2. 不要那么担心	2
3. 增强对生活的控制力	3	3. 能够多做些事情	3
4. 有效应对生活的压力	2		

经过比较，我们发现，和她的评定相比，我认为我们在识别焦虑源方面做得更好。而且虽然我同意她已经实现了“感觉好一点”的目标，但我总认为她可以恢复得更好。我们在珍妮特的第二个目标“不要那么担心”的认识上也存在分歧。她觉得自己的担心还是比想象的多一点。

我注意到珍妮特的评定中有3项都是评的“2”。于是，就问她这3项中愿意先谈哪一项。她选择的是“识别出焦虑源”，并说从来没有觉得那是重要的。我回答说，我之所以评定比她高，是因为她对我直言之所以焦虑是因为有人教她这样做的。她愣了一下，随后她的脸上开始绽放出一种光彩，“是的，我的母亲教会了我焦虑。”“你也学得很好。”我说。她笑了，答道：“是的，她是一位好老师。”

“如果你相信你的焦虑是从你母亲那里学来的，那会对你产生怎样的影响呢？”我问她。她沉默了一段时间，像是在思考什么。然后我发现她哭了。“我真不知道她是怎么了，”她说，“她是那么悲观，那么无可救药，我想我爸爸沦落成酒鬼也是被她逼出来的。我不知道自己是该可怜她，还是生气。也许两种感情都有。”

“想换一个题目吗？”我问，她点了点头。我问她接下来想聊什么，她选择了“不要那么担心”。我建议说也许适度的担心是可以的，甚至是正常的。我问她如果什么心思都没有会怎样，她觉得很奇怪，“什么心思都没有？啊，我不知道！”接着我们花了些时间讨论了“现实性焦虑”的概念，并列举了一些可能的情境。在这些情境中，适度的焦虑可能是一种健康的反应。

现在，我发现治疗已经进展到了一个新的境界：药物在起疗效，珍妮特也已经意识到了自身焦虑的内在根源，并已学会了一些控制焦虑的方法。我相信如果就她和她母亲以及父亲的关系进行更深入的探讨，她会从中受益更多。但我不确定她此时是否真的还需要继续。我意识到自己虽然在征询她的意见——是否要继续接受治疗，事实上，在某种程度上，我在暗示她不要再这样做了。最后，我们约定两周后进行一次追踪访谈。

7月6日　星期五

珍妮特打电话来取消了周一的预约。她说现在一切都很好，感觉真的很好。她说她知道还要多做些努力才能摆脱来自母亲的负面影响，或许还有来自父亲的影响，但她希望先让自己休整一段时间。我希望她能够回来继续接受治疗，但我知道加上药物治疗，她的情况已经缓解了很多。我真的喜欢与她一起的工作，也觉得自己做了一些有益的事。

44. 你认为珍妮特还需要继续努力吗？如果是，还需要在哪些方面多做些工作？

45. 什么原因会促使珍妮特回来继续接受治疗？

46. 换作是你，你会怎么帮助珍妮特处理她与她母亲（父亲）之间的关系？

参考书目

Gerzon, R.（1997）. Finding serenity in the age of anxiety. New York:Bantam.

Johnson. S. （1997）. Therapist's guide to clinical interventions. The 1-2-3s of treatment planning. San Diego, CA: Academic Press.

Wilson, R.R. （1996）. Don't panic: Taking control of anxiety attacks. New York: Harper Collins. （See also www.anxiety.com）